上海佛道教资料丛书 2

● 潘明权 柴志光 编

上海道教碑刻资料集

復旦大學出版社

目　　录

丛书总序 …………………………………………………… 1
《上海道教碑刻资料集》序 ………………………………… 4
题词 ………………………………………………………… 1
编辑说明 …………………………………………………… 1

宋代

沪渎通济龙王祠祭文碑(叶清臣撰　宋景祐五年·1038年) … 1
江湾景德观立敕书之碑(宋建炎三年·1129年)…………… 2
青浦淀山会灵仙祠降圣夫人记碑(何松年撰　宋嘉定元年·
　1208年)………………………………………………… 4
青浦淀山会灵祠记碑(居简撰　宋嘉定七年·1214年)…… 6
华亭县社稷坛记碑(钟必万撰　宋嘉泰元年·1201年)…… 7

元代

佘山玉宸道院记碑(卫荣武撰　元至元二十年·1283年) … 8
上海顺济庙记碑(宋渤撰　元至元二十七年·1290年)…… 10
黄渡沪渎龙王庙记碑(许约撰　元大德九年·1305年)…… 12
嘉定集仙宫重建东岳行祠记碑(张与材撰　元皇庆元年·
　1312年)………………………………………………… 14
平江路嘉定州集仙宫瑞竹记碑(孙应元撰　元皇庆元年·
　1312年)………………………………………………… 16
集仙宫瑞竹图并题诗刻石(元皇庆元年·1312年)………… 18
集仙宫上真殿记碑(章吉春撰　元延祐四年·1317年)…… 19
松江长春道院记碑(杨载撰　元至治元年·1321年)……… 20
集仙宫题刻三段(秦鉴撰　元天历二年·1329年)………… 22

1

重修松江府社稷坛记碑(陆居仁撰 元至元二年·1336年)…… 24
重修松江府城隍庙记碑(吴暾撰 元至正五年·1345年)…… 26
上海县学文昌祠记碑(屠性撰 元至正七年·1347年)…… 27
吴辅国将军复庙记碑(秦裕伯撰 元至正十五年·1355年)…… 28
金粟道人小像石刻(倪瓒撰 元至正十八年·1358年)…… 30
修二陆祠记碑(刘子青撰 元至正年间·1341—1368年)…… 31
忠烈昭应庙记碑(赵孟坚撰 宋末元初·1199—1264年)…… 33
枫泾高王祠记碑(虞集撰 元代泰定至至正间·1324—
　1348年)……………………………………………………… 35

明代
枫泾玉虚观记碑(周鼎撰 明洪熙元年·1425年)………… 37
重修松江府城隍庙告成祭文刻石(黄平撰 明正统十年·
　1445年)……………………………………………………… 39
增修灵顺宫记碑(任勉之撰 明景泰年间·1450—1456年)…… 40
重修上海城隍庙记碑(明天顺元年·1457年)……………… 41
黄渡沪渎龙王庙重修记碑(范纯撰 明天顺四年·
　1460年)……………………………………………………… 42
重修松江龟蛇庙记碑(张璚撰 明天顺七年·1463年)…… 44
松江周文襄公祠记碑(钱溥撰 明成化十六年·1480年)…… 45
重修镇西将军庙记碑(夏寅撰 明成化十六年·1480年)…… 48
重修凤仙道院碑(张悦撰 明成化二十一年·1485年)…… 50
重修松江府城隍庙记碑(张鏊撰 明弘治二年·1489年)…… 52
喜雨亭记碑(唐瑜撰 明弘治三年·1490年)……………… 54
重建金山卫城隍庙记碑(侯方撰 明弘治四年·1491年)…… 56
重修蓬莱道院记碑(钱溥撰 明正德三年·1508年)……… 57
重修东岳记碑(沈霁撰 明正德六年·1511年)…………… 58
重建沈司徒土谷神祠记碑(刘佐撰 明正德八年·1513年)…… 59
金泽东岳庙记碑(沈霁撰 明正德十二年·1517年)……… 61
重建唐宋忠良祠记碑(周佐撰 明正德十五年·1520年)…… 62
陆宣公祠记碑(明正德十五年·1520年)…………………… 64

上海县社稷坛记碑(郑洛书撰　明嘉靖二年·1523年) ……… 65
上海县山川坛记碑(郑洛书撰　明嘉靖二年·1523年) ……… 66
上海县乡厉坛记碑(郑洛书撰　明嘉靖二年·1523年) ……… 67
枫泾陆宣公祠记碑(萧世贤撰　明嘉靖三年·1524年) ……… 68
蓬莱道院重修记碑(孙承恩撰　明嘉靖十一年·1532年) …… 69
上海李公祠记碑(唐锦撰　明嘉靖十六年·1537年) ………… 71
储家庙记碑(储昱撰　1541年) ……………………………… 72
南汇所东岳庙记碑(徐阶撰　明嘉靖二十一年·1542年) …… 73
嘉定文昌阁记碑(徐学谟撰　明嘉靖二十八年·1549年) …… 74
重建张堰真武庙记碑(唐志大撰　明嘉靖二十八年·
　1549年) …………………………………………………… 75
南汇忠勇祠记碑(李自华撰　明嘉靖三十年·1551年) ……… 77
重建青浦练塘朝真桥记碑(吴潮撰　明嘉靖三十四年·
　1555年) …………………………………………………… 78
平寇救民方公祠记碑(冯恩撰　明嘉靖三十五年·1556年) … 79
平寇救民周公祠记碑(冯恩撰　明嘉靖三十五年·1556年) … 80
修嘉定城隍庙记碑(张理撰　明嘉靖三十五年·1556年) …… 81
平寇救民胡公祠记碑(冯恩撰　明嘉靖三十六年·1557年) … 83
崇福道院记碑(奚良辅撰　明嘉靖三十八年·1559年) ……… 84
嘉定集仙宫三官祠记碑(张意撰　明嘉靖四十五年·
　1566年) …………………………………………………… 87
安亭御史林公生祠记碑(侯尧封撰　明万历六年·1578年) … 88
二陆祠记碑(屠隆撰　明万历八年·1580年) ………………… 90
曹湖庙记碑(明万历初年·1573—1580年) …………………… 91
平寇救民吴公祠记碑(莫如忠撰　明万历十年·1582年) …… 92
表修敕封崇明县城隍护国威灵候神庙记碑(季德甫撰　明
　万历十年·1582年) ……………………………………… 93
亭林钱郡王庙记碑(朱煦撰　明万历十一年·1583年) ……… 95
新建嘉定关王庙记碑(朱廷益撰　明万历十二年·1584年) … 96
关公庙记碑(唐时升撰　明万历十三年·1585年) …………… 98

诸翟玄寿观记碑(侯尧封撰　明万历十四年·1586年)……… 100
改建丹凤楼记碑(秦嘉楫撰　明万历十五年·1587年) 102
清浦洋泾庙记碑(明万历十八年·1590年)……………… 104
上海县城隍坊记碑(冯彬撰　明万历二十四年·1596年) 105
张泽乡约所忠义庙恒产记碑(张惺撰　明万历二十七年·
　1599年)………………………………………………… 106
大团叶公祠去思记碑(陆树声撰　明万历三十年·
　1602年)………………………………………………… 108
重建上海城隍庙记碑(明万历三十年·1602年) 109
重建上海城隍庙记碑(朱家法撰　明万历三十年·
　1602年)………………………………………………… 111
重修三王庙记碑(张元珣撰　明万历三十一年·1603年)…… 113
上海县重修城隍庙记碑(明万历三十三年·1605年)…… 114
关帝庙记碑(王圻撰　万历三十五年·1607年)………… 117
重修永寿道院记碑(曹蕃撰　明万历三十六年·1608年)… 119
方正学先生祠记碑(陈继儒撰　明万历三十九年·
　1611年)………………………………………………… 121
奉贤蓓舍庙记碑(张昂之撰　明万历四十一年·1613年) 123
乔大夫仰德祠记碑(陈所蕴撰　明万历年间·1573—
　1620年)………………………………………………… 124
仰德祠记碑(陈继儒撰　明万历年间·1573—1620年) 126
上海城隍庙豫园记碑(潘允端撰　明万历年间·1573—
　1620年)………………………………………………… 127
伯阳庵记碑(钱士贵撰　明天启二年·1622年)………… 129
松江水次仓新建关帝庙记碑(陆应阳撰　明天启二年·
　1622年)………………………………………………… 131
纯阳道人自写像题记刻石(王晋刻　明天启四年·
　1624年)………………………………………………… 133
重建朱家角三元阁记碑(张其翰撰　明天启年间·1621—
　1627年)………………………………………………… 135

崇明熊公祠记碑(陈仁锡撰　明崇祯元年·1628 年)………… 136
青浦县城隍庙诰命牌(徐日曦书　明崇祯三年·1630 年)…… 137
重建纪王庙记碑(侯峒曾撰　明崇祯六年·1633 年)………… 138
金山卫武圣宫记碑(曹勋撰　明崇祯九年·1636 年)………… 140
重修薛淀湖关帝祠置义田记碑(胡开文撰　明崇祯十三年·
　1640 年)………………………………………………………… 142
崇明陈公祠记碑(张洁撰　明崇祯十五年·1642 年)………… 144
松江西仓桥关帝庙卖田重修廊房记碑(王元瑞撰　明崇祯
　十七年·1644 年)……………………………………………… 145
青浦城隍庙助义田记碑(明崇祯年间·1628—1644 年)…… 147
义勇武安王庙记碑(沈恺撰　明崇祯年间·1628—
　1644 年)………………………………………………………… 150
重建奉贤张翁庙记碑(张世雍撰　明崇祯年间·1628—
　1644 年)………………………………………………………… 152
福顺贤德大王祠记碑(杨景范撰　明代·1368—1644 年)… 154
先棉黄道婆祠记碑(张之象撰　明嘉靖三十二年至万历
　五年·1553—1577 年)………………………………………… 155

清代

上海县城隍庙通天永宝彝颂文铭刻(孙鹏撰　清顺治四年·
　1647 年)………………………………………………………… 156
重修上海邑庙记碑(乔炜撰　清顺治五年·1648 年)………… 157
移建丁公庙记碑(张潜撰　清顺治十一年·1654 年)………… 159
崇真道院玉皇殿记碑(梁化凤撰　清康熙二年·1663 年)…… 160
枫泾关帝庙记碑(莫大勋撰　清康熙八年至十四年·1669—
　1676 年)………………………………………………………… 162
老子庙记碑(彭开祐撰　清康熙十五年·1676 年)…………… 164
太上感应篇刻石碑(清康熙十七年·1678 年)………………… 166
永贞观记略碑(曹垂璨撰　清康熙二十年·1681 年)………… 170
黄渡九烈夫人祠记碑(沈珽撰　清康熙二十二年·
　1683 年)………………………………………………………… 171

枫泾表贤祠重修记碑(崔维华撰 清康熙二十二年·
　　1683年) …………………………………………… 172
南翔萧都监土地祠记碑(钱顾琛撰 清康熙二十二年·
　　1683年) …………………………………………… 174
重建崇明县山川坛记碑(朱衣点撰 清康熙十八年至二十三
　　年间·1679—1684年) …………………………… 176
重建崇明县社稷坛记碑(朱衣点撰 清康熙十八年至二十三
　　年间·1679—1684年) …………………………… 178
重修嘉定城隍庙记碑(许自俊撰 清康熙二十四年·
　　1685年) …………………………………………… 180
嘉定城隍庙修建记碑(缪彤撰 清康熙二十四年·
　　1685年) …………………………………………… 181
万寿道院记碑(王原撰 清康熙二十六年·1687年) … 183
崇福道院赡田记碑(清康熙三十一年·1692年) …… 185
重修金山卫城隍庙记碑(杨瑄撰 清康熙三十六年·
　　1697年) …………………………………………… 188
重修府城隍行宫寝宫记碑(蔡重光撰 清康熙三十九年·
　　1700年) …………………………………………… 190
青浦练塘朝真桥记碑(王会图撰 清康熙四十二年·
　　1703年) …………………………………………… 191
二黄先生祠记碑(赵俞撰 清康熙四十三年·1704年)… 192
李黄二祠祀额记碑(马化蛟撰 清康熙四十三年·
　　1704年) …………………………………………… 194
杜公祠记碑(杨瑄撰 清康熙年间·1662—1722年) … 195
嘉定火神庙记碑(许自俊撰 清康熙年间·1662—
　　1722年) …………………………………………… 196
崇明刘公祠记碑(吴楷撰 清康熙年间·1662—1722年) … 198
新场晏公祠文昌阁记碑(程兆彪撰 清康熙后期·1700—
　　1722年) …………………………………………… 200
南汇社稷坛记碑(钦琏撰 清雍正六年·1728年) …… 201

南汇风云雷雨境内山川坛记碑(钦琏撰　清雍正六年·1728年) ………………………………………… 202
南汇东海神坛记碑(钦琏撰　清雍正六年·1728年) … 203
南汇先农坛记碑(钦琏撰　清雍正六年·1728年) … 204
航头文昌阁记碑(钦琏撰　清雍正六年·1728年) … 205
奉贤先农坛记碑(黄之隽撰　清雍正七年·1729年) … 207
善信乐输鼓亭工食碑(清雍正十年·1732年) ……… 208
城枫泾仁济道院记碑(钱陈群撰　清乾隆七年·1742年) … 210
谷水道院记碑(沈大成撰　清乾隆七年·1744年) … 211
宝山县厉坛记碑(印光任撰　清乾隆十二年·1747年) … 213
章练晏公庙记碑(万维乾撰　清乾隆十六年·1751年) … 214
杨行黄公祠记碑(李元奋撰　清乾隆二十年·1755年) … 215
崇真道院记碑(沈日富撰　清乾隆二十五年·1760年) … 216
重建崇明县风云雷雨山川城隍神坛记碑(赵廷健撰　清乾隆二十五年·1760年) ………………………… 218
重建崇明县社稷坛记碑(赵廷健撰　清乾隆二十五年·1760年) ……………………………………………… 219
重修刘猛将军庙记碑(赵晓荣撰　清乾隆二十七年·1762年) ……………………………………………… 220
张堰武帝庙记碑(沈若潜撰　清乾隆三十年·1765年) … 222
圆元道院购复铜钟记碑(汪炤撰　清乾隆三十一年·1766年) ……………………………………………… 223
松江谷水道院记碑(沈大成撰　清乾隆三十一年·1766年) ……………………………………………… 224
嘉定钱门塘城隍行宫记碑(王鸣盛撰　清乾隆三十一年·1766年) ……………………………………………… 225
重建钦赐仰殿记碑(清乾隆三十五年·1770年) …… 226
纪王庙碑(钱大昕撰　乾隆三十九年·1774年) …… 228
移建南汇关帝庙记碑(成汝舟撰　清乾隆三十九年·1774年) ……………………………………………… 230

重修川沙长人乡庙记碑(张浤撰　清乾隆三十九年·
　1774年) ……………………………………………… 231
重修奉邑庙记碑(常辉撰　清乾隆三十九年·1774年)…… 232
新建南汇八蜡庙记碑(叶凤毛撰　清乾隆四十一年·
　1776年) ……………………………………………… 234
重建文正公祠奉宪给帖记碑(清乾隆四十二年·1777年)…… 236
重建上海县学魁星阁记碑(清乾隆四十四年·1779年) …… 238
枫泾许公祠记碑(顾光旭撰　清乾隆四十八年·1783年) …… 239
上海城隍庙西园记碑(乔钟吴撰　清乾隆四十九年·
　1784年) ……………………………………………… 241
新建上海城隍庙西园湖心亭记碑(陆锡熊撰　清乾隆
　四十九年·1784年) ………………………………… 243
重建南汇城隍庙记碑(张大器撰　清乾隆四十九年·
　1784年) ……………………………………………… 244
新建川沙天后宫记碑(黄楷撰　清乾隆五十年·1785年) …… 245
梓潼阴骘文碑(钱大昕书　清乾隆五十三年·1788年) …… 247
厂头里社捐田记碑(张为金撰　清乾隆五十四年·
　1789年) ……………………………………………… 249
建奉贤文昌神祠记碑(王桂怀撰　清乾隆五十四年·
　1789年) ……………………………………………… 250
重建嘉定城隍庙记碑(姚学甲撰　清乾隆五十六年·
　1791年) ……………………………………………… 252
周浦关帝庙记碑(胡志熊撰　清乾隆五十七年·1792年) …… 254
川沙城隍庙记碑(黄孙灿撰　清嘉庆元年·1796年) …… 255
重修江湾文昌阁记碑(李赓芸撰　清嘉庆六年·1801年) …… 256
移建南汇魁星阁记碑(吴省钦撰　清嘉庆八年·1803年) …… 258
六如庵火帝殿记碑(李凤昌撰　清嘉庆八年·1803年) …… 260
朱泾文帝宫记碑(侯人康撰　清嘉庆十年·1805年) …… 262
重修陈王庙记碑(曹湛恩撰　清嘉庆十二年·1807年) …… 264
重修奉贤武圣宫记碑(张敏求撰　清嘉庆十四年·

1809年) ………………………………………………… 266
奉贤县城隍神庙碑(王芑孙撰　清嘉庆十四年·1809年) …… 268
重修正阳道院记碑(李林森撰　清嘉庆十六年·1811年) …… 270
淞南文昌帝君庙记碑(李赓芸撰　清嘉庆十六年·
　1811年) ………………………………………………… 272
建川沙文昌宫记碑(周垣建撰　清嘉庆十八年·1813年) …… 274
松江府城隍制诰刻石(董其昌书　嘉庆二十年·1815年) …… 276
上海城隍庙西园萃秀堂记碑(叶维庚撰　清嘉庆二十一年·
　1816年) ………………………………………………… 278
陈王庙斋田记碑(王家玉撰　清嘉庆二十二年·1817年) …… 279
重修嘉定真武殿记碑(袁文炤撰　清嘉庆二十三年·
　1818年) ………………………………………………… 281
邑庙寝宫外新驳石堤记碑(钱东垣撰　嘉庆二十四年·
　1819年) ………………………………………………… 283
重建川沙东岳庙记碑(伍有庸撰　清嘉庆二十四年·
　1819年) ………………………………………………… 285
祖师堂捐田记碑(李士荣立　清嘉庆后期·1815—
　1820年) ………………………………………………… 287
重建除虐庙记碑(荣机撰　清道光元年·1821年) …………… 288
重修漕河庙城隍行祠记碑(张惇训撰　清道光二年·
　1822年) ………………………………………………… 290
漕河庙事略记碑(清道光二年·1822年) ……………………… 291
漕河庙义冢告示碑(清道光二年·1822年) …………………… 292
龙王庙祈雨灵验记碑(淡春台撰　清道光七年·1827年) …… 293
上海县新建黄婆专祠碑(清道光初年·1820—1829年) ……… 294
重修景德观记碑(盛大镛撰　清道光九年·1829年) ………… 296
重修白沙庙记碑(阮逢道撰　清道光十一年·1831年) ……… 298
红衣二班快手重修改造班房记碑(张懋德书　清道光十三年·
　1833年) ………………………………………………… 299
重建仰德祠记碑(何士祁撰　清道光十四年·1834年) ……… 302

重建上海县城隍神庙戏台征信纪略碑(清道光十七年·
　　1837年) ………………………………………………… 304
张家浜分中庙记碑(王承基撰　清道光二十一年·
　　1841年) ………………………………………………… 306
重修上海城隍庙神尺堂记碑(黄安涛撰　清道光二十三年·
　　1843年) ………………………………………………… 307
乌泥泾庙重塑黄婆像碑(清道光二十五年·1845年) …… 309
乌泥泾庙迁移浦东缘始记碑(清道光二十五年·1845年) … 311
黄渡章雍王庙记碑(章树福撰　清道光二十六年·
　　1846年) ………………………………………………… 312
重修大境关帝庙记碑(诸锦涛立　咸丰三年·1853年) …… 314
重建水仙庙正殿记碑(清咸丰年间·1851—1861年) …… 316
重修长寿里秦公墓祠记碑(沈秉成撰　清同治三年·
　　1864年) ………………………………………………… 318
重建南汇水火神庙记碑(徐本立撰　清同治五年·
　　1866年) ………………………………………………… 320
重修月浦土谷寺记碑(陈观圻撰　清同治五年·1866年) … 321
重建黄渡嘉邑城隍行祠记碑(章光旦撰　清同治六年·
　　1867年) ………………………………………………… 322
上海县为城隍庙庙园基地归各业公所各自承粮告示碑(清
　　同治七年·1868年) …………………………………… 324
大境关帝庙旗杆石刻(清同治七年·1868年) ……………… 326
重修景德观记碑(严锡三撰　清同治八年·1869年)……… 327
钱门塘城隍行宫记碑(童以谦撰　清同治八年·1869年)… 328
重建火神庙记碑(陆诒谷撰·清同治十三年·1874年) …… 329
南汇文昌宫记碑(金福曾撰　清同治十三年·1874年) …… 331
金泽改建文昌宫记碑(熊其英撰　清光绪三年·1877年)… 332
珠溪水仙庙放生会捐田碑(沈福荣撰　清光绪十一年·
　　1885年) ………………………………………………… 333
真如镇城隍庙义勇堪嘉记碑(张潜撰　清光绪十四年·

1888年)……………………………………………………… 335
川沙城隍庙额题跋(朱源绍题　清光绪十七年·1891年)…… 336
重修青浦城隍庙曲水园并凿放生池记碑(熊祖诒撰　清光绪
　十八年·1892年)……………………………………………… 337
重建上海城隍庙得月楼绮藻堂记碑(王萃龢撰　清光绪
　二十年·1894年)……………………………………………… 339
重建崇福道院大殿记碑(曹骧撰　清光绪二十二年·
　1896年)………………………………………………………… 341
重修松江东岳行祠记碑(沈祥龙撰　清光绪二十三年·
　1897年)………………………………………………………… 342
南汇县城隍庙东屋记碑(于邕撰　清光绪三十二年·
　1906年)………………………………………………………… 344
漕河泾城隍庙源流记碑(唐锡瑞撰　清光绪三十四年·
　1908年)………………………………………………………… 346
秦公庙捐田记碑(严贻钟撰　清代·1644—1911年)………… 348
白沙庙记碑(宋苍霖撰　清代·1644—1911年)……………… 349
唐玄宗老子像御赞刻石(清代·1644—1911年)……………… 350
重建集仙宫玉皇殿记碑(钱大昕撰　清乾隆十九年至
　四十年间·1754—1775年)…………………………………… 351
新修纪王庙记碑(张叶炯撰　清代·1644—1911年)………… 353

民国

重修大境关帝庙正殿记碑(民国六年·1917年)……………… 354
重修上海城隍庙内园记碑(况周颐撰　民国十年·
　1921年)………………………………………………………… 356
重修圣堂记碑(朱天梵撰　民国三十五年·1946年)………… 358
重建乌泥泾庙记碑(陆受昌撰　民国十一年·1922年)……… 360
祝吕绍宾道士六十寿贺诗刻石(罗鸿铨撰　民国十二年·
　1923年)………………………………………………………… 361
上海县城隍庙重修记碑(秦锡田撰　民国十六年·
　1927年)………………………………………………………… 363

练塘南栅武圣宫重建记碑(李维翰撰　民国二十六年·
1937年) ································· 364
重修川沙魁星阁记碑(余绍宋撰　民国三十六年·
1947年) ································· 365
修建浦左十泽庙记碑(民国三十七年·1948年) ············ 366

中华人民共和国

松江府城隍庙遗址简介碑(20世纪末) ················ 368
松江府城隍庙照壁简介碑(20世纪末) ················ 369
松江方塔园天妃宫简介碑(20世纪末) ················ 370
松江方塔园天妃宫记碑(2002年) ··················· 371
松江方塔园天妃宫妈祖记碑(2002年) ················ 372
重建嘉定城隍庙大殿记碑(2003年) ·················· 374
张大昶道长修复钦赐仰殿功德碑(丁常云撰　2003年) ···· 375
浦东钦赐仰殿建碑廊记碑(王贵荣书　2003年) ········· 377
钦赐仰殿图及跋语刻石(陈星平题书　2003年) ········· 378
上海大境关帝庙记碑(2006年) ···················· 379
重建松江东岳庙功德记碑(2007年) ·················· 381
屠杰先生功德记碑(钦赐仰殿立·2008年) ············ 385
重修上海太清宫记碑(丁常云撰　2008年) ············ 387
上海城隍庙二期修复工程记碑(2012年) ·············· 389

道教宫观庙祠院坛名索引 ······················· 390

后记 ··· 403

丛书总序

张继禹

石刻是历史上仅次于结绳、刻木的一种纪事方式,有说它甚至曾先于刻木。最早记录的是石刻符号、是图画、还是文字,已不重要。无论摩崖、石阙,还是以后的造像题记、墓铭,真正的碑记,但纪事之材料为石。1935年,河南安阳殷墟出土过殷商时期石刻上两行文字和石制乐器石编磬上的文字,以及春秋时期的"石鼓文",是现存最早的石刻纪事文字。作为以后意义上的碑记,现存实物最早的是东汉永建三年(128)的《王孝渊墓铭》。

三国两晋之后,寺观建筑兴起,在寺观中所立纪念性记事性的石碑,也开始受到较普遍的重视,其内容除了记载本寺观的创立、重修、迁建,特别重视朝廷赐额和朝廷或官府有关于本寺观的重要敕令、文告、谕禁,以及修建、缮田的信众功德碑。而作为庙祀碑,相传我国最早的名碑是刻立于东汉桓帝延熹八年(165)的《西岳华山庙碑》,较早的有晋太康十年(289)《齐太公吕望表碑》和东魏武定八年(550)《太公庙碑》。

而现存佛教寺院石碑,早期的有北魏太和十二年(488)的《晖福寺碑》和东魏天平二年(535)《嵩阳寺碑》。道观石碑中唐代武则天时长安四年(704)《大周长安周玄度等斋醮记碑》、景云二年(711)《吕皓仙等斋醮记碑》和天宝三年(744)的《嵩阳观碑》等都是现存著名的道教早期碑刻,而宋政和七年(1117)徽宗御书瘦金体《神霄玉清万寿宫碑》也更以其书法流传于世。佛教四大名山和各大丛林、道教各处洞天福地无不以其历史悠久和宗教地位崇尊,并且集历朝历代文章大家、书法圣手碑刻之大成。

古代碑刻不仅有其极为重要的历史价值、艺术价值,而且古时必有大事方勒之以石。因此,其文献价值、档案价值更是特别重要和珍贵的,因之保存下来的文献数量之广、内容之丰富、史实之相对可靠(至少在其所记录历史事件之时间、地点、人物,姑且不论其观点和立场),历来为后人所重视。因此各朝各代各地方志书都将本地重要的碑刻收录在内,其中相当部分就是宗教的碑刻。

研究宗教历史和了解宗教传统,从碑刻中着手,是极受古代史家和宗教内部重视的。寺观碑记中,反映了大量历代宗教管理制度、宗教传承、佛道教发展的过程和规律,宗教教派的形成和绵延的脉络,寺观与信徒的相互关系,宗教同政治、经济、文化及社会的相互依存等。

现代专家学者也常从佛道教的碑刻中研究宗教的历史和宗教的演变发展轨迹。遗憾的是,佛道教界,尚乏人真正重视并动手做这方面的工作。据我所知,在全国范围,也还没有人做过这样的尝试:把整个地区的宗教碑刻收集整理出来。且不说其收集碑刻的难度和艰苦,不能缺字,不能错字,不能增一字,不能减一字。这也是至今少人愿意去从事这项工作的主要原因。

现在上海潘明权、柴志光先生,一位是资深的宗教部门干部,一位是专业的档案和地方志专家,花了多年的心血,把上海的佛教和道教庞大数量的碑刻,汇集整理出版,其艰难可想而知,幸好有若干寺观的法师和道长尊重他们的成果,有关区县的博物馆知道此事的艰辛,支持他们的工作,使这两本书得以陆续完成,为各地专门整理宗教资料的基础工作开了一个好头,为我们佛道教界积累资料和深入研究做了一件大好事。他们要我为这本书作序,我以为,对于佛道教事业而言,这是我责无旁贷的义务。我与潘明权先生相识多年,有幸看过他的不少佛道教方面的著作,也为他的书写过序。我愿为他们,也为各地今后愿意继续从事研究和介绍宗教事业作出贡献的朋友们加一加油、鼓一鼓掌。

是为序。

2013 年 5 月 20 日
(作者系中国道教协会驻会副会长、秘书长)

《上海道教碑刻资料集》序

吉宏忠

自三国以后，虽然历代都有道观和道士的记载，但是上海道教对于本地区的发展，或者对于中国道教的发展，都没有什么大的影响。直到清末，上海开埠，随着城市崛起，万商云集，经济繁荣，文化发展，各地移民纷至沓来，一些著名的道士也旅居上海，同本地道士和慕道人士一起开展弘道活动。上海道教在中国近代道教发展史上，显示出某种特殊地位。

上海历史上的道派，宋以前的，记载不详。但是，上海道教历来受江西龙虎山和江苏茅山的影响较深，所流传的道派以符箓各派为主。因此，上海道教以正一道观和正一道士居多。正一派道士多数是不离乡土、不脱世俗的在家散居道士，出家住观的正一派道士为数甚少。不过，在家道士都有明确的师承关系。元代，全真道传入上海地区，清代全真派有了发展。海上白云观正式挂靠于北京白云观，作为其下院，上海全真道士才获得稳定支持而站住脚跟。

宋代以后，上海天师道即正一派道士形成了出家住观和在家散居并存的局面，并且一直传承至今。正一派在家道士建有道院，农忙务农，农闲修道，并把建醮作为济世度人和谋生的手段。清末以后，上海社会生活发生急剧变化，对在家道士影响更大。上海道教在同社会生活商品化趋势相适应的过程中，信仰活动的商品化色彩更浓。为了适应民众宗教生活的需要，有的科仪中还吸收了不少民众喜闻乐见的音乐、戏曲的成分。因此与传统的道教相比，上海道教的宗教活动内容和形式，形成了一些地域性的特色。

据1991年版《上海宗教志》，宋以前创建的上海道观，占道观总数的10%弱，明代所建的为23.4%，清代所建的为37%。

关于上海道教史史实的记载，由于道教史籍的缺乏和失传，历来都以正史和地方志书所记为主，但缺乏第一手的道教史实。潘明权和柴志光两位先生，以他们的执着和深厚的专业知识，一位是长期从事佛道教实际工作和研究工作的政府宗教工作部门干部，曾是我的老领导，长期注重宗教文化工作的研究和积累，著有《上海佛寺道观》、《道教邮票欣赏》和《上海佛寺道观楹联对联集》等十几部书；另一位是长期从事档案和地方志研究的领导，著有《浦东碑刻资料选辑》(副主编)、《上海佛教碑刻文献集》(与潘明权合编)、《浦东石建筑踏访记》、《浦东古旧书经眼录》、《浦东名人书简百通》等书。他们花了多年的工作积累编著上海佛、道教资料丛书，其中包括《上海道教碑刻资料集》、《上海佛教碑刻资料集》和在编中的《上海历史上的佛寺》、《上海历史上的道观》《上海(历史上)僧道及著述》，收集的资料积累和保存了大量的道教史实和其他可靠资料，殊属不易，这在历史上很少有人完整整理过。收集碑刻资料有许多是从石碑上直接抄录，或校对补充的。不少道观中的道长和工作人员曾亲见编者在烈日下、严寒时在上海老城墙上，摩挲着难以辨认的石碑字迹，一字一字认真抄录。

这些保存至今的石碑，有些在博物馆和道观以外，仍长期无人重视保护，大都模糊漫漶不清，各种方地志书也未曾收录。本书编者每在石碑实地或根据拓片或照片抄录一块碑文，少则三四个小时，多则七八个小时的时间，仅抄录700多块碑的碑文一项，就要累计4000小时，以每天12小时工作量计算，需要300多天时间，这还不包括整理、编写、校对的时间，其艰辛和用功是可想而知的。无怪乎肯做及正在做这项工作的人少之又少。

这本《上海道教碑刻资料集》收集了246篇碑刻，其中绝大部分是上海解放以前所立的碑记。元代及元代以前的碑刻约占9%，明代约占30%，清代占50%，近代只占7%。

这本《上海道教碑刻资料集》整理出的大量道教资料,难能可贵。感谢他们为上海道教事业所做的贡献,为上海道教史的研究和传承打下相当扎实的历史、文字资料基础,厘定了上海道教的许多史实,为我们传承道教优秀文化传统做了很好的工作。我高兴地接受潘、柴两位先生之邀写序,希望全社会重视我国的历史文化遗产,关心我们的道教事业,支持道教优秀传统文化的继承和发扬,道法自然、道气常存,为建设我们的和谐社会和发扬祖国文化多出一把力。以上这些,权作本书的序。

2013 年 11 月 29 日
(作者系上海市道教协会会长、上海城隍庙住持)

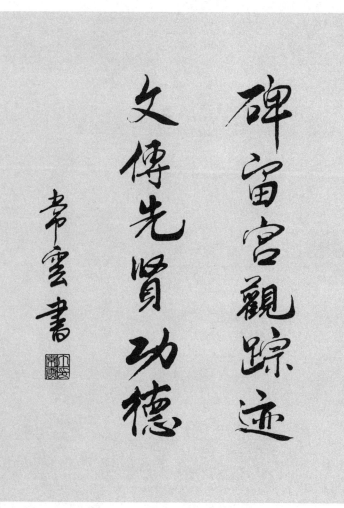

题　词

（丁常云，中国道教协会副会长，上海市道教协会副会长，上海市浦东新区道教协会会长，上海钦赐仰殿道观住持）

编辑说明

一、本书所收碑刻文献之时间断限，上起宋代，下迄2012年。依据历史朝代年份编排，年代不清者排在每一朝代最后。

二、本书所收碑刻文献共244篇，均依据原碑或地方志等文献史料转录。碑文字迹不清者用缺字符号"□"代替，缺损字数不清者，以"上缺"或"下缺"括注。所缺之字，有资料可依据者，加以考订补入。

三、本书所收碑刻文献全部原字照录，仅加标点符号。

四、本书所收碑刻文献名称均系编者所拟，原碑有碑额、碑名者，均行照录。

五、本书所收碑刻文献的地域范围，以今上海市的行政区域为基准。

宋 代

沪渎通济龙王祠祭文碑

（叶清臣撰 宋景祐五年·1038年）

维景祐五年，岁次戊寅，十一月癸巳朔五日丁酉，两浙诸州水陆计度转运副使、兼提举市舶司、本路劝民使、廉管勾茶盐矾税事、朝散大夫、太常丞、直史馆、赐紫金鱼袋叶清臣，谨遣供奉官、商量湾巡检刘迪以清酌庶羞之奠，致祭于沪渎大王之神。清臣滥被朝恩，出持使斧，观省风俗，询究利病，上分天子之寄，下救斯民之瘼。职思其守，靡敢怠遑。眷惟全吴旧多积水，加以夏秋霖潦，田畴污没，浩浩罔济，人无聊生。闻诸乡老之言，患在盘龙之汇。但陵谷迁变，枉直倍差。水道违遏，湖波壅滞。自乾兴以来，屡经疏决，未得其要，不免为诊。苏秀之人皆云神故有庙在江浜。钱氏有土，祀典惟寅。霜星贸移，栋宇崩坏。官失检校，民无尊奉。自时厥后，岁亦多水。且谓神不血食，降灾下民。清臣躬行按视，徇人所欲。乘乎农隙，醻此江流。神果有灵，主斯蓄泄，敢告无风雪，无瘥疠，举锸而土溃，决渠而水降。改兹沮泽，化为壤田。即当严督郡县修复祠貌，春秋致飨，苹藻如故。若疲吾役夫，不能弭患，则我躬不阅，遑恤于神。惟神聪明，昭格无忽。尚飨。

［按］通济龙王祠在沪渎，相传吴越时已建祠。宋景祐五年（1038），太史叶清臣重修复兴，并撰祭文刻石。祭文录自明正德《松江府志》第十五卷《坛庙》。

江湾景德观立敕书之碑

（宋建炎三年·1129年）

敕书之碑

行在太常寺，状准尚书省札子，左武大夫、福州观察使节制□舡军马，□□□札子，臣昨在平江府江湾总治，战□以除凶逆，窃闻本镇有秀州金山龙神显应，忠烈公□庙，一方崇奉甚著□迹，臣遂□统制官将等至祠下，□伸祈□□海道□□蚤达行在当具奏闻乞□重起□既而□□进□□□□海道二千余里，三日之内□沙西□率先诸军至杭州□下□□□□可神效□伏见（下缺）庙宇□□□颓竭□安□□闻□日□显应，臣不敢缄默，伏望（下缺）慈行下坐支□省委本路，增修庙宇，仍乞锡封爵庶□□倾仰，副（下缺）陛下怀柔百神之意。进取止四月二十五日，三省同奉（下缺）令平江府支钱二百贯，增修庙宇，仍令太常寺□见□□□□□（下缺三字）封答下寺，今欲□神显应忠烈顺济公。伏乞□□□□□□□敕封金山龙神显应忠烈公（下缺）牒云：尚书省牒，牒奉（下缺）敕二凶干纪未就诛剪，爰有虎臣来遏战舰，乃风不扬波，安行无恐。有以见神阴相国事，而王师之举必捷也。是用锡之缗钱，更新庙貌，因神旧秩，增重美称，宜特封神显应忠烈顺济公。须至（下缺）牒。故牒。（下缺）建炎（下缺）参知政事（下缺）尚书右仆射同中书　门下平章事（下缺）。

〔按〕碑文录自清《吴郡金石目》，该书注曰："敕书碑，额题敕书之碑，四字二行。上层刻太常寺状，二十五行，皆正书，字径七寸许。下层刻尚书省牒，行书，六行，字径二、三、四寸不等，末大正书，低一字,题参知政事等衔名两行,字扁而漫漶尤甚。尚书省牒四字高出上层行在太常寺状之前,为他碑之所罕见。石断已久,断为三截,已失中之一段。牒之末存有建炎年号。文载,建炎三年(1129)五月,尚书省徐俯题请褒封金山龙神敕文。石在宝山江湾镇景德观,俗称东岳庙中。""今松江府沦没入海之金山县宋属秀州,而我邑未建县以前,地隶昆山,故碑称平江府江湾镇而云。(宋)高宗建炎三年三月,苗傅刘正彦叛,时年七月,韩蕲王世忠擒两人以献。碑立于五月,故牒中有二凶干纪未就诛剪之语。"据清乾隆《宝山县志》及光绪八年《宝山县志》,"景德观,宋靖康二年(1127)建,又名东岳行祠,金山龙神显应忠烈公庙。"而此碑建炎三年(1129)五月立,据此碑所记内容及所涉时间,才请褒"敕封金山龙神显应忠烈公",显然《宝山县志》中所说建庙时间有误。

青浦淀山会灵仙祠降圣夫人记碑

(何松年撰　宋嘉定元年·1208年)

嘉兴郡之艮隅湖以淀名，中流有山屹立，昔人概以淀称之。淀之山，其势峨然。淀之湖，其光渺然。凭高望远，使人心开目明。然非有神力镇护之，何以取重于世？故倚山而寺，曰普光。护普光之伽蓝以主是湖山者，曰降圣夫人。予尝求诸传记，则自嬴秦来，夫人始降世，实始皇时人，邢姓，家淀湖东，地曰柘溪，世代绵邈，莫竟端绪。其父三府君，为时大善知识，生三女，俱有神异。夫人尤恪守戒行，顿悟精微，远俗修真，超凡入圣，与二女兄咸受凤命，处一时名山胜境而分主之。长云鹤夫人主沈湖，次月华夫人主柘湖，今降圣夫人其季也，幼奉普光王之戒，遂莅淀湖，今寺额盖奉敕取夫人之所受戒者名之。自夫人之命世也，四境之内，年谷屡登，家给人足，疾疠不作，寇盗屏息，戴白之老不见兵革，民物熙熙号为乐土。自主伽蓝，神迹显著，不可胜计，惜乎阅汉晋隋唐五闰数百年来，无有纪其实者。曩雄峰禅师尝住是山，采绘圣像，欲用大国诸侯之礼，而纪载犹阙。先正莱公裔孙从义郎寇君问留纪屋壁，字画漫灭，有识惋叹。自夫人建祠于此，莫知几春秋矣。昔之济是湖者，惧夫巨浪滔天，惊涛沃日，无不股栗，祈祷许赛，仅可汔济。今则蘋藻滋蔓，波澄水莹，往来安坐而适。里社之民，春秋祭祀，祈求水旱，响应尤捷。皇宋开国，真主应运，河伯效灵，夫人祠山之后，倏然一峰涌出于波光浩渺之中，始则隐隐，犹与水平，不数载间，日渐突兀，其形如龟，山因之名。寺僧相与创亭于山巅，以便游览。山西北有龙洞，其深莫测，时有神物出没其间。枢密临川罗公以王事驱驰祠下,形诸吟咏,有"龙洞渊渊灵铄剑,龟山隐隐瑞成图"之句。自是,骚人墨客接踵而至,名章俊语,珠辉璧映。今日渐陲,塞草亦蒙蔽。相传向有渔妇孕秽,神物遂不复见,然人步屐其上,铿然犹闻空礜之声。淳熙甲辰,一旦风涛汹涌,二龙交战于湖中,殿宇飞扬,浮图震动,遥见一龙蟠护其上。至今波涛将作前一日,湖光必豫涨溢,乡人以此为验。嘉定甲子夏旱,邑长委僚寀亲诣祠宇,致祷于灵湫,奉勺水以归,将礼祭于琴堂之上。甫及县,雨随车至,甘霖遍足。予寓云间,习闻灵异,适瞻礼晬容,会鉴堂禅师正主法席,历道其神迹之显,且言庄租岁入甚薄,而中外待哺者逾三千指,游衲往来不辍,量入为出,仅支一季,顷祷于神,冀垂济祐。未几,滨湖巨室及是境善信,凡遭丧戚而骨未有所归者,继入吾刹礼佛,饭僧捐施无虚日。开禧丁卯夏六月望,予挟冢子越湖省亲以归,是夕望舒流光,飞廉借便,帆举而舟驶,夜气将半,抵一村曰南徐。不意雨霁流溢,风吼涛怒,舟遽颠覆。予与弱子泊使令辈皆堕中流,予赖神庇,免葬鱼腹。子不幸而毙,予支吾风浪中屏气不息,或浮或沈,自谓去泉壤无几,已而若有凭藉,努力一跃,竟得篙师依附,有顷更生。身历神验如是,又乌敢泯其实?已而鑑堂属予记,姑述其概,俾勒之坚珉云。

[按]该碑记由何松年撰于宋嘉定元年(1208)九月,记文录自嘉庆《松江府志》第十八卷。嘉庆《松江府志》第七十三卷《艺文志·金石》著录此碑。

青浦淀山会灵祠记碑

(居简撰 宋嘉定七年·1214年)

嬴秦时,邢氏三女子死而有灵,能役鬼工,各开开湖泖,潴乱流,以弭水患。淀湖之灵,其季也。纲罟之利,舟楫之益,民歌屡丰,灾害不生,一方之民,均饫其惠。嘉定七年孟夏大旱,奔走群望,有祷辄爽。知县事李伯寿命主簿陆凤躬至岩扃,檀木始然,水立昼昏,溅沫飞涛,沮洳冠裳,旁睨辟易,陆固自若,不衡不倚,若有相者得鱼得蛙速雨之徵,必冀所求,不获不已。白鱼既跃,蛙亦随至,沛雨滂注,三日足用,岁大有秋。申闻朝廷,锡号会灵。陆乃肃斋,寅奉以行,以侈君赐,以答神贶。观者如堵,震动山谷。水天一碧,幽显咸若,黄耇鲐背,叹未曾有,为之歌曰:湖山兮苍苍,湖底兮天泱泱。楼观兮凌空虚,突兀兮金银铛。舳舻兮转输,秔稌兮绕湖。不知几千万年。寄丰凶于惨舒,烟冥冥兮云淡。风萧萧兮葭菼,贝阙兮袭元窜。物不疵疠兮民不颧頯,焕兮榜题,雨露兮新滋,神之灵兮听之。

[按] 该碑记由居简撰于宋嘉定七年(1214),徐荣叟书并篆。记文录自嘉庆《松江府志》第十八卷。嘉庆《松江府志》第七十三卷《艺文志·金石》著录此碑。

华亭县社稷坛记碑

(钟必万撰 宋嘉泰元年·1201年)

华亭壮县,钱谷、狱讼、簿书视他邑为剧,令自朝至暮,或继以烛,犹恐弗给,何暇问社稷之祀哉?县社坛在西北隅,春秋祈报,第举故事,退则未尝一顾而问焉。信安徐民瞻始来领县事,于是召匠计工,命僧祖隆视役,土木一新。越明年毕事,二月戊寅,社用牲于坛,酌奠有位,升降有次,祝史荐信,神明顾歆,父老观瞻莫不叹息,以为前此未之睹也。昔唐永州间,州尚淫祀,往往不立社稷,独一建州刺史叙立祀场,以取重当世,如君又有过人者,以日不暇给而能为人所不为,不忘其本,君子于是乎可以观政矣。

[按]该碑记由钟必万撰于宋代。清嘉庆《松江府志》第七十三卷《艺文志·金石》和清光绪《重修华亭县志》第二十卷《艺文志·金石》著录此碑。记文录自清康熙《松江府志》第二十三卷《坛庙》。

元 代

佘山玉宸道院记碑

（卫荣武撰　元至元二十年·1283年）

　　道一而已，冲漠无朕，兆于太初。形生气化，散于群有。圣人因之，以建人极，垂世范。赞两仪之化，而成其能；遂万物之宜，以致其利。根于生谓之性，众善出焉，乃立教以顺导之，而归于正。动于欲，系乎情，众慝萌焉，乃立政以严防之，而杜其非。古者所以同民心而出治道也。是道也，帝王之道也，儒道也。帝王之世，儒之功用，光明卓绝，而隐于无名。其后得其一偏者，各以其说鸣，而名始不得不立。木铎振于夫子，而儒之名始彰。老氏生于周，为柱下史，夫子自鲁驾而问道焉，又从而问礼焉，谓非儒，不可也。其著五千言，说者訾其尚道德、贬政教，与儒不相为谋。噫！是未溯其源耳。盖自惟精惟一之传浸远，上之道化微，下之情伪滋，违行而取仁，先利而后义。礼至于愿，乐至于淫，风靡澜倒，愈变愈下。老氏思欲得古圣人功，化密融于无声无臭之中，使夫人丕变于不识不知之际，反其太朴之天，以还邃古之风，遂为是愤世矫俗之论，而不觉其激也。孔不云乎？"礼乐，则吾从先进"。孟子曰"由仁义行，非行仁义"，其亦救弊之辞欤？今观其言养生修身，去声色，贱货利，戒穷黩，贵慈让，与儒不殊，而所谓得一以贞，即贞夫一也。无为而无不为，即寂然不动，感而遂通也。我无欲而民自朴，即意诚心正而天下平也，恶有异旨哉？故《鲁论》，轲书斥隐怪，距杨墨，而无片辞非诋老氏。至子云昉有槌提绝灭之讥。及昌黎、河洛诸儒目为异端，与释并言，其故何哉？良繇学仙者尽诿其说于老氏,末流之弊,杂以方伎,恢诡幻怪,而宗主吾道者,乃不得不隐同斥异,明有所尊,理势然也。然其论道,穷玄造微,未易探索,而近不遗家国,细不弃民物。汉之君相法之,以成一代之治,讵可以仙术概之哉？是以朱文公嘉与之,谓文帝、曹参得其皮肤。伊川指《谷神》一篇最佳。涑水注《道德论》,而后山亦据古说,谓关老之书本于六经。微言至论,要不可泯,信乎。其辞之愤世矫俗,虽少贬于儒,而道则无二也。余束发诵经,披暇辄窥其书,久有志焉。繇毘陵归,于是以先庐为考妣祠,而于中祠老子,犹歉然以地临阛阓,不足徕寄玄栖白之士。历纪且半,乃卜佘山西隅,倚高瞰清,鼎建靖宇为楹逾百。殿以奉天之主宰焉,阁以奉三清,得炁之先者焉,祠以奉祖考上至曾高,存报本反始之敬焉。为堂一,纳老氏之流混而处,为室四,延儒士之侣列而居。堂之左右为复宇,以位主副。阁之东南为联屋,为隶职掌。首之崇闳,翼之边廊,贯之中庑。殿以明轩,周旋有地,燕息有所,廪储庖湢澡溷有舍,坛墠垣墉,靡不具体。经始以己卯之秋,落成于癸未之夏。阁之下宏深轩敞,建斋藏事,率于此集,扁以"原一",取道原于一之意,使知道者扩而通之,由少思寡欲,见素抱朴,以至归根复命,儒犹是也。自惩忿窒慾,闲邪存诚,以至尽性知命,老亦犹是也。夫如是,则此心混然太极,与道为一,而齐人我,忘得丧,等生死于昼夜,能事毕矣。奚必上增城造县圃,如先儒所云,下视人间犹甕盎而后为高哉？苟徒校是非,辨同异,纷纷与物相刃靡,借拘儒之说,惟世欲之狥,而以肖天地之形,同草木而腐,则宁不负此生耶？予负有生者也,因纪岁月,爰笔其说,勒诸石,为学道者勉。所割原田,给院之众。为租四百七十亩,而赢经费缮修咸在焉。乡保步,详载副碑,为吾后者续广可也。虽至困乏,毋觊斗斛尺寸之取,又将以为子子孙孙戒。

　　[按]玉宸道院在佘山西麓,建于南宋祥兴二年(1279)。该碑记由邑人卫荣武撰并书于至元二十年(1283)春,记文录自明正德《松江府志》第十九卷《寺观》。清嘉庆《松江府志》第七十三卷《艺文志·金石》著录此碑。

上海顺济庙记碑

(宋渤撰 元至元二十七年·1290年)

莆有神,故号顺济。瓯粤舶贾风涛之祷辄应。至元十八年,诏海外诸蕃宣慰使、福建道市舶提举蒲师文册命为护国明著天妃。松江郡之上洋为祠,岁久且圮。宋咸淳中三山陈侯珩提举华亭市舶,议徙新之,属其从事费榕董率经画,中大殿三周,庑六十楹,崇数峙其后,道馆翊其右,礼致道师黄德文奉岁时香火。工垂竟,天台赵侯维良代领舶务,嗣完之。初邑豪钱氏尝舍田四十亩给守祠者。至是,诸君复益田数百亩,里中善士吴梦酉、刘用济、唐时措、时拱各推金帛,增丹碧费。既成,雄丽靖深,为巨观一都会。始于辛未,毕于庚寅。费之子拱辰勒石具岁月,请纪其筑之自。《礼经》载天壤间山川之大,能生财为民兴云雨泽物者,皆有神守之。邦君邑人奔走为祠,亨神血食东南,人所信响,若验符契有年矣。其光景见于盱响响,威怒奋于雷霆,骇人心目之事非一。国家大一统,舟车通四海,蛮越之邦,南金大贝,贡赋之漕,率由海道入京师。舶使计吏舶舻附丽,鱼贯而至,皆恃以不恐,繄神之力也。异时吏之营已者,津梁塔庙,大抵可以指名鸠财货,或中途而辍,或既成无益于事,以舞手乘民神也。吏也分职晦显,神英明正直,而一吏以端方公忠配之,逾是为悖天地,为渎神祇,何庸徼福哉?陈、赵之初心,费之嗣事,凡以佐公上职思其忧,非营已鸠货财者也。榕归国后,以市舶漕运功,今授怀远大将军、浙东道宣慰使。拱辰为武德将军、平江等处运粮万户。至元二十七年,集贤直学士、奉政大夫宋渤记,集贤直学士、奉议大夫赵孟頫书,资德大夫、尚书右丞叶李篆额。

[按]顺济庙即天妃宫,在上海县治东北黄浦上。宋咸淳年间重建,后有丹凤楼。该碑记由宋渤撰于元至元二十七年(1367),赵孟頫书,叶李篆额。记文录自明正德《松江府志》第十五卷《坛庙》。

黄渡沪渎龙王庙记碑

（许约撰　元大德九年·1305年）

自羲轩肇人文,至尧舜而祭法始备。如类上帝禋六宗,望于山川,如泰畤、王宫、夜明、幽宗、雩宗、牲币。祝号之次,坛墠上下之等,不过天地山川之神,其气愤盈发泄,昭昭以示人者,以荐吾诚。而焚燎、悬祀、埋瘗,亦各从其类尔。自宗祀、郊祀而配以文王、后稷,以明天地生生之德,而成之者,在乎圣人之仁。天地育万物,不负上帝之所托,其作配也固宜。至吕令始以五行著德立功者,主名以人。孟冬之有帝颛顼神玄冥以为水官之长,汉因之,岳渎山川百神之祀,皆以人司之。位次之高下,班资之崇卑,疏封锡爵,命由上出,殊非古矣,今神龙之祀从汉制也。岁甲辰,前海运千夫长任仁发以吴淞故道湮塞,使震泽之水失其性,为浙西居民害垂三十年,慨然上疏,条其利病疏导之法。中书以其议上闻,圣天子恻然,悯下民昏垫,命立都水监,治事浙西,以御史台治书侍御史李公果为首选,特命江浙行中书省荣禄大夫平江政事撒里公董其役。公乃与千夫长任仁发等爰诹爰度,相其山川形势之宜,高深广狭之度、工役之数、钱谷之费,畚锸之用、饮食之需,乃命民索绹乘屋,厚稿秸以防其卑湿,时作辍以防其倦怠,为医药以防其疾疫,上以诚感,下亦以诚应,民乃欢呼四集,而乐于趋事。始于大德八年十月望前二日,西自上海县吴淞旧江口,东抵嘉定石桥浜,逦迤入海。长三十八里一百八十一步三尺,深一丈五尺,阔二十五丈,计夫之数一万五千,为工一百六十五万一千七百一十有二,至九年二月晦日毕工,为日一百八十,风雨、祁寒、休暇,实役七十五日。復置闸窦,启闭以时,分请明威将军石抹置福山闸,物不疵疠,民无夭灾。而事竟集。公乃集僚属,命州牧五覆五反,洁牲牢以祭,民观者如堵,如复观汉威仪,克復旧物。仁发等以神龙祠为请,公乃顾瞻黄土之湾,民物日盛,商贾日集,兹土可以妥神,需余为记。余因兹自神禹治三江以洩震泽之势,至钱氏兴,江再塞,尝导之而迷者复,今又塞,而公等又导之而湮者通,使天地山川之气呼吸吐吞与潮汐上下者绝而復续、郁而復伸。由是观之,旱干水溢,丰穰饥馑,匪降自天,亦人之力也。吁,安得是数君子都俞吁咈于岩廊之上,以復尧舜三代之治,使万物各遂其性,如斯江也哉。虽然事难于成而尤难于久,诸君子其图之,惟神其相之。大德九年三月二十四日。

[按]该碑记由许约撰于元大德九年(1305),叶李篆额。记文录自明正德《松江府志》第十五卷《坛庙》。

嘉定集仙宫重建东岳行祠记碑

(张与材撰 元皇庆元年·1312年)

集山宫重建乐岳行祠记
奉训大夫前建德路总管府治中张兴绍书
天师正一教主太素凝神广道明德大真人主领三山符箓领江南诸路道教事金紫光禄大夫留国公张与材撰并篆额
皇元数遣使奉香币予海岳,诏天下都邑致祭治内神祇,厥惟休哉!方今君明臣良,天下无事,神之福民,则民之事神也宜。嘉定县古练祁市,宋嘉定戊寅为邑,邑西泰山祠在焉。绍定戊子,令尹陈公曰:"泰山在东,其祠在西,为匪宜。"乃迁于集仙宫之东庑,时赐紫道士叶冲妙请于尹曰:"安吉县有齐永明集仙宫敕额,今圮矣,请移揭于新宫。"请于省部,许以甲乙传,以寿圣人,福庶民。有不得□心,必祷格思如响,四时皆然,于春尤盛。前数年时,兹土官若吏来敬来止,咸叹其隘,宫之人怀改为之心久矣。至大己酉四月十七日,神而神其灵昭信,支公议新庙宇未果以卒。其子曰芳,先志是承,捐己帑以兴之。主宫事卢集虚,其徒孙冲靖经之营之,以铢积□,施资成之。前为三楹,象貌益严,供具亦洁,施者喜,瞻者敬,市而邑,邑而郡,则岳祠废兴衰盛不言可知。神示灵于人,人乞灵于神,消息盈虚,鬼神所以为情状也。故此感彼应,盖其气之同而然耶!吾夫子垂世立教,坦然详明,坤之上六曰:"积善之家,必有余庆。积不善之家,必有余殃。"积善积恶,殃庆各以其类至,即世之所谓祸福者。虽然,既能惊动祸福,则祠之兴也宜哉。若夫施之资,成之工,颠末则书于碑以记之。铭曰：

惟彼嘉定，在浙西郡，昔市而邑，陈公来尹。岳祠在东，陈叶谋同，曷辑而功，曷经而宫。于兹历年，孰不云然，实彼之子，有□其先。卢子孙子，适绍厥后，匪心于公，则莫肯构。亦既绍止，亦既构止。以禳以祈，成即神宇。厥土告成，神人以宁。百世是承，请考于铭。

皇庆元年岁次壬子病月吉日，集虚冲妙大师、前住持卢真祐冲靖、守正凝和法师住持、提点孙应元立石。

云间高世通刻。

［按］碑高四尺，广二尺三寸，十九行，行五十二字。行书。录自陈垣《道家金石略》。

平江路嘉定州集仙宫瑞竹记碑

(孙应元撰　元皇庆元年·1312年)

物性果灵乎,能灵者庸有之。虽其得气之偏,然苟有出奇者,则能媚川泽,辉山林,亦可瑞一矣。浙嘉定集仙宫卢集虚之徒孙冲靖,云房深缭,片竹障花,枯干茁芽,逾年弥秀,人皆谓瑞竹矣。夫竹,君子也,得乾坤之奇气者,直干云霄,刚挫冰雪,虽死有生气,凛不可犯也。其转枯为瑞也,亦宜。昔寇莱公神游于雷,洛人斩竿迎燎,竖地成林,此乃公之忠节感孚千载如在也。今集仙竹复瑞,其心同其道,山林之气同仙之集□□也,义则生矣,生则乌可□也,呜呼!莱公之忠故不可同日语,集仙之义兆□则一,斯亦罕见。其间高人能契老子之嘘枯心君子而休道,则奚啻一物瑞,物物瑞矣。非惟物物瑞,将见群仙玉笋,集瑞于太清仙境之上。葛陂云乎哉□此间竹,竹为点头,于是乎书。

皇庆元年岁次壬子病月望日冲靖守正凝和法师住持提点孙应元立石。

天师正一教主太素凝神广道明德大真人主领三山符箓领江南诸路道教事金紫光禄大夫留国公张与材竖。

[按]碑连额高五尺,广二尺三寸,正书,下行,行二十九字。录自陈垣《道家金石略》。

集仙宫瑞竹图

集仙宫瑞竹图并题诗刻石

(元皇庆元年·1312年)

仙宫巍峨冠练川,甲乙流芳几百年。卢公神足南窗子,道学清高妙合天。亲手削竹倒插土,等闲漫把蔷薇编。此时出自无心际,当春忽尔发枝鞭。次年又见笋翻箨,两两新篁已可怜。相看经及三四载,森森苍翠满目前。清风时来撼劲节,琅玕戛玉声珊然。岁寒不改君子操,天然造化生意全。古往今来世罕异,个中妙理玄之玄。伫看化龙应有日,子还有遇蓬莱仙。我来援笔记盛事,砚磨香墨生云烟。挥毫落纸非凡比,为竹一扫成长篇。集仙此竹此篇不可泯,为祥为瑞直与万古相流传。玄真子。

[按]该石高154厘米,宽73厘米。上部刻瑞竹图,图上有"集仙宫倒插竹"六篆体字。下部刻题诗,石刻文字共14行,每行14字。署名"玄真子",不知真实姓名。该石刻于元皇庆元年(1312)三月。该石阳面为《集仙宫瑞竹记碑》。清光绪《嘉定县志》第二十九卷《金石》著录此刻石。陈垣《道家金石略》收录此诗文。

集仙宫上真殿记碑

（章吉春撰　元延祐四年·1317年）

　　壬癸之方，虚危之分，有玄帝焉，足蹋龟蛇，周行六合，万神稽首，咸听其命。道书详记之。圣朝加封玄天元圣仁威上帝，以其有功于国，有德于民也。载在祀典，孰敢弗虔。嘉定集仙宫初尝奉祠于三清殿之右偏。宋德祐乙亥腊，天兵压境，见有黑云摩空，俄而玄雾四合，进退无措，主帅祷曰，是何神也。□□开瞳霾，吾入城誓不戮一人。言未既，廓然朗霁，一簇生齿赖以全活，帝力也。祠像岁久圮蠹，至元二十八年辛卯，里人章垲迁之西偏庑，倾资□殿，盖二十有六稔矣。延祐四年，练师卢真祐与其徒住持孙应元作三清殿既成，睹其殿庭湫隘圮，迁之与东岳祠对峙。装塓圣像威容□□，灵官、玉女、天将、力士、旗剑仪仗临炙左右。神既妥灵，人益生敬，猗欤□哉。甚盛举也。吾闻以形体言谓之天，以主宰言谓之帝。帝固以好生为心，然作善降祥，作不善降殃。所谓栽培倾覆之道未始爽也。人惟不识不知顺帝之则，一陟一降在帝左右，帝用嘉之，可福不除。不然，矫举以祭，帝震怒矣。奚其福？诗云：上帝临女，毋式尔徼。福者慎之哉。延祐四年正月□日，翰林国史院编修官东嘉章吉春谷甫记。集虚冲妙大师前住持卢真祐、冲靖守正凝和法师住持提点孙应元立石。

　　［按］据《江苏通志稿·金石二十》记载，集仙宫上真殿记碑拓本连额高四尺九寸，广二尺四寸，行书十八行，行三十字，字径寸许。"集仙宫上真殿记"七字篆书横列，字径三寸许。该碑记文由章吉春撰于元延祐四年(1317)，记文录自《江苏通志稿·金石二十》。

松江长春道院记碑

（杨载撰　元至治元年·1321年）

余游松江，假馆长春道院，其主人则钱塘郑君道真。余日与郑君言，请问于郑君道于何而求之，道院何为而构于斯也。郑君之言曰："仆幼时闻北方人为全真教，其祖师则长春丘真人，得炼气养神之道，入火不焦，入水不濡，出入有无，变化不测，寿无所止极，与天地终始，心甚慕焉。父故将家，将卒千人戍守严陵，因病免官。其军之大将将以仆名闻朝廷，予父旧卒，使袭父官。仆自念，苟学道有功得如丘真人，虽贵为王侯，犹不足比拟，何有于列校哉？縻系于此，终不得为所欲为者矣。遁去，至永嘉，师受道要，居密室中累年，一旦，心跃然思归，不可制止。归则父母皆已卒葬，慨然叹曰：'身无却顾之忧，吾道其遂成乎。'于是益务远游，至松江。松江人无为全真教者，非仆客朱氏，则俱托于逆旅主人，仆遂有志结庵，买地二亩，筑室四间，度弟子朱道本等，使嗣守之，以待来者。仆寻去之丹阳，欲渡江，不果，复还永嘉。时邑中大家计肃、夏世昌二人志尚清虚，雅好道术，增地七亩，创制为今道院，使人招致仆主其事。"余闻北方人以全真名教，始重阳王真人。金之衰也，诸侯割据，山东鼎沸，王真人之貌异于常人，慨然有拯天下之志。天数夺其计，其徒壮士叛已，因绝食居山中，积数年，有道为神仙，度弟子七人，丘真人最后出。本朝闻其贤，遣臣刘仲禄迎至漠北，谓太祖受命于天，为万姓除残贼，必毋多杀。上感其言，斩刈之威大为衰止，繇是山东之人始有生殖之望焉。夫为道者，无为而无不为，而善藏其用，则可以功济天下,古之人有知之者,子房是也。今丘真人以度世为业,而能尽力,匡维有补于万亿年之鸿绪,挈功盛大,讵让于房哉？今为其学者,皆绝去嗜好,以惛恶为衣食,室中徒设榻,植坐内踵,状类禅定,而中有所事事。其法具于抱朴子。第丘真人之道,显重于世,故学者推之以为祖焉。道院之制,为前殿祠事老子,其外两庑,其后为堂,高下降杀,与殿相承。余所假馆直堂之东北隅,曲径深窅,有池水丛竹之胜。郑君之为人无骄气,无惰容,色常欣欣然如髫龀为童子时。乡人化其善,贤者乐从之游,郑君视之泊然,不以系累乎其心,有道之候,庶几在兹。至治元年四月十五日,承务郎、前饶州路同知浮梁事杨载撰。

[按]长春道院在松江府城集仙门内桥北,建于元大德十年(1306),全真教道士郑道真建。该碑记由杨载撰于至治元年(1321)四月十五日。记文录自明正德《松江府志》第十九卷《寺观》。清嘉庆《松江府志》第七十三卷《艺文志·金石》著录此碑。

集仙宫题刻三段

（秦鉴撰　元天历二年·1329年）

□重天占有年
（第一段）
仙少憩
至元间致仕来游□
峨峰成道易大监
蔚然苍翠处，琳宇瞰祁川，胜地全无俗，高人半是仙。茗芽煎雀舌，桂粟散龙涎，坐久景清绝，如游一洞天。

丙子春，丐资修葺集仙宫，开垦瑞竹轩遗址，得至元时石刻诗，撰人名氏已阙，为钱竹汀宫詹访碑记所未收。按之赵昕邑志，乃成公策所作，别有残石二行，止乘"重天□有年"五字，其诗赵志不载而笔法与此相近，似是无代物，因附识于此。秦鉴书。

（第二段）
憩□□域
景定初宰邑作官至参政
□邛蒲□常懋（以下缺）

（第三段）
练之沧海隅，琳宫枕鲛室，朝看五彩瑞，门对扶桑日。舻棱插银霄，楼观粲金碧，团团老桂阴，挺盖悴千尺。炼师苏门仙，丹灶煮白石，被服云霞裳，呼吸日月液。露鸟蹑芝香，风帘□花入，时叱青鸾音，孤啸众仙集。笞凤辗飙轮，骖鸾軿云翼，顾我凡浊躯，百煎膏火宅。每来挹仙标,热恼涣冰释,一亭□琅玕,坐我清凉国。自叹□□微,官身生空役,未脱黄尘轨,清闲消不得。

天历己巳夏孟书于练庠靴冷斋。

［按］碑凡三段。第一段高一尺三寸,广一尺二寸,十行,行字不等,正书。第二段高一尺三寸,广二尺,十行,行七字,行书。第三段高一尺四寸,广二尺一寸,十四行,行十三字,行书。在嘉定。录自陈垣《道家金石略》第933页。

重修松江府社稷坛记碑

(陆居仁撰 元至元二年·1336年)

　　社五土祀,稷五谷祀,皆主生育。帝高阳以句龙为社,柱为稷,而社稷之祀始立。高辛、唐虞、夏因之。商旱,以弃代柱。周因之,以句龙配社,弃配稷,主象位,置坛,土方色,玉、牲、币、乐、祭服、时日与所宜木,上下有差,而社稷之祀始备。然曰配,则社稷固有神龙,弃特配之之神尔。后汉建武二年,诏郡县置社稷,太守令长侍祠二、八月及腊,岁三祠,而社稷之祀始广。梁加祀灵星、风伯、雨师之属,时用春仲、秋仲而无腊祀。周日用甲,隋易以戊,今郡县得春秋仲月上戊日祀社稷、风雨之属,实始于汉而备于隋也。华亭为东南壮县,生育之功,神实主焉。国朝升松江府,社稷仍旧无变,置居城西南陬,主象倾欹,坛级圮毁,地削于民,草牧于羊,滋有年矣。职郡者遇当祀夜分,一俯伏丽奠而退,禳祷弗至,若无神焉。元统甲戌,镇阳申侯来守,谒祠下,瞻叹怵怛,力新祠事,取办于已,不伤财劳民,徛休必躬督焉。未几,倾者树、毁者筑、削者复而牧者屏。坛位崇库,一新如式。东社西稷,雨雷附稷西却少南,主咸北面,以东为右,北为上,遵制典也。环祠为屋,大小十有七楹,缭以周垣。神门、阍舍、幕次、庖湢,靡不毕具。东西为步二十有八,南北四十有七。作于至元二年之春正月,夏五落成。府阴阳教授白公实相厥工。有弗祀,祀必神歆,有弗祷,祷必受福。自侯来守,建风坛,饰公馆,儒而庠校书院,神而金山祠、武安祠,医而惠民局,兴坠补弊,冈不葺完。社稷则报谷育而禳旱溢者也,关民命尤急。务民义而敬神鬼,惟侯有之,请述其概,庶几继治于后者,视侯之功为法。至元丙子八月记。

[按]该碑记由陆居仁撰于元至元二年(1336)八月,季希颜书并篆额。清嘉庆《松江府志》第七十三卷《艺文志·金石》和清光绪《重修华亭县志》第二十卷《艺文志·金石》著录此碑。记文录自清康熙《松江府志》第二十三卷《坛庙》。

重修松江府城隍庙记碑

(吴暾撰 元至正五年·1345年)

政治通乎神明,教化移乎风俗。古人所以先治民而后致力于神也。松江濒海为郡,当众水积流之汇。雨则浸其西陲,旱则亢其东境。苟非感通以协二气之和。存诚以祈百灵之祐,则不足以垂丰穰而安生聚也。至元庚辰,知府杨公来守此土,究心民瘼,厉志官政,划奸剔蠹,锄强梼梗,上下胥和,远迩不变。爰相府署大新。堂门制度改观,既又念夫明则礼乐,幽则鬼神,土地人民之众。莅其上者,既有以安其居,则鹜而相之,独无其神者,乃诣城隍祠,躬致祷袷,以格灵祉。而栋宇庳陋,衢路逼塞,邻伍湫隘,象设漫漶,大惧非所报效,首揭私帑六千缗,售拓基地,东西延广一百尺,南北长袤达于通衢,凡一百二十尺。相旧庙不足以起瞻仰,徙为后寝,购工募材,营建前殿,璇题翚飞,觚棱角峙,周阿焕彩,级陛森严,拱以序庑,缭以闬闳。凭附之质,揭妥之具,丹青彩施,金碧动荡,俨然鉴临,如神斯在。祀事孔严,登降有怿。经始于至正元年三月,以二年正月竣事。凡用缗钞五万。是岁水波减缩,岁以大稔,田无侵没,河不遏淤,民用大和,官赋早集。咸谓神之赐、侯之德也。侯名伸,字公正,绛州人。是庙故宋杨令瑾建于淳祐丁未,九十八年矣。今太守为同姓,乃复改大而重建焉。盖亦神之有待数相符也。

[按]此记由吴暾撰于元至正五年(1345),记文录自《崇祯松江府志·卷之二十》,清嘉庆《松江府志》卷之七十三《艺文志·金石》著录此碑。

上海县学文昌祠记碑

(屠性撰　元至正七年·1347年)

上海始为镇时,东有文昌祠。镇既升县,遂改为学宫,而祠其神于东庑。至正五年十月,县尹刘侯下车,展谒学庙,见庑下祠,顾谓教谕章服曰:"此非祠神之所也,神教人忠孝,其功为大,而科名之籍,神实司之。圣朝既锡辅元开化文昌司禄宏仁之号,祠之于学固宜,终不若专祠于人心为安,于理为当。"服感侯言,邑士章伯颜概然以为己任,乃除地学宫之北,为屋四楹,像设正中,列仪卫左右,与凡器具之用工未及毕而侯以忧去,服亦秩满迁,后教谕朱以宁力就其绪,复以侯意劝章即祠,前为轩三间,周甃其地以石,于是笾豆有秩,序列有容,堂宇靓深,涂塈鲜饬,称夫神明之居。经始于丙戌冬十月,落成于丁亥春三月。侯名辉,字文大,大梁人。至正七年夏六月徽州路歙县儒学教谕屠性记。

[按]该碑记由屠性撰于元至正十年(1347)六月,记文录自嘉庆《松江府志》第三十二卷《学校志》。嘉庆《松江府志》第七十三卷《艺文志·金石》著录此碑。

吴辅国将军复庙记碑

（秦裕伯撰　元至正十五年·1355年）

松江府治之东,古有镇西将军庙,祀吴丞相、华亭侯陆逊及其族子凯,以其皆仕镇西将军,故号镇西焉。岁久,官不知检,黄冠者据其庐,毁陆氏之主不祀,祀淫鬼于其中,屋且坏不治,乡士大夫以为言。监郡沙侯、太守崔侯咸曰:"忠臣烈士之祀,法所不宜废。"乃考郡《志》,得故实,遂革而新之。增广轩楹,翚飞轮奂,像华亭侯于堂之中,列凯及侯子抗相向配食,命儒宫主者相其事。既毕工,祀以中牢,庙号犹镇西,存故实也。将刻石,用告来者,以文来请。呜呼!汉室之衰,群雄角立,三分天下。使曹氏父子终身狼顾、不能一日安于篡夺之位者,此固昭烈、武侯之义,然吴之君臣,保江东之民,不为汉贼所污,亦可谓豪杰者矣。昔人谓曹氏取天下于群盗,予谓此语可独施于孙氏之君臣。观孔明斥曹氏为汉贼,而拳拳申好于江东者,义有在也。考陈寿书,孙氏之君臣与国相终始者,独陆氏父子、兄弟忠诚恳至,奕世载美。使抗不死,而犹守西陵,则吴之青盖亦未入于洛也,记礼者曰:"以劳定国则祀之,能捍大患则祀之。"我国家以忠义诏天下,凡圣帝明王、忠臣烈士,祀有常典。二侯此举,所以重朝命、遵礼典也。华亭之名,在汉世无闻。其壤地属吴郡,华亭益陆氏故居,始以为封邑焉。机、云之死。思华亭鹤唳,则其世居此土无疑矣。此土由陆氏而名于世,至今陆氏之民比他姓犹多,陆氏之血食此土,比他所为尤宜也。监郡名哈散沙,字允中;太守名思诚,字则明。二侯之政,岂弟廉明,其忠义之心,与陆氏有相感者,故其庙祀久废,而今复焉。儒宫主者,教授宣城施璘。主文继摄学事,前颍上县尹赵由钦。举其事而言之者,儒生钱衮、洪恕。董其役者,府吏刘梓、直学许复也。昔昌黎韩子谓《春秋》美君子乐道人之善,有宜牵联而书者,予故悉书其人为之记,以劝后之人德,至正十五年夏六月。秦裕伯撰,赵由钦书并篆额,童童、成国瑞、张士厚、吕丘惟贤立石。

[按]该碑记由秦裕伯撰于元至正十五年(1355)六月。记文录自明正德《松江府志》第十五卷《坛庙》。

金粟道人小像石刻

(倪瓒撰 元至正十八年·1358年)

儒衣僧帽道人鞋,天下青山骨可埋。若说向时豪侠处,五陵鞍马洛阳街。顾阿瑛自题。

谓其有意于荣进,与咏哥弹琴,诵古人之书;谓其为阔略于世故,与能扩其先世之业,昌大其门闾。逍遥户庭,名闻京都。忽自逸于尘氛之外,驾扁舟于五湖。性印朗月,身同太虚。非欲会玄觉于一致,而贯通于儒者耶?倪瓒造。戊戌八月法喜精舍北楼。

[按]该碑现藏于嘉定孔庙东庑碑廊,高56厘米,宽26厘米。碑上刻有顾阿瑛所书诗一首,倪瓒所书评述顾阿瑛生平志向、情趣文一篇,线描顾阿瑛肖像一幅。碑文录自清光绪《嘉定县志》卷二十九《金石》。

修二陆祠记碑

（刘子青撰　元至正年间·1341—1368年）

按华亭二陆，兄机士衡，弟云士龙，并高才有文章，吴大司马抗之子也。晋并吴兄弟入洛，见司空张华，称为二俊云。士衡受太傅杨骏辟，为祭酒，转太子洗马、尚书、著作郎，士龙为吴王郎中令出宰浚仪，有惠政，吏民立祠祠之。惠帝时，赵王伦废杀贾后，自为相国，辟李重为左长史，士衡为参军。而重知伦有异志，辞疾不就，强逼受拜，忧愤数日卒。然则陆君其亦有不得已焉者耶？齐王冏及成都王颖讨伦，伦伏诛，而颖力脱士衡之难，因表为平原内史，亦表士龙为清河内史。冏骄擅河间，王颙使长沙王乂杀冏。既而颖及颙恶乂，居中，因举兵以士衡为前锋都督，士龙为右司马，而嬖人玖谗之于颖，皆为所害。呜呼！士衡兄弟羁旅单宦，尝著《怀士赋》，及有《赠从兄士光诗》，其思念故乡之意，缠绵凄怆。又史载其临终有华亭鹤唳，岂可得闻之叹？予每读而悲之。其故宅址在谷水东昆山之阴，意其魂魄归依于此也。今谷西隐者曹庆孙先生躬行喜文章，始立祠故宅址，祠二俊焉。先生为余言曰："二陆之山，人比之玉，谓其山若昆冈，而因以名之。旁近两山，曰机、曰云者，相望三二里间。机山下有平原村，人为此名者，盖怜其才而示不忘于永世也，吾今为二陆祠以此。"昔冏未败时，其东曹掾张翰一夕因秋风起，念莼鲈，径归吴，人祠之江上。余每过垂虹，舣船祠下，呼酒酹其精爽。今闻曹先生道祠二陆，事若有慨于心者，故书以为记。又为歌辞，俾歌以祀焉，辞曰：

肃将配兮灵侯,山之峨峨兮水潋潋,日皦皦兮使我心愁。伊洛颎洞兮虎豹塞道,昆山之阴兮有蘋有藻,千秋万岁兮故乡维好。蕙肴兮既将,椒醑兮其觞,神之来兮洋洋。佩陆离兮明月光,晟昭质兮孔章。醉而饱兮乐康,我无斁兮其恒是享。

［按］二陆祠在昆山。该碑记由刘子青撰于元至正年间(1341—1368),清嘉庆《松江府志》第七十三卷《艺文志·金石》著录此碑。记文录自清康熙《松江府志》第二十三卷《坛庙》。

忠烈昭应庙记碑

(赵孟坚撰 宋末元初·1199—1264年)

西浙诸州,禾兴最为边海,华亭金山又在郡东,插脚沧溟,峻岸绝起,惊涛四浮。《吴国备史》载汉博陆侯霍公,附小黄门谓吴主曰:"国之疆土,东啮海涛,亏蚀侵寻。臣汉旧辅,今当为神驻于金山,为御海斥,使不冲荡。全护国封,当为建祠于彼,示所旌显。"厥后封祀不绝,今为忠烈顺济庙焉。维英烈侯家闽氏,钱行伍居七航海而商,舶帆经从,入庙致礼。俨观威爽,雪浪东来,一山若峙,岩岩殿宇卓冠山椒,地势坤灵,轩赫斯称。又谂王忠存社稷,歆生敬慕,若曰:"浮沉罔利,缪辖迷途,汩澳尘中,何终底止。没事忠臣,愈浪生死。"猛念倏发,幽明洞符,王立庑间叉手瞠视,不欹不倚,窅然化归。惊怪显迹,为庙部臣老宿相传几百年矣。季夏之月廿一日维侯生辰,沿海祭祀在在加谨。广陈镇金山,祠祀尤严常岁。是日盐商海估寨伍亭丁,社鼓喧迎,香花罗供。然前无位号,未应国经,仗队弓刀遥称太尉,殆几野庙,殊阙声猷。属青齐向化之年,困兽犹竞,东鄙兴师,侯能助顺,虚无之际,神证用彰,雾消云飞,阴兵千万排空而下,旌旗著号"华亭钱太尉",神识昭明。逮及交锋,虏势披靡,风驱电扫,冥助维多。主兵上之公朝,访寻允合,爰加封敕,谥以英烈,庸答灵休。端笏垂绅,荣被章服,从饰仗卫,一变鱼雅。孟坚母弟孟淳尝谓坚曰:"英烈侯神灵,国勋如是其伟,兄志于文,盍为纪述,当备珉石以奉刻辞。"因言曰:英烈侯初非衣逢掖道先王者,一念向正即隶明祠,惟王与侯盼䀩相应如斯至者,心公忠耳。故侯卒能效顺佐邦殄丑虏,使侯居庙堂而职臣事,杀身成仁夫岂难?能切鄙夫,身縻好爵,畏事龌龊,当言不断,口若置箝,鼠计自营,盼视同列,苟利饮噱,缩缩循墙,鬼蜮斯靡,何有何无,若拜侯庭,有泚其颡。孟坚畴昔之夕,瞩视岳神节仗旋归,缤纷肃截。璧月当午,箫吹撼空,文绣儿郎,粉态优女,画烛椽列,夹道秉行,敬拜奉安,一无醉懈,顾而问曰:"此婴曰,社稷臣也!"心实歆焉。因述侯事,溯颂王忠,夙心忠鲠不觉宣露,为之铭曰:"正直为神,维忠维孝。国有常经,祀典崇报。博陆在汉,拥昭立宣。虽曰世禄,不我以延。逮及异朝,血食庙祀。为御提封,叱捍潮水。毋使侵啮,虢厥疆理。至于今世,灵畏若存。英烈钱侯,起自七闽。浮舶而商,致礼英灵。推公与直,志合心倾。一诚嘿乎,旋隶部下。拱立庙庑。杳然冥化。东海之滨。奉祀式虔。位号封崇,若有待然。丑虏不竞,东鄙兴师。维侯助顺,若响之随。神兵千万,阴云拥之。虏势旋靡,电扫风披。昭灵显功,褒号英烈。服爵仪卫,一变绵蕞。我铭兹石,匪事夸雄。寓观古人,知孝而忠。于食君禄,当勇于事。事依违者,将焉用彼。致忠于君,奋不顾身。身死不死,其名永存。史传纪绩,调食荐馨。吁嗟鬼蜮,狗苟蝇营。"

[按]该碑记由赵孟坚撰,记文录自明崇祯《松江府志》第五十三卷《道观》。清嘉庆《松江府志》第七十三卷《艺文志·金石》和光绪《重修华亭县志》第二十卷《艺文志·金石》著录此碑。

枫泾高王祠记碑

（虞集撰　元代泰定至至正间·1324—1348年）

高王本畏吾儿之地所自出。其先实贴木补花。汉初，城于西凉之永昌，为君长。以分自存不侮于中国，且为边鄙扞御，岁执贡，与中国通，锡赉甚厚。称都护，小国王号也。既薨，葬于其城之东北隅之高昌山，以神灵显乎中国，福佑列郡，而历历足徵。诏许建庙，远迩人民，罔不崇祀，阴功居多。永兴初，敕赐为"灵应高王"，自是人之灾患，有祷即应，刻期而验。至唐，邦人以封章具闻，爰奉王敕，追赠灵应高王，拟王者服用，殿宇复新，祀事加丰，时为武德九年也。惟王阴翊唐祚，福庇黎元，功施普天之下，莫能悉考其实，岂止一邦一邑而已哉！其后裔蕃衍，自唐而五代，皆能茂著勋业，奕振声光。显德七年，陈桥兵变，宋太祖梦神人冕旒衮服而言曰："今天下为宋祚矣。"问之何为，答曰："吾高王也。"寤而镂诸心。后嗣大历建祠于汴洛，以严祀之。建炎初，高宗南渡，扈驾从经东吴。适皇妹薨，痛戚无涯，择峷崿山以葬。采访吴会中僧道宫之精严，元风阐扬者修荐之。时有以仁济道院典教道士朱太初为举，特命奉行斋事，颁彩缎六疋、钱二十镪，事毕具实以闻，上因知有护教高王，即汴洛之高王也。赐空闲腴田五十亩，供神祠祀事。考诸仁济之所自，盖梁天监元年，有道者张半山，不知何许人，由西蜀来寓风泾，道行高而善地理，言此境亦一福地，指一区建道院，民安而物阜也。人未之信，至夜分，钟鼓法乐齐鸣，居民异之。有檀越舍地捐财，不久而落成。四境有灾疫旱溢，祈祷必遂所恳。半山道者工竟刻日而尸解，于是道风大振,高行云集,而未有额。唐贞观十九年,具实以请,赐额"仁济道院"。历年寖久,殿宇廊庑,屡捐屡葺。太初归真,乡之善士大有戴旸谷,协赞众议,重其新而撤其旧,轮焉奂焉。高王神祠建于殿之西旁,设像冠冕,疏服华衮,事之惟谨。道士陈玉琳、朱道明,道德兼资之士也,怀香走都下,再拜请言为记,刻石于祠,用表神灵,以诏后世。予惟王之生也。钟毓山水之灵秀,文武忠义,辅世长民,薨而受封灵应高王,福民之功。施于天下,愈久而愈彰。其神洁,其仪肃,所以戒茹荤者不享非礼之祭故也。予尝观《神僧传》,有聪法师者,受戒于风泾高王,此其谬也。王之代天理物之德,其盛矣乎,岂有是哉!在唐时,尝封卜古罕为高王;我朝仁宗皇帝,以纽林的斤嗣亦都护,册封高昌王,皆实王之裔。于戏!王之所自出,事甚神异,其传迄今,数十代再世而三王存殁,为天下后世景仰。王之仁德,如天之雨露,沛然泽物;王之灵应,如天之风云,不测变化。高王由仁济而安,仁济由高王而显,岂非元化之昭昭,而合符神灵之赫赫者乎!姑述其颠末,使后之嗣法于仁济道院、延奉于高王祠者,有所考如所自云。

[按]高王祠在枫泾镇南仁济坊仁济道院内,道院建于梁天监元年(502)。该碑记由虞集撰于元代,记文录自清光绪《重辑枫泾小志》第二卷《建置志·寺观》。

明代

枫泾玉虚观记碑

（周鼎撰　明洪熙元年·1425年）

旧制：张真人位，置诸寺监、卿士上，禄秩视大宗伯，领道教事。于凡政体无大关系者，得专治之，非有司文移所得而预闻焉。盖以客礼外之，故不官而锡以虚号，或裧襄可阴翊皇度，未必无少裨也。郡、邑亦各设官以分领之，曰道纪、道会，在京曰道录，皆有印有吏，自相为文牒，以行其教门事。真人府下之道录，道录下之道纪、道会，犹县之上奉郡檄，郡上奉省部符也。人崇信之，如神明然。谓朝廷重其教为民祈福，庶民体朝廷心，敢亵视之哉！洪熙初元，集京师羽流赴灵济宫斋，嗣四十四代真人奉诏处右席，从掌书许拱盟之请，改风泾镇真武祠之额曰玉虚观，俞道宗为住持。备行行在。礼部下之本郡县纪、会二司，俾遵守之。一如真人言，此观额之所由始，不可不登之石，以谂来者，知有其自也。先是，祠废于宋之靖康，而新于嘉熙；又毁于元社之将屋时，再新之于国初。倡是役者张仲实氏。张祷而得女，亦自庆慰，爰舍地以益厥址。旁舍火，祠独无恙，亦不毁张所居，益归心焉。嗣而葺之者顾子俊氏，顾为张女之后，不隳其前志，谓两厄于夷祸而祠以废，神亦厌乱而有待也。时和物丰而祠以新，幸治之心，神人攸同，无旱乾、水溢于一乡，维神之庥，维圣王为百神群祀主，夷不乱华，而年谷乃顺成也。欲报上恩，维祀报神，可以信吾诚，祠可不葺矣哉！予俊没，子宗玉又益以址建二殿，一未果，嘱其子文昱、文昺成之。拱盟继主祠事，又益募众施，新真武殿，作两庑，以次就绪。蔡复初师拱盟，为兄宗玉妹郁节妇孙谨咨训谏，皆左右之。募捐于外者拱盟。经度乎内者复初，终始而成之者顾氏父子孙，作山门者高年士、王伦，皆因旧而为新，同众志而集事。虽一祠之废兴，不大系于政，而人心之知报与否，时物之和与乖，神人之相流通不相伪违，亦于是乎系焉。此祠事之概，因观额而相连得书也。拱盟化去，而拱盟之弟子守元者，介史凌霄以二事来谒，余不详书其作屋之工费与凡岁月，当详其为子孙、为师弟善继而新其为志。道教之与时政，似各有专，而相资以福乎民，似有不可以相无者，亦在所当详也。

　　［按］玉虚观在枫泾镇南，旧为真武祠，明洪熙元年（1425），改名玉虚观。该碑记由周鼎撰于明代，记文录自清光绪《重辑枫泾小志》第二卷《建置志·寺观》

重修松江府城隍庙告成祭文刻石

（黄平撰　明正统十年·1445年）

　　松江府知府赵豫,同知高龄、翁仲举,通判黄平、郭瑾,推官张宁,华亭县知县李希容,敢昭告于松江府城隍之神。曰:惟神受国显褒,主宰斯土,官民被惠于兹有年。近者恭睹神祠二门、两庑、柱石倾颓;正祠、寝居采绘漫漶;神象与堂而弗称,阶甃与路而就湮,目之所瞻,心实有歉。迺佗工于正统九年十月之旦,爰告成于正统十年七月之终。增饰合宜,规模仍旧。谨洁牲醴,用申祭告。于焉以妥灵,于焉以报德。尚异日新月,盛聿瞻庙貌之尊,物阜民安,永辅皇图之运,谨告。

　　[按]此祭文由黄平撰并书于明正统十年(1445),祭文录自《崇祯松江府志·卷之二十》。杜镇球《金石志》著录此刻石。刻石正书十二行,行二十一字,郡人顾士宁镌石。

增修灵顺宫记碑

(任勉之撰 明景泰年间·1450—1456年)

永乐中,予以宥府参军之职,奉勅巡考直隶官吏臧否。至徽之婺源祖庭,有庙翼然万山中。是夕偕御史宿,并梦神感。事竣还朝,竟拜徽守之命。询其本始,神乃五纬之精,唐光化中降于此山,告语立庙,其事具载徽《志》。自秣陵、宣城、广德数百里间,敬事尤谨,岁时行祷之人不绝于路。昧爽五更之际,神或现于空中,物色影响,略可闻见。有夫妇祷而生子,及期抱之谒谢,中途卒死,仍诣庙谢,已而复生。盖神之灵响若是,故宜乎人之敬信愈久益虔,而香火之祠无间于遐迩矣。吾松府治南,旧有行宫,其灵响尤异,故老皆能道之。殿堂三门,元至元中郡人夏万三氏一力重建,独两庑缺然,久而怠驰,神亦弗歆。正统十二年,蓬莱道士李志道来主其祀事。景泰壬申,郡守叶侯冕增饰殿宇,创建两庑,而志道复募缘塑神肖像。于是祠宇一新,皈依云集,福利之及人其无穷矣。昔藐姑射之山有神人焉,肌肤如冰雪,绰约如处子,能使物不疵疠,而年谷熟。有道之士,修持精洁,其致此固无难者。而予老矣,休致之余,当念神惠之及人,而见雨旸之时、若年谷之丰登,家给人足,以共乐太平于无穷也。故书昔所闻感应之,实以告主者,俾益自励而无怠云。

[按]该碑记由任勉之撰于景泰年间(1450—1456)。记文录自明正德《松江府志》第十五卷《坛庙》。

重修上海城隍庙记碑

(明天顺元年·1457年)

重修城隍庙记

直隶松江府上海县(下缺)

立法而□古□居今而虑万世,此仁人□□独□者(下缺)易之以固,仍□□而□□□勿以同,但不易□□人(下缺)苟且一时□之足□□□□□□肇自至元□□余有二(下缺)志作咸略,而不□□□□□□因循莫留意□□社稷山川(下缺)砾堆,城隍屋宇倾□两庑□堂恶陋不堪,景泰五年大尹(下缺)心,剔弊剧顽□治□□□诸祀坛场□恶□然兴聿新之,(下缺)事,前作不坚,□□陋若是可乎,□□□□□石贯,旧乃新之(下缺)咸□而加以□□者高之,狭者广之,□者新之,城隍堂庑□(下缺)□庙貌轮奂,翕然辉耀,事既竣。谓诸坛不能一具记,故此合(下缺)永无坏,是图其为□□虑不既□□□循吏之无称之久矣。(下缺)讻然无宁家,豪奸大猾因之舞,三年已利,□□竣□已坏矣。(下缺)不与其勤视美而不占其□□□此□□□旋殿堂斋舍(下缺)者,固非仁人特立者,莫能□乎,公名李纹仲绣,九江人,以儒(下缺)天顺元年岁次丁丑春三月吉旦。县丞李谦,主簿□□(下缺)

[按] 该碑立于上海城隍庙后殿前东侧,立碑时间为明天顺元年(1457)。碑文共16行,下部已残缺,上部每行尚有23字可辨认。碑高120厘米,宽84厘米,厚23厘米。

黄渡沪渎龙王庙重修记碑

(范纯撰 明天顺四年·1460年)

沪渎龙王庙者,祀吴淞江之神也。吴淞江为太湖咽喉,太湖受江南诸川之水,县亘三州六县,周围六百余里,阔三万六千顷,汪洋浩荡,一或震激泛滥,则江南之民其鱼鳖矣。昔大禹有忧之,凿三江以泄之于海,使永不为患。考之《书》曰:"三江既入,震泽底定。"震泽即太湖,三江,吴淞其一也。今去禹时历二千余年,彼二江踪迹影灭已久,独是江赖以吐纳湖水,且滋溉农田,民食因之以足,其所系为尤重也。江介今昆山、嘉定、上海三县,所溉田以顷计累万,而淤塞不通,疏决之者,惟宋与元一再耳,莫之继已百四十余年,故涝无所泄,旱无所救,水患滋甚,民食屡艰,职此之由,岂细故哉。圣天子光復宝位,改元天顺之明年戊寅,都察院右副都御崔公奉命巡抚南畿,始下车咨询民隐,首及平江。嘉定县尹龙君晋手疏其详,力请治之。公闻其议,仍询父老下官,属以图焉,而沮之者十恒八九。盖无远虑者,安于苟且不肯为,无擘画者,窘于财力不能为,据为业者,擅其利息不欲为。官之由沮二,民之由沮一,不曰其涂皆淞沙,软不胜人,则曰其通塞由天,匪人能胜。不曰人不能胜天,则曰其通必岁月,计其塞可旦夕待。言人人殊,誼若聚讼,君乃手画为图,请之益力。且申言曰:"湖水清、海潮浑,江泄湖入海,使清水势弱、浑潮势强,譬之天理微而反不能胜人欲之炽,故泥淀积而江淤塞矣。然淤塞既久,渐成平陆,非人力何以决治之,谓江通塞由天者,谬也。泥淀之积,旬月即坚,况百余年乎,谓涂皆淞沙者,妄也。为今之计,疏凿江流接湖之处，既深且阔，使清水大来，以冲涤浑潮，泥淀无容停积，则江通必久，譬之人欲克去则天理日明，理之自然，谓江塞可待者，诬也。先是永乐初，苏、松、嘉、湖大水，朝廷特命大臣护以玺书治之，独江之役坐是不兴，愿深察焉。"公大然之，即率君亲临其地，顾视咨嗟，益信沮者之言诬妄且谬，叹曰："江终不治，如吾民何。"意遂决，檄三县各出夫三万，择日兴役，且责成于君。君至，立为二邑创，乃拣夫长，乃立藁舍，乃赈钱米，乃时作辍，子来云集，欢喜趋事。始于庚辰春二月二十有八日，至三月二十二日毕工，夫工计一百九十八万，米石计二万七千，钱文计二十万五千，江深一丈二尺，长起自下驾口，至孙基浜出旧江一万三千七百一丈。江复通，逦迤入海，其势且可久淤乎。是役也，君发之于下，公主之于上，宜成功易也。然则江之通塞，天乎、人乎？何待辩哉。后三月，霪雨越旬，沿湖数郡之民不至昏垫，秋且稍获，江之功不可诬也。神庙在江之阳、黄渡之阴，前元大德间作名曰沪渎龙王，虽人之能，实则神也。君命耆士庞遂等修葺，将有事于神，来请记于纯方。今圣天子在位，百神是主，神之效灵固有由然。然有此江则有此神，神之灵否又系江之通塞，而祀事亦因以废兴，故敬为书治江之本末与已试之明验，以告来者，使嗣图之，则江由之水永通不塞，而神之灵将日昭赫，其祀事亦有所托而相与无穷也。

［按］该碑记由嘉定人范纯撰于明天顺四年(1460)，记文录自清《黄渡镇志》第九卷《杂类上·神祀》。清《黄渡镇志》第八卷《艺文·金石》著录此碑。

重修松江龟蛇庙记碑

(张璃撰 明天顺七年·1463年)

松江南城河湾龟蛇庙,世传其地有莲花池,居人尝见巨龟蛇之异。宋淳祐八年,道士余子善来建庙,塑真武像,因有龟蛇名。元至正十六年,苗师纵獠入郡大掠,火一月不绝,殃及境,而斯庙如灵光独存。人远望,有黑旗飏于上,当时凋瘵遗噍,竞传以为神。国朝洪武初,殿就敝,绍兴贩海商其人与先祖同姓字,始来翻盖,今存二夹石,即期所舍海舶中石也。我曾祖仁清,号一山,尝卜筑庙侧,思地有税无主,众侵秽日废,乃因编册,收庙基于保胜名下。世远人亡,永乐改元,我祖本中号柳塘转入于籍。宣德二年,我考原璧号清逸与东隐道人徐宗盛栖迟于此,有志兴作不果。正统十一年,璃官纪善还守制,载瞻庙貌,历年滋久,风销雨涸,朽败莫可支。乃慨念先志,以起废为己任,合里中好义者施财庀工,至景泰二年重盖殿宇,易芦篾以板,增置两廊各三间,东隐构室傍居,以主其席。后予长子莹任监察御史,得辞职就封居,间又以山门等未备,欲事营缮。得府判严郡洪君景德劝率,粮老陈宣等胥来义助举,魏忠、李义董其事,三越月,殿廊绘塑,重门缭垣,焕然一新。外立龟蛇真境坊,砌砖为街,甃石为桥,以通神道揆。天顺癸未,而上距初建二百又十八年,至是盖咸备矣。噫!张氏祖茔邻于庙,子子孙孙同吾志者嗣而葺之,庶斯庙有属,而期文不昧焉。用镌诸碑,树于庙门之左。

[按]龟蛇庙在松江府城南濠上,建于宋淳祐年间。该碑记由张璃撰于明天顺七年(1463)。记文录自明正德《松江府志》第十五卷《坛庙》。

松江周文襄公祠记碑

(钱溥撰　明成化十六年·1480年)

　　大丈夫建功业于时者易,而惠泽不忘于人者难,盖不忘于近固难,而尤莫难乎愈久而愈不忘之为难。非惠泽入人深者,能之乎?涉河而思禹,咏《甘棠》而思召伯,绘像于蜀而思张方平,与吾郡守王侯因民之思而祠文襄庐陵周公同一愈久而愈不忘也。夫自太宗皇帝肇建北京,以南京为留守,两京财赋,悉仰于东吴,而松为最。松有盐粮二赋,诛求无艺,国用日亏,而催征吏络绎于路,征愈急而民愈困。宣德七年壬子,少师杨文贞公荐公自越府左长史为工部右侍郎,率勑巡抚东吴。公乃询列郡而尽得其病利。首立水次仓,令民自负载诣纳。始抵石,民以为怨。公曰:"始试尔。"不一载,积逋悉完,而吽哎其村落者,一迹不至。遂减以什之七,民乃大悦。善煮海,曰卤丁,其远而不善者日灶户。旧以灶户以米以赡,多被侵克,而课恒不足。公则别贮灶户余米,俾官赡煮海者,得盐以给商。自是亏课皆足,私贩亦息,而盐商愿出于其涂。民弃官田而逋者,居民一沾足则执以偿其赋,虽良田沃壤,皆无废不治。公乃立《召佃法》,令民任薄赋垦辟,而逋者亦转缘于南亩。民有死绝积荒该陪者,有马草、夏税、盐钞、驿骑、铺陈岁办该征者,又有军需该派,悉从余米给之,而民不知。余则运入济农仓,春省耕,秋省敛,以助不给。一遇水旱,则边发以赈之,而民不至困。行之十又七年,民熙然乐业,不识苛政横敛之加已、灾警之为害。乐既久而变生,有窃羡余,互告评以挠公法,公叹曰:"吾反不便于尔耶?"辞不复理,奸弊百出,民用滋困。松父老请公复故，帖然以宁，始信公之法可守而不可变。越三载己巳，公入觐，升户部尚书。北虏犯顺，京师戒严。公请驰奸党之禁，预给官军俸粮十石，以宽贷东吴粮饷不继。复改工部巡抚，添拨民运数百万石，承造军器数百万件，皆鳞次发运，不愆于素。当是时，闽越相煽称乱，独东吴晏然，民不知扰也。又二载，乞致仕而归，归二载而殁。松则连岁大水。抚臣救济罔措，饥民枕籍于道，虽垂死犹曰："安得周公复生以活我耶？"升闻于朝，特谥公文襄以褒崇之。自是抚臣守其法则治，紊之则乱，间有知其所当然而不知其所以然，知其所当敛而莫知其所以散，民卒无以蒙其惠也，则旦暮相聚而思之，非愈久而愈不忘乎？松有耆儒曹琛、焦善等，尝欲倡义立祠未果。余自韦布受知，亦无力助焉。幸而侯以材御史守松，初闻而疑，既而见前所谓该征派等，悉出余米，若探囊取物，乃叹曰："何公立法便民若是耶？"亟命义官沈玉、胡澄、沈奎募民，皆驭趋乐助，得县南实相寺址一区，缭以周垣，作前厅、后堂、塑公像于中使奉之，奉之所以奉其法也。是役始于成化十五年己亥八月九日，而成于其年十月二日。介别驾于君准来请记。昔扬子《法言》"或问为政有几，曰思敩"，言政善则思，政恶则敩。公殁已余三十年，而乃祠之，非思已夫？唐有韩昌黎，以刑部侍郎刺潮，去恶如驱鳄，兴善如教士。其后陈尧佐守潮始祠韩。如其去鳄而兴学，民亦思之如韩。今侯能祠公以奉其法，后岂不思之如陈能祠韩哉？侯名衡，字宗铨，山西稷山人。天顺甲申进士，拜监察御史。学有源委，屡上疏纠恶，绰著声绩。及守松，即能奉公法而祠之，使惠泽不忘于人也，有以乎。不忘于公，亦不忘于侯矣。故记其丽牲碑而系以诗曰：公昔乘云朝帝乡，有法无守民遭殃。水旱缺食多死亡，遗爱在松民不忘。声彻当宁谥文襄，民欲祠公嗟未遑。吾侯欻来自帝傍，构祠乃在邑之阳。春秋禴祀蘋蘩香，公不来予涕泗滂。云车挟凤骖龙翔，一时戾止何洋洋。公不肯留惟降康，风无灾厉民其昌。岂惟成绩纪太常，祀事与国同休光。后其侑歌歌此章。成化十六年岁次庚子春三月初吉，松江府儒学教授因礼、华亭县儒学教谕相廷玉、上海县儒学教谕孙升等立石。

〔按〕周文襄公祠在松江府治西南，建于明成化十五年(1479)。该碑记由尚书钱溥撰于明成化十六年(1480)。记文录自明正德《松江府志》第十五卷《坛庙》。

重修镇西将军庙记碑

（夏寅撰 明成化十六年·1480年）

华亭县故有镇西将军庙，以祀三国时吴辅国将军逊、吴左相凯，曰镇西者，以逊、凯皆任镇西将军云。元至正间，增置吴大司马、荆州牧抗。庙燹于兵，而祀弗讲矣，国朝宣德戊申，始复兴建，修其祀事。后更改为书院，以馆部使者。成化九年，巡抚滕公以神位居厅事后，令有司别建庙于右。方十四年，稷山王侯宗铨自御史来知松江府事，宾礼儒贤，划革奸蠹，甫二载，政令大行，岁复告稔。遂究祀法，以整斯庙，增傍别屋数间，选道士一人居之，时其启闭，而扫除其芜秽。落成祗告，顾诸参佐曰："逊与抗为父，而凯族子也，神位并南向，礼乎？"既而笑曰："此必中更有司之误，非始义也。"命从吏置抗、凯东西向，归而徵诸前《志》，则抗、凯果位昭穆配享，乃大喜，请予为记，并以厘正事告之。称镇西者，存故实也。于乎！侯之于神，可谓揭其虔而妥其灵矣。然予少读前《志》，能言三陆之贤，皆有功烈于吴，乡邦百世尸而祀之固宜。而于伯言之事，不能不致疑其间者。《春秋》之义，责贤者之备也。当孙、刘分荆州而定盟，关羽自江陵率众攻樊，战克执张，曹操大恐，议徙许都以避其锋。而吕蒙在南郡，忌羽成功，思有以蔽之。伯言是时有汉之心，思操之为贼，不赞蒙，不绐羽，密启仲谋，与玄德连和，杨兵淮泗之间，山东义士，必有起而应者。操既畏羽，又谋东御，其势必危。曹氏危，而刘氏安矣。纵使羽先擒操，汉定功行赏，自江以南，必割以封吴。不然灭操之后，拥荆扬百万之众，释戎服以归天子，汉宁不以台司待之？格天之勋，耿、邓不足侔矣。释此不图,而利鼎足,背盟毁羽,以吞荆州,遂使曹丕篡逆,寻自僭号。彼照烈称帝,所以绩献祀汉,吴执何言,而亦帝哉?持是概丕,心迹正相等耳。异时孔明用师于魏,使来寻盟,始大集兵将,欲与汉东西犄角,吁,晚矣!苟有是心,曷不移之于袭羽之时之为愈乎?故朱子修《纲目》,于孔明出师,一则书伐,二则书伐,于吴人之役,则书击、书攻,或变文书诱,一字之间,命意岂不严哉!虽然,伯言既挫昭烈,即解而归,佐吴通汉,共治曹氏,终魏之世,限一衣带水,不敢窥吴者,徒以有伯言也,岂非豪杰也哉?成化十六年,中宪大夫、江西等处提刑按察司副使、奉勅提督儒学邑人夏寅譔。

[按]该碑记由夏寅撰于明成化十六年(1480)。记文录自明正德《松江府志》第十五卷《坛庙》。

重修凤仙道院碑

（张悦撰　明成化二十一年·1485年）

　　松之漕溪在郡东南七十里许,其南不数里即大海焉。濒海居民以鱼盐为业,余无所资。每岁夏秋飓风作,阴雨晦冥,海洋簸荡如山,甚至决堤浸田漂毁室庐。元至正时,有徐六万户者,悯其民为海所苦,谓海阴以幽,而幽则有鬼神,宜假威灵以镇之。于是舍基地六亩,西距溪二百八十步,创祠宇其上,奉香火祈祷焉。此凤仙道院所系建也。迨国朝永乐初,道院毁于倭,旧基鞠为茂草,几不可踪迹者四十载。其地之赋,则里民王文亨与其子若孙累岁输官,因以其地三之一为茔墓。正统间,总赋长杨拯实里中巨擘也,欲为重建,白郡守赵公豫,可之,乃归命牧者杨道诚董其事,即其基创三官殿,复其院之名如故。景泰末,乡人陆用初有志为道士,遂出家,礼郡道纪李志道为师,成化丙戌请度牒,壬辰来住持居。无何道诚物故,用初独立募缘,不饮酒茹荤,竭诚殚虑,己亥作玉皇殿,作东西两庑,壬寅作钟鼓楼,作外之三门,至若庖湢、桥井与夫宾客讲演之所,亦皆以次完美。像设庄严、丹垩鲜丽。岿焉奂焉,制度倍蓰畴昔,于其前人创始之意益为有光,而居民藉为保障计,又岂不益久永也哉。是不可以无记。郡庠生杨传以生长兹土,略述所闻,特书其成。予虽差长,然亦未闻其详,如所谓凤仙者莫究其义,万户者莫识其名,询诸故老无所考,姑记其大略,以告来者。

　　[按]凤仙道院旧址在金山区漕泾,元至正年间(1341—1368)

建,明永乐初年间毁于倭寇,正统年间(1436—1449)里人杨振重建。该记文为张悦撰于明成化二十一年(1485)。记文录自明崇祯《松江府志》第五十三卷。

重修松江府城隍庙记碑

（张鎣撰　明弘治二年·1489年）

　　吾松有城隍祠，以祀威灵公之神。其祠初处郡治南东折而入地位，逼仄不称瞻仰。至洪武初，始迁于南，地址恢廓，堂殿廊庑皆大其规制。弘治改元夏五月，大雨暴作，飘瓦毁垣，寝殿门庑皆就倾圮，郡守河南刘公修葺祠宇，捐己俸为诸僚倡，而华亭尹汪侯赞成之，一时之义士相率助金，遂鸠工集材。经始于弘治戊申，越明年己酉告毕。郡公致礼需予言以识岁月，故予叙侯之绩。又从而歌之曰：维神降灵司吾松，威光赫赫神之宗。国朝祀典加褒崇，锡以爵位逾侯封。灵祠巍构拟法宫，岁久漫漫凋青红。震风凌雨交相攻，聿倾栋宇颓垣墉。总有神力难骈橦，刘侯为政如黄龚。民物举在春台中，谒祠三叹忧满容。修饬一念披丹衷，翕然义士如云从。巨材山积走众工，崭新台殿非旧同。美轮美奂妆玲珑，维神有灵当感通。雨旸时若灾诊融，下庇五谷年年丰。我今歌颂刘侯功，名与斯庙相无穷。

　　［按］此记由张鎣撰于明弘治二年(1489)，记文录自《崇祯松江府志·卷之二十》。清嘉庆《松江府志》卷之七十三《艺文志·金石》著录此碑。

松江府城隍庙照壁

喜雨亭记碑

（唐瑜撰　明弘治三年·1490年）

弘治庚戌岁夏六月，海邑久不雨，封疆之内原隰龟拆、禾黍槁瘁，将失秋成之望，小民怨咨愁叹，声载原野。虽舞巫迎龙，祷罔臻效。适郡弍苏侯行部至邑，历询民隐，知其致灾之由。乃与吏民约，惩钱谷之宿蠹，释囹圄之滥抑。凡有戾于民者，悉更张之。越三日丙午，天大雷雨；明日丁未，如之；又明日戊申，亦如之。原隰霑足，四野熙熙。邑之父老咸诣侯所，罗拜于庭曰："一雨三日，伊谁之功，请为谢。"侯曰："是不然，祷而得雨固可喜，人事不修亦吾守土者之过也。今天不罪弃，从人悔谢而赐之雨，释吾过，犹幸也，敢以功为言。"既出忧旱喜雨二诗，大意在与民同其忧东，而谨天戒修人事，又隐然寓之辞表。初无希功徼名之心也，父老知侯不自任其功，乃退而谋诸邑吏，将勒石以志不忘。会天复亢旱，民曰："安得忧民如苏使君者，复来活我也。"俄部使者檄侯署县事，民皆欢呼动地。视事之翌日，雨复如注，多稼芃芃，遂为有年之书。于是，相率请秋官即谈君朝宣，撰次修德感天之迹，徵予文志诸石。噫！予亦使之治民也，侯之德，吾民乃耳闻目接，当为屡书特书。奚俟而后为言，按洪范庶征曰，肃时雨若是为休征，不肃则反而为狂狂，则恒赐若是咎征，人事修则休征应千时，人事乖则咎征见于上。侯能格天心于一诚，转休征于顷刻，其功岂小补哉。亭名喜雨，固本乎苏长公之意，然公以亭成适雨为喜，侯以祷天得雨为喜，虽其迹若有异，而先忧后乐之心皆所以为民也，均名曰喜亦宜也。侯名章，字文简，别号云崖,由名进士,拜夏官尚书,即击弋于吾松,文章政事为时所推重。亭成适玺书擢侯为延平太守,人又以为斯亭庆也。

[按]该碑在上海县城隍庙内,记文由唐瑜撰于明弘治三年(1490),碑文录自明弘治《上海县志》。明万历三十三年(1605),上海县重修城隍庙,在该碑上刻重修记文,遂成一块碑刻两篇记。

喜雨亭记碑

重建金山卫城隍庙记碑

(侯方撰 明弘治四年·1491年)

　　金山距海重地,异时倭舶为患,水宿重兵以镇之,元社已屋,高皇正大统,始立卫以奠安海陲,有卫则有城,有隍,有神以司之,庙之所由建也。庙在卫东百余步,迄今百有余年,风雨蠹败,神罔攸栖。守帅六合杨公,承命作镇于兹,治戎讲武,综理周密,出号司令,风劳雷行,僚属禀之以承武,军民仰之以依归,用能边境晏然,高枕无事。公时祗谒神祠,顾瞻咨嗟,谓斯城斯隍,高深雄伟,实东南一藩篱,而庙乃凋敝弗治,敬其明神,可若是耶?乃捐己资,规画料理,市余地以拓旧址,征材运甓,诹日庀工,作正殿若干楹,参以高轩,翼以两庑,前建重门以司启闭,庭墀莹洁,彩绘鲜明,缭以周垣,既坚既好,庄严神像,俨乎如在。凡公斯举加于旧观而不浮于度,公乃斋沐,且牲牢,率僚属,湛焉肃焉,秉厥丹诚,骏奔走庙,祗告成功,神歆人悦,祚有攸归,公既瞻拜而退。掌卫事指挥使翁君熊谓公:此举不烦于官,不劳于众,独以己帑作新斯庙,宜有文以示永久,遂为书。介其僚友侯君寅、萧君元来请,方既未得造公之庭,窃幸自喜如昌黎韩子、滕王阁故事,得载名其上,有荣耀焉。庙之作,经始于弘治四年八月九日,而讫工是年十二月十二日云。

　　[按] 此记文系明弘治四年(1491)十二月华亭侯方撰。碑文录自《光绪金山县志·卷七·建置志》。

重修蓬莱道院记碑

(钱溥撰　明正德三年·1508年)

府治东百五十步,旧有道院曰蓬莱,宋绍兴间地生灵芝,纯阳显著灵迹,因名,诚吾松第一山也。自元至正间道士李德安復建,岁久倾圮,洪武初金志信重修。永乐中陆道泓来住持,继李朝阳戒行超卓,道术高妙,常以殿宇卑隘,不足以壮观一郡为歉。成化初,先构两祠,请县学内文昌像奉于左,塑纯阳像奉于右,勤苦精修,不十载四众皈依,遂以其徒江守澄竭力经营,撤而更之。正殿三间,高四丈六尺,广视高倍五丈一尺,深倍广者四丈八尺。后殿三间,广与高深俱杀焉。正殿真武居之,后殿老子居之,文昌、纯阳二祠则徙于后殿前之左右,利济侯祠以及山门诸所焕然一新。其殿始工之日,正余奉敕致仕还家之又明年也。越三载而落成,朝阳乃谒余请记其事。余常闻朝阳教其徒若孙有曰:"吾辈绝欲之士,忠孝大事既不得与,亦当以一念不欺为忠,一事不苟为孝。"深窃叹其道家者流本清静无为,而朝阳独尚忠孝,殆学老而行儒者欤? 此余于是院所以乐为之记也。遂俾录归刻诸石。正德三年戊辰夏五月。

[按] 蓬莱道院在松江府城东门内,建于元代。该碑记由钱溥撰于明正德三年(1508),记文录自崇祯《松江府志》第五十三卷《道观》。

重修东岳庙记碑

(沈霁撰　明正德六年·1511年)

  五岳绵亘山东,突然为天下诸山冠,自古天子四时巡狩,皆始于此。后世寖逮古,更为封禅之举,盖以祈福要利益也。《诗》曰"惟岳降神,生甫及申",则其山之灵应有自来矣。夫山有神异,其秀气特钟于一方。今神祠满天下,止崇奉东岳之神,岂自东之外,其神不显耶!
  按天地之生气属于东,老氏者流,为世人祝长征计,故取意于此,不暇及蓁也。予承乏南道时,行为表现勾当公事,便道至金泽之颐浩寺以观胜概。偶见一新宫,殿庑廊宇,巍然特建,因入而鉴焉。予将问其故,旁有一善士钱端揖而告予曰:"此东岳行宫,元至正初,林宣使所创,迄今历年既久风雨倾颓。端因募缘,得里人吴祥首倡,不惜费赀,鸠工修葺如故。兹欲立一石以传不朽,乡未有请,今得遇长者,不识肯为垂念否?"予应之曰:"岳神之变化往来有无莫测,窃见福善祸淫,天道昭昭。金泽乃松郡之一隅,人心未必如古皆善而无恶也,子能诚心修善,吴君辈又能协力赞襄,天人报施之应,自有不可得而泯灭者。况地气所钟,在在灵异,胡必计岳神之果行寓否耶!里闬之民,感发而兴,起者劝,恶者化,岁时祈祷,得有所依,使林公一念延于无穷,则子之功,不特有及于乡民而已也。"遂书以记之。时正德十二年五月,遂以勒石。南京兵务吏目杨永祥书。苏州孔悌刊。
  [按]金泽东岳庙,原址在今青浦区金泽镇钟家圩,始建年代不详,元至正年间(1341—1367),迁建至东沈港,明正德六年(1511)重修,沈霁撰文。今庙碑均不存。碑文录自清道光《金泽小记·祠庙》。

重建沈司徒土谷神祠记碑

（刘佐撰　明正德八年·1513年）

粤自司徒职起少昊，历尧舜，三代咸因之。厥职则巡行县鄙，命农勉作，凡邦域畴圻、土地人民、广轮图数、山泽丘陵、坟衍原隰，悉统所辖。故《韩诗外传》曰："土地不腴，五谷不值，责在司徒。"嘉定娄塘南有土谷神祠，曰沈司徒者，祖此耳。噫！司徒一古良佐，而今主血食，所谓生柱国而死神王邪，弗获知也。虽然幽明一理，神人一途，矧是祠自元迄今，而绳绳祷者，以其阴泽于民而事存有司也。至正六年，里人张名建横沥河旁。匿盗寇，县令准钱伯川呈议，今更时仲吉、李文炳、沈朝用。落成及艰得主祠者，又得境民荐京师胡真人、孙先年，给札住持三官堂。羽士陆景祥徒李志亨，积诚守祀。尤构宇镂塑北极司徒神像，绘饰毕加，轮奂丹垩，烨然鼎新。亨乃晨钟暮鼓，叩礼益虔，上祝天心克顺，下冀物阜民安。亨用意若此，盖由派侄柏真人尝移书，俾其徒孙，寻给以度。于今，星冠羽服而主祠后不乏者，皆真人力邪。既而，其师陆景祥墓亦傍祠，封植掩映，抑得展其祭扫之诚，而道德不孤，谓□积诚守祀者，又岂止一神祀而已。呜呼！稽祠面坎背离，今更面离背坎，水朝沙绕，居民灌荐无虚日。吉凶之谋，百姓与能，此固神之灵，然使亨不戮力以昌香火，则虽神之灵而亦不能自行也。《传》曰"道必待人而后行者"，此欤？亨则尤恐厥后有忘树宇之难，故乞余言，勒诸石，用垂不朽云。正德八年岁次癸巳秋九月。

［按］沈司徒土谷神祠在嘉定娄塘南,建于元至正六年(1346)。该碑记由刘佐撰于明正德八年(1513),记文录自清《娄塘志》第二卷《建置志·祠庙》。

金泽东岳庙记碑

(沈霁撰　明正德十二年·1517年)

　　五岳绵亘山东，突然为天下诸山冠，自古天子四时巡狩，皆始于此。后世浸不逮古，更为封禅之举，盖以祈福要利益也。诗曰："惟岳降神，生甫及申"，则其山之灵应有自来矣。夫山有神异，其秀气特钟于一方。今神祠满天下，止崇奉东岳之神，岂自东之外，其神不显耶？按天地之生气属于东，老氏者流，为世人祝长生计，故取意于此，不暇及其余也。予承乏南道时，往勾留公事，便道至金泽之颐浩寺以观胜概。偶见一新宫，殿庑廊宇，巍然特建，因入而览焉。予将问其故，旁有一善士钱端揖而告予曰："此东岳行宫，元至正初，林宣使所创，迄今历年既久，风雨倾颓。端因募缘，得里人吴祥首倡，不惜费赀，鸠工修葺如故。兹欲立一石以传不朽，乡未有请，今得遇长者，不识肯为垂念否？"予应之曰："岳神之变化往来，有无莫测，窃见福善祸淫，天道昭昭。金泽乃松郡之一隅，人心未必如古皆善而无恶也，子能诚心修善，吴君辈又能协力赞襄，天人报施之应，自有不可得而泯灭者。况地气所钟，在在灵异，胡必计岳神之果行寓否耶！里闬之民，感发而兴，起者劝，恶者化，岁时祈祷，得有所依，使林公一念延于无穷，则子之功，不特有及于乡民而已也。"遂书此以记之。时正德十二年五月。遂以勒石。南京兵务吏目杨永祥书。苏州孔悌刊。

　　[按]该碑记由沈霁撰于明正德十二年(1517)五月，杨永祥书丹，记文录自清道光《金泽小志》第二卷《祠庙》。

重建唐宋忠良祠记碑

（周佐撰　明正德十五年·1520年）

松江古华亭地，东南际海，群川会注，孕毓灵秀，而陆氏世钟其美。爰及宣公，实生于唐时，县隶嘉兴，故为府，且易今名。而公之庙在故郡者，因而弗徙。公为嘉兴人，而唐祀在焉。元至元间，县始别升。元贞初，教授马允中以公配食二俊祠，盖公至是始得祀于华亭矣。夫公之文章在翰苑，德泽在生民，勋庸在社稷，崇名重望，流布宇宙，师表百世，先正谓其功业赫然，而心行不戾于圣贤之道。其视士衡伯仲自负才华，而晚节不终者，远矣。桑梓故墟尚缺专祀，舆情未惬，非所以致褒崇之道。正德丁丑冬，佐承乏是邦，按图考籍，遍谒群祀，见公之名位偃然二俊之下，心窃病之，欲事改图。岁歉民疲，力且弗逮。越明年戊寅秋，奉表北上，孽鬼为妖，肆为民厉。比归，为文遣告，彼昏罔悛，影迹如故，迺令徒属取其像设投诸水火，毁其坛宇，殆以千数。系其巫觋，悉置于理，示民好恶，民用不迷。府治西南有曰灵顺行祠，乃其故宫之最隆赫者，佐因一造焉。顾瞻堂陛尊严，廊庑整饰，喟然叹曰："吾志酬矣！天其或者以是贻公，而相吾祠于成耶？"遂以其事上白于巡抚都御史西蜀李公、巡按御史关西东公。议已克合，迺即故宇，腐者易之，损者葺之，缺者增之，沙之剔之，绘其轩楹，甃其阶墀，堂陛门庑涂墍丹臒，既除既饰，悉就矩度，迺肖公像于其中，榜其颜曰"唐陆宣公祠"。又于巷之东西建景贤、崇德二坊，以侈大盛美，示崇极之义。工既讫功，有事祠下，牲肥酒清，黍稷惟馨，笾豆静嘉，降登有仪，公神洋洋，既格既飨，灵光烛天，祥庆交集,郡之文武吏士与邦人之聚观者,莫不祗肃歆慕,人思奋励。是岁,郡无震风凌雨,百谷用成,民用大和。其冬十有二月,孔君辅以刑曹郎出守是邦,率其僚佐群谒祠下,顾瞻徘徊,咸曰:"休哉!公之令德,显显在人,由唐以来,殆且千岁,迺至于今始有专祀,岂非数邪?"且是役也,因旧为新,有辟邪崇正之功,无伤财厉民之失,诚足以增光郡国,风励后进,不可无文以记。佐不敏,愧乎其言,乃叙其事而记之。

[按]该碑记由推官周佐撰于明正德十五年(1520)。清嘉庆《松江府志》第七十三卷《艺文志·金石》著录此碑。记文录自清康熙《松江府志》第二十三卷《坛庙》。

陆宣公祠记碑

（明正德十五年·1520年）

　　天朝混一海宇，稽古定制，首严祀典。凡天地山川百神之祀，罔不秩正，一洗近代之陋。古先贤哲生于其乡与其德化覃被之地，悉致祠祀，所以崇德报功，风励天下。治平既久，欲尚颇僻，媛祠妖祀，日益滋蔓，而祀典所载，乃或缺废不修，默乱天经，上干和气，旱乾水溢，荐为民患。有民社风化之司者，其能辞诸？松江古华亭地，东南际海，群川会注，孕毓灵秀，而陆氏世钟其美，爰及宣公，实生于唐时，县隶嘉兴，故公为嘉兴人，而庙祀在焉。元至元间，县始别升为府，且易今名，而公之庙在故郡者，因而弗徙。元贞初，教授马允中以公配食二俊祠，盖公至是始得祀于华亭矣。夫公之文章在翰苑，德泽在生民，勋庸在社稷，崇名重望，流布宇宙，师表百世。先正谓其功业赫然，而心行不戾于圣贤之道，其视士衡伯仲自负才华，而晚节不终者远矣。桑梓故墟尚缺专祀，舆情未惬，非所以致褒崇之道。正德丁丑冬，佐承乏是邦，按图考籍，遍竭群祀，见公之名位偃然二俊之下，心窃病之。欲事改图，岁歉民疲，力且弗远。越明年戊寅秋，奉表北上，孽鬼为妖，肆为民厉。比归为文，县有陆司官庙，元和初有盐船泊于庙前，守船者夜于庙中得光明珠，则又以为陆四官矣。

　　[按] 陆宣公祠在松江府城华亭县治东南，明正德十五年（1520）松江府推官周佐把灵顺宫改建为陆宣公祠。该碑记文录自明正德《华亭县志》第九卷《坛庙》。

上海县社稷坛记碑

(郑洛书撰　明嘉靖二年·1523年)

正德十六年上戊,上海令莆人郑洛书肇祀社稷空坛,越在草莽,败垣废屋,牛羊来斯,弗称崇奉之意,亟以祭之日修之。迨秋祭,垣屋新,坛亦新。是年也岁稔,人谓鬼神顾歆云。嘉靖二年七月立石。

[按] 该碑记由郑洛书撰于明嘉靖二年(1523)七月,记文录自清康熙《松江府志》第二十三卷《坛庙》。

上海县山川坛记碑

(郑洛书撰　明嘉靖二年·1523年)

上海山川坛昔者圮,官无斋所,神若野宿。正德十五年冬,洛书为宰,明年春,顾瞻芜陋,心大弗宁,遂以毕祭之日,筑坛以栖神,作室以斋官。是秋告讫,工择谨良二人守之,俾勿坏,坏则闻于官,亟修之,俾勿坏。嘉靖二年,时乃考绩,爰勒所由。

[按] 该碑记由郑洛书撰于明嘉靖二年(1523),记文录自清康熙《松江府志》第二十三卷《坛庙》。

上海县乡厉坛记碑

(郑洛书撰　明嘉靖二年·1523年)

明有鳏寡孤独,幽有厉换,朝廷矜恤之□□间死生,故厉鬼者坛而祀之。正德十五年,洛书□□上海,越明年,清明举祭,则见垣颓址荒,云风萧飒,草木凄其,若滞魂号诉无依者,亟令工匠治其垣屋,更封其坛。是秋中元,祭告成,鬼罔怨恫,洋洋如在。嘉靖二年八月朔日,买石记之。

[按]该碑记由郑洛书撰于明嘉靖二年(1523)八月,记文录自清康熙《松江府志》第二十三卷《坛庙》。

枫泾陆宣公祠记碑

(萧世贤撰 明嘉靖三年·1524年)

按《唐史》,贞元相陆宣公为吴郡嘉兴人。尝读公之疏,故知公之心,因慕公也重。嘉靖癸未,余出守兹土,喜即公之生里也,而谒公于庭,宿昔仰瞻之怀于是乎遂。公復有祠在嘉善县奉贤里之陆庄,岁久倾圮。越明年甲申,其裔孙公泰葺而新之,条陈颠末,乞余言记诸永。夫公庙之在郡治者,载在祀典,守在有司,虽百世不磨。此日祠堂而又偏于陆庄,则视子孙为隆替。曩过姑苏,谒文正公于范庄,见其庙貌巍峨,子孙环集,公之后裔乃与文正迥绝者,岂君子之泽亦有不同也哉! 要之吴民业田,以为恒产。为文正之后者,独荷优典,咸復其家,故有聚而无散。惟宣公之后,则无復焉,而族故辽阔,陆之弗竞于范,而祠亦缘之屡湮。余无裨于始,而惟虑其终。子孙之典是祠也者,仿范庄故事,俾为公之子孙者,弗以产故徙而无归,公之祠堂也,弗以子孙徙而无归也,而復落寞罔治。此余自致于公之万一也,因移官文,并刻于石,用告来者。

[按]该碑记由郡守萧世贤撰于明代,记文录自清光绪《重辑枫泾小志》第二卷。

蓬莱道院重修记碑

(孙承恩撰　明嘉靖十一年·1532年)

松有蓬莱道院者,在郡治东百五十步许,地当通衢,委巷北折甚幽寂。宋绍兴间始创。元至正间道士李德安復建。岁久而圮,成化癸卯李朝阳始改建之。易卑为崇,廓隘为广,辟陋为深。中为正殿,祀真武,祀其师老君于寝殿。祀文昌君并唐吕真人于左右庑,前建利济侯祠。正德己卯秋,震雷碎其正殿之二柱,江之徒卫大溥者率其徒钟秉彝復修之,支倾补弊,益以藻饰,则阶级峻整,丹彩华焕,地若拓而益宏,殿若升而益崇,景若辟而益幽。明轩净膧,深院曲房,花木葱茸,雅洁娟丽,若不与市廛接也。院未有记,无以为山门重,抑无以诏后人以缔造之艰,且将泯泯以至堕废,遂为文以刻石,复系之诗曰:"道原于一,浑沦汤穆。宰世立极,吾道攸属。老氏者作,同源异曲。清静为宗,恬澹寡欲。阐教传世,久益显暴。爰有攸处,以寄高躅。奕奕斯宫,松城之隩。地僻而窈,光景清淑。復创胜国,郡乘可復。明益开拓,殿宇高矗。于赫圣帝,玄衮皂纛。金印宝剑,龟蛇承足。太上高居,寝殿严肃。文昌纯阳,冠弁羽服。万灵诃护,四众瞻瞩。岁在单阏,雷斧栋木。天威有临,若儆玩渎。有大羽士,戒行贞独。值变兢惕,忏悔退伏。竭力缮治,倒廪罄匵。藻饰其余,罔有弗谷。若增而胜,丹彩溢目。瀛海异境,恍在尘陆。颇疑其间,仙侣栖宿。神药灵芝,皓鹤玄鹿。白云迷户,香霭覆屋。允惟清虚,迥隔凡俗。石磬瑶笙,玉版金箓。考击钟鼓,警彻昏旭。玄台冥冥,丹府煜煜。泊然虚无,神朗内烛。匪兹灵区,曷断诸慾。思贻厥谋,言谨其属。爰谒史氏,彤管纪录。刻之贞珉,庸代面告。咨尔后人,罔敢弗勖。精进焚修,秉志诚笃。毋堕前功,殚力继续。上祝皇厘,下祈民福。四气顺布,雨旸寒燠。以及众生,均囿化育。"嘉靖十有一年壬辰岁秋八月既望。

[按]蓬莱道院在松江府城东门内,建于元代。该碑记由孙承恩撰于明嘉靖十一年(1532),记文录自崇祯《松江府志》第五十三卷《道观》。

上海李公祠记碑

(唐锦撰 明嘉靖十六年·1537年)

公讳㮭,字从质,河间任丘人。成化戊戌进士,己亥来知县事。县役繁巨,人皆难之,公和平靖深,宽简粹官,开诚布公,酬应如响。争讼至者,每开谕使之自释,吏胥旁睨不得容其奸,徭役听其自议,然后稽询众论而差次之,无弗均者,岁之常赋五十余万。前令督责百方,卒莫时集,公缓期宽约,而民虔相戒饬,趋输恐后。岁尝再旱,公茹蔬吁祷,弥月不懈,雨乃时降,遂以有秋。邑故有养济院,旧唯败茅数椽,公改建厦屋二十余楹。先是,贫家死者多从火葬,公亟下令申禁,展拓义冢,瘗者有归。邑濒大浦,操舟业渡者头会责货,利于众济,舟小不胜,时有覆溺,公市坚木为巨舰,分置诸津,设官夫驾之。奸民奚勤、高祥者诈称孟御史微行,公廉知奸状归械付狱。至学较葺理,尤为周悉。无何,以艰去,士民攀渡以留,涕泣相属。既归,邑人有事京师者,必迂道瞻谒以为快。今令尹冯侯彬歆公风烈,时进父老讲求公旧政而遵循之,父老叹曰:"吾侪老矣,乃获复睹我公之政,何其幸耶!"缙绅耆宿谓公有大造于我民,非专祠弗称,乃群诣侯,庭具申诚恳愿,致材力以毕素怀。侯为相度厥址,得地于城隍祠之左隅,众乐趋事,不日告成。与情慰悦,因摭公之所以感人天者,书于丽牲之石,使后之吏兹土者知所劝云。

[按]李公祠建明嘉靖年间(1522—1566),祀知县李㮭。该碑记由唐锦撰于明嘉靖十六年(1537)二月,记文录自清康熙《松江府志》第二十三卷《坛庙》。清同治《上海县志》第二十七卷《艺文志·金石》著录此碑。

储家庙记碑

(储昱撰 1541年)

岁壬午,厘正侵冒大礼,议简命,诣总兵李隆,护督蔡兑濂,大阅柘林营,道经访悉海塘右,有吾祖华谷公入海鸿泥印,就印建橡,为存心养性所,名曰存养斋。越数寒暑,解组乞归,时宫中祈嗣修醮,诏天下方外之有灵应者,锡予优典,中堂因供塑像,公为里邻保佑,一名万寿庙,嗣是吉神默佑,塘内人民多数感戴。爰勒石以志所庙之本源云。嘉靖二十年辛丑。

[按] 该庙在祝桥镇西,明代储昱建,清光绪初年顾吁、倪遇春等集资改建厅。光绪之季,傅恭弼等设毓秀小学于西厅。宣统二年附设乡自治会。有四亩五分基。该碑记文为储昱所撰。碑文录自民国《南汇县续志·卷八》

南汇所东岳庙记碑

(徐阶撰 明嘉靖二十一年·1542年)

金山之南汇,故有东岳祠以祀泰山神。按东岳在鲁地,去金山三千里而遥。礼诸侯祭封内山川,非其人为僭。非其封为黩。金山之祀东岳何居,以予言之:岳于山最尊。金山虽远,固古扬州之域。东岳在东方,扬之诸山宗之,其为岳祠,殆取诸此。自汉以来,古礼日废,山川之祀,达于齐民,而礼有御灾捍患,则祀之文。金山地滨大海,盲风怪雨,发作无时,闻之耆老,岁祀东岳,境则大宁,有其举之,固所不废,则谓僭且黩焉者过矣。嘉靖壬辰春,汇人鞠君芳病其颓圮。亟以义倡于众,撤而新之,又辟地为屋及门庑若干间,越明年告成,士女咸会,瞻拜肃雍。尽是岁,风雨式时,民无疠疫。芳介予友未轩朱子请记其事。因念神能捍御灾患,必能彰瘅善恶,今而后,汇之士女,惕于神之灵威,为善为恶,凛然不敢一日懈。而仁让之风成,则固予所乐睹也,遂为之记。

[按]南汇东岳庙旧址在南汇县惠南镇旧城南门内,建于明永乐年间(1403—1424)。该碑记为徐阶撰,常动书篆,明嘉靖二十一年(1542)秋立石。此碑文录自嘉庆《松江府志》。

嘉定文昌阁记碑

（徐学谟撰　明嘉靖二十八年·1549年）

嘉定旧有文昌祠，岁久日圮。今皇帝临御初年，诏天下立启圣祠，于是即其地祀启圣公，而文昌因之弗祀。神栖既毁，祀典亦阙。嘉靖己酉，实遵化张侯视学之，又明年，嘉绩告成，民用熙洽。凡有裨学校事，罔敢或坠，惟我学宫前拥案山，旁列民舍，其左隅以官道所经，势稍不属，术者每以龙虎不敌为病。前令时议补其阙，竟未获举，乃诸生以请于侯，侯曰："吾事也。"遂戒目命工，鸠材累土，建阁三楹，虚其下以便民之往来者。再浃旬而工讫，规制巍敞，焕然聿新，因匾之曰文昌。像于阁之上，畅然四顾，我士咸喜。呜呼！斯谋斯猷，厥惟懋哉。时学司训王君乔升，既落厥成，且以书来言曰，昔泮宫之作，鲁人咏焉。兹虽张侯视学一事，愿子一言著之。余惟气化人事，每相值焉。兴替之故，岂或然者哉。吾苏夙称文献，嘉定虽僻海滨，弘德之际，缙绅布列，盖尝彬彬盛矣。迩年科目之数，视往时不逮，岂盛衰相乘，终当复始，而幽邃所钟，将兆发于兹乎。昔蜀本夷地，文翁之后人才媲美于中州，盖人事之至，气化随焉，亦其势然也。矧兹土隶南服，人文丕著，兹复振起而益新之。侯之所庇于教化，岂微也哉。

［按］该碑记由徐学谟撰于明嘉靖二十八年（1549），记文录自万历《嘉定县志》第三卷《营建》。清光绪《嘉定县志》第二十九卷《金石》著录此记碑。

重建张堰真武庙记碑

(唐志大撰 明嘉靖二十八年·1549年)

史氏道卿悦者，华亭张堰之世家。堰中旧有真武神祠，相传洪武之八年，海寇猝犯金山张堰，堰民束手待毙，俄而，寇遥见皂旗指挥，视皆昏障，大骇退走，官兵至，遂扫平之。永乐十有一年，倭寇入界，是方复赖神助以全。民德之，各以率出钱立祠，以奉其祀。自祠之兴也，无富室倾赀之舍，无士女淫祀之利，春秋父老敬事敬礼而已。是以庙貌靡饰，岁久益就荒颓。道卿见而慨然曰："嘻，此非神之所居。岂昔人所以崇奉之意固如是哉？"洒请于郡佐张公，悉以己赀鼎新其制。计其所用工费，视昔如倍，而众不烦。既又取近祠田一十五亩以付道士沈载春，俾世掌之，岁以供事。载春持其董子海观体仁所记《真武义塾》示予，乞铭之。予因是获闻其详。夫先王之制能为民御大灾、捍大患者，死必庙食于民，所以崇德劝功，示民不背本也。然神怪之言，儒者则未之道。鲍王之鱼，李君之树，其傅会滋多。堰民传闻之语，其或果有之耶，吾未可知也。虽然子玉败于河琼，魏颗胜予结草，是固有为于其间者，自古有之。况以神之灵武显功于昭代者，非一端父老之传。吾奚以知其果无也。且天之好生亦至矣。其忍以一方之元元，餧诸豺狼之睒哉，则人所弗胜而假手于明神，理亦宜矣。夫其信有之，则所谓御灾捍患，诚莫大于斯。凡堰之生齿室家，相望而安堵者，莫非神之所遗。推厥由来，庙而向之，乃古人义起之礼，不容以久湮废也。今民所赖以奉神者，史氏之田而已。粢盛之洁，黝垩之修，咸取具于斯。田之不朽，则神德之不朽,史氏之泽亦与之俱之存乎。所谓义塾者,亦道卿所建,即祠后为之,又别有田云。夫念功而报本,大忠也。轻财而树德,大义也。里多善人,是宜神之所福。父老之传,其信不诬欤。奕世之后,堰之遗黎,其毋或背乃史氏之义,以忘神之功攘,神之食。其毋或惰乃稽事,以匮神之祀。其毋或淫乃畜牧,以犯田之禾。其毋或恃乃强智欺乃寡昧,以蚕食于田之土疆。有一于斯者非堰民之子也,是堰民之仇也。倭海之寇也,人或不能胜之,神将殛之。遂铭之,铭曰:"海之鲸鲵,扬鳍吹腥;窃逞顽冥,元旗一皷,咸骇而左,惟神之武。绝岛之夷,继蹂于圻,民涣莫支,活我堰民,克靖其尘,惟神之仁。皇皇梠楹,俗俗剑旌,史氏落成,面神之前,禾黍芊芊,惟神之田"。耕者讴歌兮荷其有年,遗黎报德兮奕世其传。嘉靖二十八年己酉十月。

[按]该碑记由唐志大撰于明嘉靖二十八年(1549),记文录自清《重辑张堰志》第二卷《志建置·祠庙》。清《重辑张堰志》第九卷《志艺文·金石》著录此碑。

南汇忠勇祠记碑

(李自华撰 明嘉靖三十年·1551年)

嘉靖癸丑,倭寇内犯,四散流劫,南汇被围,官兵望风披靡,奔窜几尽。有军官李府者,率其仲子香及族丁三十人力战,斩首四十余级,贼退十里,吾军稍安。乘胜追逐,有贼长丈许,声若雷,邀之战,不三合,斩之。于是贼相诫避焉。诘朝,復战,又斩其先锋二人。贼走,追战,再胜之。伏贼猬起,万矢齐发,父子身无完肤,均殁于阵。无何,城遂破。越七月,更缮城守。明年四月,贼再犯,香弟黍年方舞象,仰天祝曰:"为君父报不戴之仇,在此举。"寻出战,获三级献。是夜,贼以布梯于雉,鱼贯而上,一贼将登城,黍觉,拔剑斩之,下视贼,见蜂集,黍急推城垛,垛倾,贼堕而死者数人,城赖以全。明日大战,杀贼无数。贼闻其名,呼曰:"谁是李三郎?"黍挺身响应,卒为贼炮所毙。府孙尚衮,年甫十三,哀号抱胔而白之。当事巡抚陈公悯之,捐俸立祠,榜曰忠勇。

[按]南汇忠勇祠在南汇城东门内,建于明嘉靖三十年(1551)祀李府父子。该碑记由李自华撰,记文录自嘉庆《松江府志》第十八卷。清雍正《分建南汇县志》第四卷《建设志上·坛庙》记载有"有李日章碑记"。嘉庆《松江府志》第七十三卷《艺文志·金石》著录有"李氏忠勇祠堂碑,明嘉靖三十五年阳月"。

重建青浦练塘朝真桥记碑

(吴潮撰　明嘉靖三十四年·1555年)

余家郡城,别业于章练之北,暇则与弟子渠一过□三泖,尝遇风涛汹涌,舟楫颠危。顾谓子渠曰:"波浪如此,安得有长桥普济往来之人乎?"子渠谓余:"言虽戏,良有得扶颠拯溺之意。"今年秋,有道人胡普勤者,自练塘来谒余求记,询其状则云,此地名苏台乡属长洲,去苏城百里许。旧有隐真道院,创自赵宋间,南有桥曰朝真,盖因院而获名者也。弘治间,里人以木为之,岁久倾圮。道人念徒涉者之□□也,遂谋于善信万悦耕、蒋雨轩捐金若干,首倡其事。由是鸠工伐石,去旧易新,长虹卧波,坦若大路,俾往来之人无褰裳之苦。登桥四顾,则东挹九峰三泖,西望吴江太湖;伍塘之流绕其南,薛淀之湖抱其北,屹然为一方之形胜,普勤之功厥亦伟矣。昔孟子谓徒杠舆梁以时修治者,为王政之大□□一命之,士苟存心,爱物于人,必有所济。普勤因非其人也,而其有志于民,乃有合于吾道如此,熟谓异端方外之流,而□□斯人者哉,况又有契于余心者乎。是役也,经始于嘉靖壬子四月八日,告成于乙卯六月二十六日。覆碑有亭,则又相继而成者也。呜呼! 普勤其可谓勤矣。间与相度则道士朱洞章亦有微劳。其他助成功者,普勤皆自识之,余不能知。华亭乡进士少海吴潮撰。乡进士□人顾学仁书丹。麓泉篆额。嘉靖三十四年。

　　[按]该碑记由吴潮撰于明嘉靖三十四年(1555),记文录自民国《青浦县续志·卷五》。

平寇救民方公祠记碑

(冯恩撰 明嘉靖三十五年·1556年)

倭寇之变,松人犹有须臾无死,反庐舍,长子孙。惟我巡按周公、郡守方公实生之。以方公肖像周公右并祀。盖周公保惠我民,实我公夙夜启赞之。公讳廉,字以清,号双江,浙江新城人。辛丑进士,南康推官迁礼部郎中,出守松。比至,倭寇渡黄浦、残上洋者数矣。子女戮辱,间得脱走郡。而郡城卑隘,河流阻淤,人无固志。公建议城上洋,而郡复高深其城池。甲寅正月,寇从南沙突上洋,攻城有御,乃由黄浦窥郡。则坚壁,伺间挫其锋,贼不敢向。先时沿海民田卤瘠,惟薪采鱼盐以足公输。寇变以来,内地犹足以供。自柘林寇聚,遍野丘墟,民无所之。公乃白周公,奏蠲其逋。蚕暮与周公募练士兵,无复专倚。客兵遇变济民,多所生活。公始居松,气体丰盈,遇寇仓皇,日渐羸瘦。盖公之肥瘠,维系松民。嘉靖三十五年记。

[按]方公祠在松江府城歌功祠内,该碑记由冯恩撰于明嘉靖三十五年(1556),记文录自清光绪《重修华亭县志》第六卷。光绪《重修华亭县志》第二十卷《艺文志·金石》著录自碑。

平寇救民周公祠记碑

(冯恩撰 明嘉靖三十五年·1556年)

岁甲寅，皇帝命周公按东郡，兼敕监军。丙辰满去，松民建祠肖像，树碑于堂。翁子襘、刘思等乞文，予质，记实众曰。癸丑二月，岛倭流劫上海。夏攻府城，焚杀淫掳，所过一空。公乃核往迹，累疏有司调度得失，将领战守勇怯；又分布土客，相机节制。寇入废耕，征输犹急，公奏减田租之半。疫作，给医，全活甚众。又虑民饥从盗，给口食，选壮者习武备。乙卯，柘林贼势日炽，公先札吴江堵截。贼退掳墓亭，合围剿杀，俘馘大捷，松巢空。时复大旱，公请又减半税，留折布、折征、课钞等银。五月，新寇猝攻城。公孤身周四门，日中不食。夜半登城，西望烟焰亘天，泣曰："松之精华尽矣！"男妇奔号城下，悉检翼入。劝巨室给米煮粥。又念小民守城之艰，谕宦月迭相更替。越半月，寇始解。孤城全，公之力也。六月，贼首徐海遣陆凤等迫城河，自称效顺。公唤入责之，凤慑，叩首出。时海假言招顺，屯平湖，公疏上不可。上赫怒，天兵猝至，妖氛扫荡。四郡之民歌曰："前有文襄，后有观所。食我卫我，救民水火。"公名如斗，字允文，别号观所，丁未进士，浙之余姚人。嘉靖三十五年撰。

［按］周公祠在松江府城歌功祠内，该碑记由冯恩撰于明嘉靖三十五年(1556)，记文录自清光绪《重修华亭县志》第六卷。光绪《重修华亭县志》第二十卷《艺文志·金石》著录此碑。

修嘉定城隍庙记碑

(张珵撰 明嘉靖三十五年·1556年)

城隍庙旧在邑治东南百武许,明朝卜置城之东街里,有司岁时祭享,民仰以为保障。迨今百九十余祀,凡四修举。嘉靖甲寅岁,上虞见峰杨公以经义上第进士,来典封域,适睹栋宇弗饬、斋舍弗备,慨然欲图修建。时彝兵交警,远近震骇,弗暇。至是逆颈授首,战血销洗,中外相庆,以为神明之助。有举以为言者,公曰吾意也。亟出私帑首倡,丞以下若高君万俸、沈君炅、赵君庭槐、林君叙各捐俸资之,士民从之者响应。虑不足用,復出旧所藏淫祠木植若干,征工,命民耆董之,二尹高君请专领其事。为堂三间,直内三间,栖神之寝三间,东西二序各九间,仪门望台若干间,卑隘者广而新之,倾圮者易而葺之,各加丹漆黝垩,赤霞翠壁,浮岚暖气,郁然如初建。时室隘,新官斋宿无地,得庙傍隙地一区,向鞠为牧圃,公命治之,中建堂三间,扁曰对越;左浚池,翼以两厢为憩息疱湢之所,右筑以垣墉;后列为晏室,前树以绰楔,榜曰致齐,所皆疏澹幽畅隋在,寓戒得古人户牖书铭之义。予意在任者莅此必将惕然兴思,以起桐乡月下之怀者未必不在是也,公之命意亦远矣。是役也,经营于嘉靖丙寅冬,落成于次年夏。弦望几及五更,若有阴相之者。高君辈佥谓不可无述,相率具弊,丐余文纪之石以垂不朽。余惟城隍之名仅见于《易》,其祀不载于典籍。光儒谓礼有能御大灾捍大患者祠而祀之,则亦礼可以义起者。城隍之神非人,鬼也,当如祭社之立坛墠可也。而今为之庙貌者,以《世说》汉高帝尝梦一轩冕者,自称秦功臣冯尚奉天帝命与王领城隍阴事,故后世因有功臣肖形立庙之说。如宁国镇江以纪信、彭越,江西诸郡以灌婴、周瑜之类历世加封,代有损益,皆近于不经皇朝大正典祀,止称某府某州县城隍之神,一洗前古之陋。仍著令式凡有司莅任以先谒庙,设祭以与神誓,希神默相以安黎庶。于乎神之所司若是,虽明德以将之犹惧弗虔,况颓其庙貌其何以称崇报之意。故余为书见峰公作新斯庙之意,而原庙祀之由始以及皇朝之令典,俾刻丽牲之石,以为百代治民事神者之所劝戒。

［按］该碑记由张珵撰于明嘉靖三十五年(1556)。记文录自清康熙《嘉定县志》第二十二卷《碑记》。光绪《嘉定县志》第二十九卷《金石》著录此碑,释梵有书并篆额。

平寇救民胡公祠记碑

（冯恩撰　明嘉靖三十六年·1557年）

　　胡公宗宪按浙，柘林寇越吴江墓亭，战溃南奔，公邀击于王江泾。由侍御进金都、巡抚。桐乡告急，征之，俘贼首。进少司马，总督浙闽，诸省听节制。岛倭宗叛，寨聚舟山，公督将攻寨，舟山平。汪直札海东，与乍浦贼首叶麻援结。公遣谍间二人，约徐海讨贼。徐伺叶醉，擒于公。叶兵归徐，徐益盛。公款乡情约酬，封拜饩廪，交错于道。远近疑公，公不动移。徐馆沈庄里，八月一日，与赵巡按召海受降。徐选倭二百，承砲扬刃，人危之。公曰："鱼入釜掉尾也。"读法颁赏，遣还沈庄。公非不欲疾殄也，汪直犹海寓。遣其子毛海峰请直还，约封海职。至即偕来，百缚请罪。公解缚，谕以题请，散逮省奸。汪既逮，九月，饬我师旅纵火燔沈庄，而孽本灰矣。虽然，当麻未擒，直未械，海未诛，使公慑于人言而沮事机，何能有今日哉！嘉靖三十六年记。

　　[按]胡公祠在松江府城歌功祠内，该碑记由冯恩撰于明嘉靖三十六年(1557)，记文录自清光绪《重修华亭县志》第六卷。光绪《重修华亭县志》第二十卷《艺文志·金石》著录此碑。

崇福道院记碑

（奚良辅撰　明嘉靖三十八年·1559年）

　　皇朝稽古图治,保国护民,明修礼乐,幽赞鬼神,于时祭告之典特隆。天神地祇之报,礼享之制,尤遍六宗群望之尊,盖大礼之有定,实明德之维馨。恭惟北极佑圣真君玄天上帝,天启圣灵之孕劫,开泰运之辰,建三一之道以度世;禀二五之精以有生。祥光所烛,列宿为之失色,柄杓所指,六种为之宸惊。受锡剑于天辛,吾磨杵于姥神,历四十二年以修炼,经八十二变以化身。爰佩乾元之宝印,聿崇玄帝之册名,启黄帝龙角之战而下荡妖氛,资大禹钟鼎之铸而上佐太清。蹑之者苍赤蛇之象,拥之者玄雾之雯。卫前后者群仙护从,而不止八煞之将;随左右者雷霆轰掣,而岂帝六甲三奠职。居紫微之右垣,则座并天乙太乙之上宿,躔虚危之分野,则权总司命司禄之衔。三元八节,甲子庚申,公行剪录,出王游衍,消灾延寿;福善祸淫亿亿劫,人鬼于斯分宅万万年。土宇从此升平,粤秦汉李代之世,暨夫唐宋辽金之君,时多秽乱,神罔居都。太祖高皇帝用夏变夷,修文偃武,玄武阴笃呵护。成祖文皇帝攘夷靖难,昭文扬武,玄武尤耀威灵。于我皇上哉,赫厥声默,扶社稷永锡祚胤,一人有庆,万国成贞,崇功报现制宣弘。所以,武当显自贞观,至永乐而始破敕建;云象显自宝庆,至嘉靖而载锡徽称。施及海邑,亦扶荷顷于东南甲丙之地,拟北方壬癸之精,仙虽驾于云汉,而驻跸常御乎三林,更有蓬莱云海之环绕,远赛太华嵩岳之峰,亦秀气融结之所。乃为栖真游息之浜,欻然龙吟虎啸,而江山变色,煲尔风行电扫,而天天日晴。予尝登览其胜，概窃睹夫光晶，东望则紫气满函关之虚谷，玄津通尾闾之仓浜，郁乎，宫殿嵯峨岂是蜃精之吐气。西来则青浦处黄浦之上游，松江接鹤渚之流溃，白乎。迤逦何异蛰龙之屈伸。南曜则丹灶函离明之文火，烟霞萃五色之氤氲，蔚乎，林华葱茜殆增胜于琼宫宝刹。北拱则巍阙悬斗极之象伟，北海归万国之惟心德隐三台所聚，映乎，紫阁之祥云予从划然长啸。瞠目掀唇，深既穷乡下邑之地，着祭神州，帝都之京而尤庆万万年无疆之祚。所以有此上帝之临也，迩者倭奴作变，戕害海民，特兹一方保障安宁，虽籍明之昌运，亦惟荡魔之玄勋，民莫不敬且悦，士靡不颂而敛。竞子来以答神贶，咸精意轮诚受于殿宇，恤其。祈黝丹漆宏大高明，九陛拱乎仙座，则扆绿九凤丹霞之彩像，十方卫以名将，则森列乎十丈玄武之精兵。筑垣墙登登，不殊乎翠岩丹障，焕庙貌于赫赫，何下乎武当斋灵。时小洞之中郁郁纷纷，开碧莲于千叶，恒于平旷之地，悠悠洋洋，走飞瀑于万寻。是盖三林深邃，远绝埃尘，所以光腾六合而太宇廓清也。亦惟聪明自民，明畏自民，所以昭哉，序而海岳效灵也。予丞走瞻拜敬切，水兢言惭不斐愿，致扬称载，拜为之颂曰：于惟厥神，先天所生。玄元之祖，六一之精。祥符瑞日，号启潜云。了悟大通，默含万真。展旗开府，握辟乾坤。乘虬跨骏，千丈其身。电光目闪，云阵眉横。九天声震，四部威严。行敷下土，旆旋上曼。名山大川，龙宫聿兴。顾兹海邑，临鉴恒存。安攘弥极，地平天成。于万斯年，海波不惊。

大明嘉靖三十八年岁在己未三月吉日立石

赐进士第中宪大夫、四川按察使司副使、前翰林院庶吉士、侍经筵，工科左给事中、邑入学山奚良辅撰。

赐进士第中宪大夫、广东按察使司副使、整饬海南兵备、前工部郎中、郡人宏宇王会书丹。

太学生王，徽商程三兴、金明、金珄、张云，三林塘善信陈谟、陈谘、张凤、孙实、洪恩、陆弁、张鹤、洪惠、蔡鸣鸾、陈应凤、姜渭、储继祚。

道士章以明、顾静然、陈大中、姚师仲，善人陈宇。

〔按〕该碑在浦东新区三林镇上南路西海阳路南崇福道院大殿前场上。碑宽86厘米,碑身高200厘米,厚20厘米;碑座为石龟,上有一蛇,成龟蛇玄武状,高50厘米,石碑为青石质。全碑27行,每行70字。碑额为篆书,碑文为楷书,碑周边雕有五条云龙。(1998年5月21日,据碑石抄录此记文。)

嘉定集仙宫三官祠记碑

(张意撰 明嘉靖四十五年·1566年)

三官祠者,世所谓三官神帝也。《搜神记》:三官为周厉王时人,唐宏、万雍、周氏,厉王失政,三官累谏弗听,弃官游吴,吴王悦之。会楚来侵,三官战败楚兵,吴王酬以爵不受后归。周宣王赐赉甚厚,卒加封侯号。至宋祥符九年,真宋东封岱岳至天门,三官从空而下,鸾驾显灵,帝封三元三品三官大帝同判岱岳冥司,此其出处大校也。嘉靖四十五年,徽歙吴国宁,室程氏、夏氏,男宗仁等七人,孙大成等十四人,曾孙自奇同建。

[按] 该碑记由张意撰于明嘉靖四十五年(1566),唐爱书,徐学谟篆额,记文录自清光绪《嘉定县志》第二十九卷《金石》。

安亭御史林公生祠记碑

(侯尧封撰 明万历六年·1578年)

《禹贡》曰：三江既入，震泽底定。说者曰：震泽即今太湖，三江，吴淞江、东江、娄江也。今惟吴淞独存，而二江莫考。或曰，娄江即刘家港，东江则吴淞自甫里而下之别名耳。今太湖入海之道亦有三，黄浦上受三泖而下合于吴淞之委，以东南入于海，最径流最驶；刘家港与吴淞同源，别循郡城过昆山，以东北入于海，差径流亦差驶；吴淞纡回其中三百里，百折以入于海，沮洳高仰肥硗之地无所不历，其为利甚溥大哉。圣人之虑，非后世所能及也。自湖口既堤，湖水由桥而出，流益微缓，不能有胎所荡涤，则海潮日淤，黄浦口而上六十里湮为平陆，旱涝亡备久矣。隆庆中，巡抚都御史南海海公始浚黄浦口，达于艾祁，而江流復通一线。然自安亭江至千墩浦浅隘特甚，如人中噎然，而海公擢去。吾郡之赋，国初已倍他郡，逮永乐都燕，復加耗十之四，而民力不支矣。然田有上下，故赋有多寡，派有重轻。巡抚侍郎文襄周公、太守况公剂量其间，如琴瑟之弦，虽张而疾徐适均，以不至甚困。嘉靖间，当事者患其条目繁猥，吏易为奸，一切均之。嘉定则亩征三斗，而瘠土之民遍受其病，逋负日积，流亡四出，田废不耕矣。巡抚都御史姚江翁公、周公先后酌民言，议减西南乡之赋数千石，时民有更生之望。然二公特自为处补，未经奏请，以故去任，则復废乱，迄无成功。万历六年，御史怀安林公始被新命，以江防兼理都水，首浚吴淞江，自徐公浦至千墩浦五十里，而江始流通。因视役行安亭江上，见居民鲜少，蒿莱溢目，间有垦田,稼不丰茂,恻然怜之。进父老而问及,请生庞应凤代陈所以致荒之由与所以救之之策。公虚已受之,酌以时宜,为请于朝。大要云:不浚河测旱涝俱病,田不可垦,不减赋不停逋则流亡不复,水利不通,田孰与垦也？疏下,巡抚都御史胡公、巡按御史田公、参政徐公、太守李公、郡丞王公、县令徐侯共议十六、十七、十九三区最瘠,亩减六升。十四、十五、二十一、及二都之三扇次瘠,亩减而补以麦地新升之粮。后令高侯复参众论,稍加损益。至今令朱侯克有定议,于是荒区共得减米六千二百四十石,而概县不增升斗,法始可久矣。浚吴淞之明年,浚吴塘,浚盐铁塘。又明年,浚顾浦,浚虬江,浚走马塘,浚盘龙江,咸给其直,诸役并举而民不知劳云。公擢符台去任,庞生亦以久次贡京师,膺乡荐。父老谓公恩实再造,立生祠祀公。生尤感公知己,因其一言惠此一方也。为请于县,建亭立石安亭上,以纪公绩。会县毁淫祠,撤屋三楹共成之。以余家吴淞之滨瘠土处,知公之政,且公余同年进士也,走书见命。顾余亦尝叨御史,御史,宪臣也,为民兴利除弊而不司其德,民亦莫敢归德焉。其何辞以颂公？第其政之有关于国计民生者,则不可以无传也。昔太史公周行天下,盖尝上姑苏,望五湖而曰:"甚哉,水之为利害也。"哀公年饥,用不足,问于有若,有若曰:"盍彻乎？百姓足,君孰与不足？"即今之所睹,记嘉靖己未之旱,吴中百川扬尘,辛酉之涝,白水千里,迩者水灾,频仍不减。曩时加以飓风海溢,发屋拔木,虽菽与木棉无复孑遗,而粳稌之田犹存十一。往者里之内黠者流离,稚者桎梏,县官徒具空额,税逋强半。今所损无几耳,而流亡渐归,竭力耕耨,惟正之供,夷于上腴,古人之言岂虚也哉？而公之惠政诚可以为后世法已,故详叙而归之,俾勒诸石以永承公之德于无斁。若公之惠政,固不止二事,而民之德公,中心藏之,亦非一言之所能颂也。公所修水利遍于三吴,奏捐赋额、均田役,非独一邑,而独详一邑之事者,盖图勒此石者嘉定民志也。

[按]御史林公生祠在安亭河号四图,祀巡江御史林应训,后改为嘉定城隍行宫。该碑记由侯尧封撰于明万历六年(1578),记文录自清《安亭志》第十四卷《祠庙》。清《安亭志》第十二卷《艺文·石刻目》著录此碑。

二陆祠记碑

(屠隆撰 明万历八年·1580年)

　　二陆先生早岁以天才赡逸,见赏司空,所操管涌于奔泉,烂于在星,吾固得不论。史称平原伏膺儒术,非礼不动,即敦庞本实之士奚过焉。若士龙清识要,自伟然矣。或谓其周旋昏乱之朝,卒与祸会,为缺知几之神。夫黄鹄游于污池,祥鸾铩于棘林,盖亦属有天命,非由人事。当其时,若嵇叔夜龙性矫举,薄富贵若绦笼,而卒亦不免,岂文章之过也?观平原临收,白帢从容,神色自若,此其气量宏远,其于死生了矣。夫学至于了死生,岂易及哉? 其生也驰大誉于九州,而其死也,精神感两仪,乃鸿丽之文,两先生霍焉竞爽,至使君苗烧研,蔡公流血。吴会秀异之气,实发于两公。譬之天鸡始鸣,曜灵启涂,其有功于来兹大矣。两先生,华亭人。而青浦者,故华亭之西鄙。今两先生墓实在青浦,则今固青浦人也。不佞来令兹邑,既已祀两先生于学宫,复为之建祠专祀焉,而并考其生平之操履,使知不佞之所愿执鞭从事者,不独其以文。是役也,不佞实捐俸首事,终之者部民陈谟、蔡伦诸臣,而祠基则俞孝廉显卿所捐土田,皆好义有志者,得并书。

　　[按]该碑记由青浦知县屠隆撰于明万历八年(1580),记文录自清康熙《松江府志》第二十三卷《坛庙》。清嘉庆《松江府志》第七十三卷《艺文志·金石》著录此碑。

曹湖庙记碑

（明万历初年·1573—1580年）

　　□稽曹湖庙年深□久，砖消瓦散，已少庙貌。甲子年七月十二日，建立成新。□□□古国依于民，民依于神，诚百□不易之定理。我□□天启运划□□古之陈规□仿成。周之善治，分城画野，列郡邑之疆土而区别之。俾每区之中各建一庙，所以□地□□为民驱灾捍患，祈报丰登，□安境□□我区有曹湖庙□□□□□□□□□□□□□里人张道用不忍古□□湮□□嘉靖间□□于乡□□□□□信女□以重□其制。□隆庆三年□□□□□□增□□□模□道友□□□□□明、徐□□□各助银□钱□□拓地（下缺）

　　［按］曹湖庙在漕河泾，始建年代不详。明嘉靖四十三年(1564)，龙华里人张道用募款修新。隆庆三年(1569)又增修，至万历初年(1573—1580)完成。庙内供奉东岳大帝和城隍神。该碑高93厘米，宽36厘米。碑文录自上海通社《上海研究资料》该碑拓片，该碑立碑时间为明万历初年。曹湖庙于清乾隆、嘉庆和道光年间又重修，分别立有记碑。

平寇救民吴公祠记碑

(莫如忠撰 明万历十年·1582年)

悟斋吴公,以嘉靖甲寅来推松郡。倭奴窥境,郡守方公时卧疾,公登陴死守。募巧匠作云梯、舂竿,治佛郎机、铅统诸火器,教士弩射矛槊,屯四郊声援。士女趋城以万计,公悉纵入。城隘民众,因大疫。公启水关,便输薪谷,置药饵,躬自视,疗疫良已。郎士兵大噪吴门,至松。公就福田寺立堡,土官导部伍以次受犒,诸营帖然。客兵剽掠,即不异庖。公好语结酋长,率之日徇于郊,弗戢,呼其长缚治,无敢犯者。明年四月,寇攻城。雨甚,城崩西南隅数丈。公撤屯戍,以箭弩数十人扼其冲,从高殪之。内徙之民薄城居,类以苫盖。公虑火箭所及,亟彻之。识姓名于屋材,夜运城外。为木栅捍修城。卒无敢前,公首骑出南门,平明栅毕。三日城完,复以栅材还民屋。贼知有备,弃而北走,将突南都。公建议决震泽,断松陵,当事从之,贼果阻水。我兵遮击,斩首三千余。此王江泾、沈家庄之大捷,公首谋也。公三年不宁食寝,障蔽全吴,厥功茂矣。事定,大吏蒙玺书,将士受不赀之赏,而公阙然未议也。今去松廿有余年,遗黎王迁乔、董传教、张正蒙、董传史、沈道光等属如忠撰次其事,碑而传之。公名时来,浙江仙居人。万历十年撰。

[按]吴公祠在松江府城歌功祠内,该碑记由莫如忠撰于明万历十年(1582),记文录自清光绪《重修华亭县志》第六卷。光绪《重修华亭县志》第二十卷《艺文志·金石》著录此碑。

表修敕封崇明县城隍
护国威灵候神庙记碑

(季德甫撰　明万历十年·1582年)

緊昔王公观像于坎,知险不可陵,设为城郭、沟池,以守其国,以保其民人,后世则之,郡邑胥设,为固攸系重矣。神职其幽,祭斯察而庙崇之,厥灵伊赫祇严,盖自古焉。

国朝厘正祀典神号,凡城隍之庙祀于天下府州县者,皆以某州某县称。而崇明县城隍号封护国威灵侯者,以正德壬申岁七月,北土流贼刘七、庞文宣等众数百艘由通州直指崇明,将据为假息计,半渡而卒风,歼之于海。神著显灵,封锡因之,迄今神御冠盖仪状,一如其封秩,乃特典也。

兹邑令永嘉何公以丁丑进士来治崇之次年,为万历己卯,自四月至六月,不雨,田坼苗槁,将关秋望,侯忧殷祇祷为文,与神悃□如□,澍沛霈足,欢声振野。公喜甚,用腯牲醴,以答灵贶。邑之耆施仁伯、黄大儒、盛世宏等益感贶昭,上状言:"神若灵在昔,近庇孤邑,脱吾民于豺虎凭陵突噬之危,相王师底荡凯绩,以有前封天渥光隆复出等夷耳,目睹记犹一日。今邑徙庙改,神牌之续置者不书其封秩,而邑志且遗之,非朝廷昭锡神功意,于吾民不能无憾。"公曰:"神有显功,国有懋典,而邑志失纪,牌位不书,诚掌故者之疏。庙史不谙体式之误,命易其牌署,如封典顺民志也。"公又曰:"神制隆庙祀,例用道士守主汛扫焚修。今庙不修且圮,复容俗人混亵香火,非所以肃神居而祇祠事。"乃即禁革俗人之入庙混扰者,发公帑刻日鸠工董治。坏者葺之,剥败者加饰之,朽蠹不胜者易而坚壮之。庐周垣缭,靡不一新。工讫而天棘翚飞,庙貌奂焉改观。盖申严国制,为民俗依祷庇也。诸里耆因请勒神功以昭垂永久,公曰:"可!"施仁伯复捐资,协道士谋纪贞珉肃状,谒予请述之。

予惟天地间,明有礼乐,幽有鬼神,人虽有幽明之不同,而所以为幽为明,则原于一理通合而无间,其变化流行于两间,莫非是理之磅礴。先王明备礼乐,尽袼享怀□之制,幽明叶赞,臻治太和,贞诸是理而已。我皇祖建极绥猷,百神受职,敷天率土,大小神祇有关益于民物者,礼典靡遗,而城隍之神既事祀于其庙,复合祀于山川坛崇礼。视郡祀有加者,岂非以民人社稷之重,其卫安保障功之不小哉。载读圣制,称神聪明正直,灵不可知,超于高城深池之表。大哉王言,神之为德见矣。则冥冥之中,宰持险,守纲维,为地方御灾捍患,都无声色变动。赫临日监于举头三尺,乃神之职,而理之常。至若壬申奸贼之时,官兵睹骇,其指挥庙中神舟神状之异迹,则又其威灵不测之一端。宜乎!锡命自天,崇殊其秩号,邑人竦瞻永戴,不敢怠忘,而何公者,方以其岂弟疏通之政,惠绥邑中,闵兼并病众,力清百数十年豪夺小民弊产四十余万亩,均之里甲,凋弊蒙苏,阖邑焚香吁戴神君,军民辑和备,修废举,城若增而高,池若浚而深,循猷蔚望,卓为东南保障之良,既有以大当神之心矣。则夫忧旱致祷祠,沥丹衷,神遂心公之心,为百姓请命上帝,甘泽如期,迄用有秋,一邑大赖,幽明感格,理有固然,而邑侯遂加志庙事如此,其福民政可概推。初,庙火于旧城无遗,新城庙构规制之完,始终贷募经营,胥道士钱大成力,檀越施仁伯因庙工告乏,以其奉神金冠及葉从长议,易赀以给材费工用,奏成济助为多,反兹求表神功。二人意复勤□虔事,好义法,均宜书,因不辞而为之记。

时万历壬年岁仲夏谷旦,赐进士出身、嘉议大夫、前江西等处提刑按察司按察使致仕、奉诏进阶右布政太仓竹隅季德甫撰。

[按]该碑记由季德甫撰于明万历十年(1582)。记文录自万历《崇明县志》第十卷。

亭林钱郡王庙记碑

(朱煦撰　明万历十一年·1583年)

顾亭林中市一神宇号钱郡王者,其来久矣。案华亭旧志《金山神记》曰:"汉大将军霍光为海神,有功于民,庙食百世。继有闽商钱氏行七者,托处以奉香火,后亦为神,祷之辄应,欲称金山神是已。"岁久湮灭。昔有刘长者,市地一方,当石梁之冲,建宇设像,讵遭罔利者,升神于阁,易为市肆,亵亦甚矣。仰斋徐公璠,慨然仗义,恢復故宇。有乡老张儒莫者数辈,捐资市石,命工镌题,因以书之。万历癸未十一年。

[按]该碑记由朱煦撰于明万历十一年(1583),记文录自清光绪《重修华亭县志》第六卷。光绪《重修华亭县志》第二十卷《艺文志·金石》著录此碑。

新建嘉定关王庙记碑

(朱廷益撰　明万历十二年·1584年)

　　武安王在嘉定故有祠也,而自嘉靖癸丑间倭彝来寇,攻我东门,纵火焚庐舍,百姓亟祷于王,反风灭火,贼无所获去,城赖以完尔。乃相与新王像而以土谷神祠祀之,是时抢攘初定事在因仍基宇湫隘,弗可以妥,盖三十余年于兹矣。今天子十有一年,余来宰嘉定,谒王之祠,四顾靡宁,遂为相地于城之东南,弘其式廓,合于巽方立祠改祀焉,成之日,王夜见梦于邑诸生徐嘉言者,自谓生抱忠勇,死有遗恨,属余不佞表发其事。夫余则何能以发王之志哉,盖常考前史及遗闻而窥王之大节千载莫侪,又父子世笃也。夫古今惟忠义足以摄服人心,亦惟忠义之气传之久而弥光。当王归曹操时,凡所乡指多拂其意,操且称为义士,而终不敢有加于王者,固忠义所蓄积有以夺其魄而折之使服也。及其围樊襄获于禁,威震华夏,操至议欲徙都远避,当时使荆州得人,以为协守,而又多发兵挫操援,则并魏吞吴,炎祚当可复燃乃至,不幸为孙权所扼,赍志以殁。夫以先主之明,诸葛亮之智,张、马、赵、黄之勇,日经营于新附之益州,犹惴惴不足而使王以独力抗西强敌于必争之冲,其势宁无难邪? 呜呼! 王之死也,实汉祚兴亡之大机也,岂非天哉。然二千年来,神武英灵,磅礴宇宙,常能为国家捍患,有功于民,庙食无替,天亦不负王矣。至其二子死国之义,缵父之武,如关平随父在樊俱死于难,关兴随先主在蜀,素有令闻,固均宜配祀于庙,庶慰王在天之灵,而亦可以凤。夫世笃忠贞之士且使后之乱臣贼子亦阴有自阻其气而不敢逞者,斯不亦善哉。于是徐生是余言用以属邑父老加塑王二子将军像于祠之左右庑,而勒余言于石以为记。

［按］该碑记由嘉定县知县朱廷益撰于明万历十二年(1584),记文录自清康熙《嘉定县志》第二十二卷《碑记》。

关公庙记碑

（唐时升撰　明万历十三年·1585年）

古之名臣烈士，设为神明，其威灵足以震动后世。人当死生利害之际，叩心而号之，若在其上，若在其左右，而神果应之，若响若答，以从众志，盖莫如汉寿亭侯关公者也。

吾邑当嘉靖癸丑，倭奴蹂躏海上，直逼东门。时未有城，凭土垒以守。门外有仓百间，贼因东风纵火，延及民居，烟焰塞天地，守陴者不能开目，贼遂欲乘之腾入。县令万公思谦呼神叩头，语毕，风反。一贼已跃越濠，时民无习弓矢者，相顾丧魄。有郡简校张大伦偶以事至，引弓而呼神曰："神欲活十万人，愿此箭贯贼喉。"一发竟贯贼喉而毙，群倭乃骇退。由是，邑人事神益虔。

旧有庙在集仙宫西，为县令朔望谒拜之所。嘉兴朱公尝感梦，谓阛阓间不可栖神，改建于资福寺之西，而东门之庙，则万历乙酉年所建也。昔汉文帝以郊见渭阳五帝，出长门，若见五人于道北，遂因其直五帝坛。夫人之求神，或索诸阳，或索诸阴，庶几遇之？况威灵显应于危城呼吸成孩之间，千万人所共见闻者。于是，为之庙貌似仿佛存城时事，固神之所许也。而十万之人有知数十年前事者，长老以语其子弟，则岁时奔走以答生全之恩。或求其所欲，叩心而号之，而想像神之来斯。

云旗飘飘，飙轮洋洋，凡此下民，必且愿为之供账，焚香洒扫其处，以幸神之须臾焉。若夫堂宇狭陋，则后之君子必将扩而大之，以成一邑之盛事，当不止如是而已。

嗟乎！神之于人,悍大患,救大灾,宜有报德报功之举,而建庙于东城,亦犹汉之立五帝坛也。

[按]关公庙记碑,碑石已佚,碑文录自清光绪《嘉定县志·坛庙祠》。关公庙于明万历十三年(1585)改建至嘉定县城之东门,资福寺之西。唐时升撰于万历十三年。

诸翟玄寿观记碑

(侯尧封撰 明万历十四年·1586年)

　　由吴淞江派别而西,引为蟠龙江。周回曲折,远接青龙、黄浦之流,近揽凤凰诸岭之胜。凡宅兹土者,率务耕作,饶于力而醇于行,岂非东南一奥区哉。据江之阳,距余舍数百武,旧有玄寿观,故为玄帝栖神之所。创自元至元间,入明而再盛。当余缝衣时,偕宗人野老、伏腊饮蜡,咸集其处,羞明神而道敬让,蔼然有洪正间风,则未尝不鞣然以喜。续罗兵燹,荐以大祲,二十余年蒿莱满目,巷无突烟。异时玄堂莲宇,尽属煨烬,而是观也,仅仅遗址在耳。则亦未尝不怆然以悲,而叹吾乡力之盛于昔,而替于今也。又十余年,余解樊帅,休沐归舍,则二三故老策杖而进曰:"若知是观之存亡,为吾乡重乎?顷者,神时效灵,水旱、疾疫祷辄应如响。蒲伏休享,遐迩云集。于是,诛茅累土,度材鸠工。以新庙貌,中奉帝像,而前则方亭土谷奠焉。庶几哉,不日成之矣。独计所以不朽者,惟吾子命,敢请。"余闻而慨然有感焉。曩余登玄岳,礼大顶,窃念宇内名胜,无逾此山,固帝之所乐居也。吾乡丛莽,何以妥神,而神若眷恋于兹者,岂诚以龙之蜿蜒,不减显定皇崖之盘礴耶;抑亦匹夫匹妇之诚愫,无远不格,而帝之神流遍被,如天之日月霜露,无处不照且坠耶?是宜祀之。故老皆以为然,遂相与遍告诸大众曰:"自今以往,汝等自信其力田逢年,作善获福,以无遗神恫乎。其祀时肃将,终始罔懈,以无遗神怨乎。"诸大众皆以为然,相与作礼而退。乃以岁时香供,付之庙祝。余则为之志其日月,而复系之以辞,俾将祀者歌之。辞曰:"于赫帝容,身御五龙,日采月华,伏魔飞空。于赫帝服,披发跣足,四大天丁,秉精执纛。于赫帝灵,龟蛇合形,精无变化,长育群生。于赫帝至,元光朱履,九凤八龙,锵锵济济。于赫帝往,惟惚惟恍,百千亿劫,功齐浩荡。龙飞万历十四年,岁次丙戌秋八月吉旦,赐进士出身亚中大夫、福建布政使司右参议、前四川道监察御史、侍经筵侯尧封撰。男侯孔释书,侯孔龄立石。住持道士李宪章同徒孙徐衍真募建。后学王以贞篆额并镌。"

[按]玄寿观在诸翟东北单家浦上,建于元代。该碑记由侯尧封撰于明万历十四年(1586),记文录自清《紫堤村志》第四卷《庙院》。

改建丹凤楼记碑

(秦嘉楫撰 明万历十五年·1587年)

赐进士第奉议大夫浙江按察司佥事、前江西道监察御史邑人秦嘉楫撰

丹凤楼者,故顺济祠楼也。祠与楼相继废久矣,而楼之名犹存。考之邑乘,盖创于宋咸淳间。其地襟带江海,控扼雄胜,而一时鸿巨,若三山陈珩、吴兴赵孟頫、会稽杨维祯为之颜,若碑若诗,其赫奕盖可想见。曰丹凤者,谓栋宇轩翔,丹臒照江水,若长离欲翥然。或曰:楼以祀女鬟云尔。兵燹以来,惟见青莎白鸟,迷离于崩涛缺岸间,其碑板亦销蚀无复存者,仅楼颜三字,为陆文裕公藏无恙。迄数十载,而兴复之议,让弗遑也。盖自邑以倭难始有城,城东北陬为楼,以侦敌者。三楹凌脾睨而出,下直丹凤遗址。先封公登览徘徊,即其所楹而拓之,用为复古权舆。顾视以为公者,毁弗惜也;视以为私者,镌弗启也。公谢宾客无几何,而楼就圮矣。不佞概古迹之渐湮,幸先猷之可绍,乃捐橐装,卑道士顾拱元鸠工庀材,重为饬治,加缀层轩于楹,洞三面以供瞻眺。从文裕公孙都事君,诸"故颜"颜之,书杨诗于楣,且谋复文敏碑,以悉还其旧。于是川原之缭绕,烟云之吐吞,日月之出没,举在遐睫;而冬之雪,秋之涛,尤为伟观。远而世所称方壶、员峤、岱舆三神山者,亦若可盱衡见也。而楼之胜,遂冠冕一邦矣。既讫工,则为之书其岁月,且以谂于后,曰:于戏!吾于斯楼,始惜其废之易,而叹其兴之难也;继因其兴之难,而益虞其废之易也。虽然,物吾自有之,则吾为主;吾有尽,而物亦有尽。物吾不自有之，举而付之人人。俾人为主人无尽，而同此心者亦无尽，则物亦无尽。借令公母胡越之，而私母室庐之间，损其一朝享，以沾溉羽人，俾日守而月新焉。则斯楼也，讵但称胜一时而已哉。嗟乎！余发渐短，第知移胡床，呼斗酒，时一凭栏纵目，以相羊自适，且无忘先封公之意已尔。若夫为斯楼久远计，令永为吾邑胜区者，请以属诸后之君子。

万历十五年十月吉旦立

仙人胡守之书丹

王　常篆额　□人纪□

［按］该碑记由秦嘉楫撰于明万历十五年（1587），仙人胡守之书丹，王常篆额。碑石原在南市区。记文录自《上海碑刻资料选辑》（上海博物馆图书资料室编，上海人民出版社1980年版）。

清浦洋泾庙记碑

(明万历十八年·1590年)

  青浦县三十四保盘龙镇东南洋泾,实盘龙江之支流。泾之南有土谷神祠,起建已久,兴废不常。嘉靖间,倭寇侵扰内地,兵燹之后,悉为灰烬。迨开府公帅督兵征剿平复,人民安堵,里中文老咸捐赀劝募,复构今祠,乃隆庆之改元岁也。前殿一架,供土谷六神。后殿一架,供观音佛像。中有隙地,构东西廊庑各二间,为道人住持之所,常供香火洒扫启闭之役。功用告成,梁栋榱题之属,焕然以新。土石瓦砖之属,翼然以整。丹漆粉绘之属,烂然以章。而神像金彩辉煌,尤灿然以美。于是,士民之进香拜奠者,莫不敬仰斋粟。父老之往来游观者,莫不瞻望欣喜。但里中向有玄帝会,每岁三月初二日诞辰,善信供奉圣像于观音座西,诵经礼祝。再宜另建一殿,以图永久。迩来岁值大祲,饥疫相仍,道人养生无计,未免踪迹浮萍,则是祠之废,不几岌岌乎。爰复捐赀劝募,置田地五亩,以给住持,恐岁久废弛,故直叙其始末,而勒诸石并铭之曰:龙江之南,洋泾汇焉;洋泾之南,圣庙屹然;圣庙屹然,如山如川;物因以阜,民因以安;皇图巩固,亿万斯年。时万历庚寅孟春日。

  [按]此碑记由无名氏撰于明万历十八年(1590),记文录自清光绪《盘龙镇志》。

上海县城隍坊记碑

(冯彬撰　明万历二十四年·1596年)

西北隅有庙翼然,即城隍庙。岁乙未秋八月,冯子至上海,例得谒诸神,新教令,喜上海之无淫祠,而独致隆于是庙。庙旧有门甚隘,司庙者群井市乡落之财,建牌坊一座,勠罕焕若,以答神休。功将就,而冯子适至,因请题。冯子命曰"海隅保障",昭神功也。时有永嘉幼童善大书者至,即命书之。实丙申三月八日。

　　[按]该碑记由知县冯彬撰于明万历二十四年(1596)三月,记文录自清康熙《松江府志》第二十三卷《坛庙》。清嘉庆《松江府志》第七十三卷《艺文志·金石》和清同治《上海县志》第二十七卷《艺文志·金石》著录此碑。

张泽乡约所忠义庙恒产记碑

(张惿撰 明万历二十七年·1599年)

文华殿中书遇斋张惿撰文,江右学谕徐秉中书丹,洋泾里东海后人张以谆篆额。去鹤城二十里许龙浦之南,绍塘东流,曰郭家浜,望气者称为镇西南锁钥。既设桥以联之。诸忠义如潘栋昆季,重又建武安王庙以联之,复设守庙以奉祀之,诸君为奠安计亦密矣。兹又共义制产,以赡守庙者。财既集,产既制,将立石纪绩庙门,适予奉使江藩归,属予作记。予问曰:"在在奉佛,此奚事武安也?"曰:"市人尚利好勇,匪忠义不服,精忠大义,舍武安谁与归?"又曰:"道流在在募食,此奚制产?"曰:"奉神职、供洒埽而使乏飧飱,必将食四方。门虽设而常关,慢神莫甚,乌能获福哉!栋等患之,是以制产也。多之则力不逮,少之则食不支。以众计之,仅数家,以财计之,仅数两,尽其数而制产于三图洪字圩二百四十一号,随给守庙者岁耕之,食有所出,则职有所归。岁月易更而恒产不变,食是产而祀事不斁,神必鉴临矣。此产之必制而必立石,以垂久也。"予曰:"旨哉!昔宋表忠观给田以祀钱武肃,我朝白云庵给田以祀范文正,皆示久远之义。诸君即此意也。尚期与石共坚,毋为豪强所兼,毋令匪人践迹,此庙此产此镇,相为始终,庶几表忠观白云庵云。"铭曰:有龙盘旋,环胜东南。结为小聚,张泽镇焉。巨浸冲激,惟神能克。举世嗜利,匪义不式。赫赫武安,忠坚义完。岂特降福,俗化而贤。有庙安神,有产养人。食力事神,百千万春。

助银:鲁府典膳歙县任良祐、张荣、张学书、张邦杰、张邦达、张烨、张可丞、张可盟、张可重、张可登、张可益、张学古、潘栋、潘棨、潘柱、顾鼎孙、顾良臣、金成学、金成谟、金恺、金显、金节、金忻、孙乾、孙籥、孙洪范、孙祖尧、孙祖程、叶仁、叶□、周其新、周亮、蒋应麟、袁敏德、杨承孝、颜廷樟、王余、项麟、凌盘。首倡设渡张学书，独力建桥金成学。

龙集万历二十七年春三月吉旦立，曹海成募勒上石。

［按］刻碑记由文华殿中书张惺撰于明万历二十七年（1599），记文录自清光绪《张泽志》第九卷《方外志·寺庙》和第十卷《艺文志·金石》。

大团叶公祠去思记碑

（陆树声撰 明万历三十年·1602年）

三代之时，盐虽入贡，与民共之，而煮海有禁。自管子始，嗣后猗顿、桑弘羊、孔仅竞相附和，其利害得失互倚伏也。明兴建设转运提举司，课有常额，远迈汉唐，祖宗重此典，即懿亲勋戚无敢妄挠。盖九边之军实，边氓之命脉，系赖重盐法，所以固边防、厚民命也。我松滨海产盐，下沙场称最。嘉靖癸丑间，倭灾内侵，流亡殆尽，商人携镪赍来居，民稍稍复集。继以旱，潦洊仍半沦沟壑。万历壬午己丑，令侯邓许两君，为筑塘浚河，商民始有依栖。迩年奸弁高时夏妄奏余盐山堆谷积，横征两浙，可得税银十五万，贫灶釜，空灰冷，吁鸣无从。会御史叶公来管盐政，甫下车，怆然叹曰："万井萧条而重以烦苛，商人将掉臂矣。百万貔貅宁枵腹待乎？藩垣既倾，腹心之祸将移于内地，奈何以祖宗边储大计坏于二三宵壬？"乃上疏力陈疾苦至慨激也，五疏具在，读之言言泪下，非此何以回圣聪而翦奸弁耶？民方长借公于海上，而以艰去，攀辕巷悼，若赤子之恋慈父母。兹有以见公之德在民心也。公名永盛，号玉成，宁国泾县人，万历己丑进士。

［按］大团叶公祠，亦称一团城隍庙，建于明万历二十九年（1601），祀明巡盐御史叶永盛，盐民奉叶公为盐场境域城隍神。该碑记由陆树声撰于万历三十年（1602年），记文录自嘉庆《松江府志》第十八卷《建置志》。嘉庆《松江府志》第七十三卷《艺文志·金石》著录有《巡盐御史叶公德政碑》。

重建上海城隍庙记碑

（明万历三十年·1602年）

赐进士出身文林郎翰林院编修管理起居浩敕纂修正史经筵（下缺）

赐进士第奉政大夫陕西布政使司右参政前云南道监察御史奉敕（下缺）赐进士出身奉直大夫工部营缮清吏司员外郎邑人朱家□书丹

高皇帝肇造区夏，即命天下郡邑，缮城浚濠，各祠城隍神。爰（下缺）始服，吏民上朔望抠衣谒，如□雨旸侃期。又辄行雩祷于神（下缺）曦人谓：高皇帝神秘道设教哉。是不然，城民之卫也，卫不可驰。语云：不备□不□□国人心（下缺）恬嬉，雍容甚都，谓扦围为灾具，而储胥为赘疣。钝戈□甲，□耳生□，虽□睥睨（下缺）甲。俾知城为民设，祠为城设，灵矣常在。□壮堤防，而人吏可□□此窳□哉？是高皇帝微指（旨）也。上海城在东隅，□波涛溟海不百步，春申之浦□□为汇齿齿城下，日出之□所（下缺）城之险莫上海若，而备患莫上海先。往者倭夷东南，兵燹四延，上海城几不戒矣。中□□有（下缺）讵非神嘿维之，而人□神以益严其备哉！祠故有棹楔，周垣殿？及余寮，以栖黄冠羽流，□□（下缺）月，缘愣儒雅，综核名实，纲举目张，百靡具新。睹神祠而怆然曰：玩神，是以城与民玩也。损月（下缺）者，垩门庑堂庑，翼然咸秩，文武吏士，奔走祠下者，思□祠所繇，敢不职□共以备。若城而卫，若民（下缺）国家之功令，刘侯之功，百世赖之，将偕城与祠□垂永之。吾侪士绅，芘侯宇下，敢不竭蹶以共奖成事，不□□□□叙致循史，娓娓于投巫漳水者，刘侯治尚毅大，有□□中年之致，无□一切□办不可与□县同类共谭，而葺祠以国民围，与投巫以□民蠹者，意未始不相为用也。方今边陲绥靖，荒服解辫，岛寇游魂，日以好□来见，谓无故而县官与民□□怪之勋，有睊睊□譿之萌，上海虽一堨，实则上外府也。泄泄者方覆盂之足娱，刘侯职城社，惴惴焉惟城隍祠是崇，是以识者谓□□□哉。祠工竣，宜有碑记其事，而刘侯之政几成矣。它日以赑屃纪侯循绩，城若益而高，隍若益而深，神祠若益而饬，则侯之精注神洽，不可泯云，也执银管以待。

赐进士第文林郎知上海县事豫章刘一爌

万历三十年岁次壬寅十月吉日

□□□□司都纪丁盛周

［按］该碑记撰于明万历三十年（1602）。记文录自《上海碑刻资料选辑》（上海博物馆图书资料室编，上海人民出版社1980年版）

重建上海城隍庙记碑

(朱家法撰　明万历三十年·1602年)

　　赐进士出身中宪大夫工部营缮清吏司员外郎邑人朱家法撰文。赐进士第中宪大夫浙江杭州(下缺)邑人朱正色书丹。赐进士第文林郎福建福州府侯官县知县邑人刘嘉猷篆额。
　　粤稽古祀典,有功德于民则祀之,能为民御灾捍患则祀之。高皇帝圣武混一,海不扬波,呵护□□□惟有神之力,必祀上下□□□□□都会以□□□列□□□各有主者,莫不创宇貌神,岁时虔祀,职在有司。余邑即海滨蕞尔地乎,然东南之上□岛夷出没□□□□癸丑甲寅间,□□匪茹直薄郊保持□宵旰授钺重巨始甚鸱张继乃□喙屡阽危而屡得解,则惟神捍御是赖。神之功德今□□□□□□者,庙在方浜之阳,自天顺辛巳岁,李侯重葺以来,垂今一百三十余年,栋宇倾圮,□青剥落,非所以肃威灵昭报贶也。著泉□侯□□□□以进士高第□□门起补余邑,下车首诣神所共盟而后视事,顾瞻回环,思撤而更新之。顾方□力屈而莫之举也。乃比岁□藉神力□□□□海飓不兴□□□□民是以侵忧裕于财力而激发其善心,诸荐绅大夫并各输助,有差,侯复佐以俸薪,躬为劝导,择羽流之有志行心计者,□工集材,□□□积以□其事。余适以陵之□□□□□睹□□越初冬,余□□郢侯俨然造庐,丐文丽牲之石。余家世食神□赐,重以邑大夫之命其曷敢辞。顾靡监王事□□□□□年所乃稍稍就绪,而庙工亦适于是年冬落成。余惟□令甲祠神实与郡若邑守土之巨,分阴阳而治,所治即□等,即众心所

111

附□□□□□□治即弗蠲，即众心所□神为阴夺之，鉴以故每月朔及望礼神，与□先师等，矧余邑风土夙醇茂，力作迩来澡□呲寙，大非其故。□□□□□怒□六博，走狗籍炎雄行，又其甚则狙诈健讼，阳施阴叙，而暖姝濡需，又或教猱升而附虎翼。征于人犹深情巧避，貌厚而□给，征于神则有□□□□，不何校而胪陈□□艾而思识者。侯莅任且满三载，蠹剔废兴，政成欲易，而又考典制严正祀，材不虑而办，工勿亟而竣，窈窿□□，金碧辉煌。侯率佐幕博士弟子将事其中，庙貌若增而肃，再走若增而虔，无论穷乡深谷，蚩蚩之氓，即市魁闾右，席宠挟智者，式瞻罗拜，口哇神越，匪假孚命而逸志，□良心启矣。明树表而幽为赞，神与侯不共为政于余邑，也与哉。庙东偏隙地旧有祠数楹，祀先后御夷诸国殇。已而有力者□获乘□□□庐舍牟什一息，侯按志更葺为祠，仍颜之曰群忠。讵惟妥英灵，永激劝发，抒邑人□郁之气，即神捍御功德照耀今昔为益显云。抑余昔尝守□亦与神分阴阳而治者，每旱潦必祷，祷未尝不应。每大疑狱齐心□□，退而推鞫两造咸报，申人谬谓余能，然实自分迂拙，偶不为□□□耳。侯与神合德，邑人廪廪奉为神君，于赫惟神亦有所凭依，而著灵贶福我桑梓同翕同波同舒同□□芬馨香。夫岂徒在榱桷几筵间哉。都纪丁盛周，道会赵如璧，并先后克成厥功，不负任使经营与有劳焉附书，以为后劝。余既碑，复缀词二章，令岁时伏腊歌，以侑神，祠曰□□兴□，扬袍会鼓，癉阴燎阳，孔硕其俎，康侯主鬯，奠于神所，瞻彼庙庭，飞薨腾虎，有恪有仪，登歌延伫，灵修偃蹇，将其来下。右迎神，□宿三□，□歌既陈，云旂在上，偃仰缤纷，孕佑显相，海□波澄，冠棠不改，氓庶凭生，遥遥驭迈，醵醊风霆，受□延禧，千载明禋。右送神。万历三十年岁次壬寅十月吉旦。赐进士第文林郎上海县知县豫章刘一爌、乡耆陆谂、都纪丁盛周、道会赵如璧，住持吴中彦、钱如纲、何启民、陆宗义、杨□□、朱□□同立石。

［按］该碑立于明万历三十年（1602），碑文录自碑石，该碑现在上海城隍庙后殿前西侧。碑文 27 行，每行 58 字。碑高 217 厘米，宽 103 厘米，厚 24 厘米。

重修三王庙记碑

（张元珣撰　明万历三十一年·1603年）

余览旧志,盖三王庙之由来远矣,其在三灶之原者,则曰陈明三王家尸祝之。余从父老求问,所谓陈明已不可考,厥宇湫溢,中更嘉靖之兵燹,几无故址。故址得延至今天者,则蔡善人士安力也。当是时,蔡公既存其如线,又筑一楹以大士像,庙貌由此小饬焉。历岁五纪,为万历二十七年己亥春王正月,道人康性敏,浮海礼普陀,君还守兹庙,不忍土木之菽菽也,谒余求疏,具语所以矢心者,予赶之,同我友奚君显秦颂鲁为文,祭告东岳之神。爰始爰谋,若翁继志,总领万缘,已而布金者稍稍集议,徙上西南数武,士安孙益显克刚为捐旁亩,以增式廓,而三殿次第立,更辛丑落成,金碧辉煌,玄关肇启,梵音朗朗,达于丙夜,犄欤休哉。是役也,寸椽片瓦,悉性敏耳目手足所及,蒙霜露,冒寒暑,赤心白意,人天共鉴。即平时不逞之徒,亦寝其狂谋而津津称说无已,以方当世羽客缁流,岁时箕敛,共厌口腹者不星渊隔耶？奚、蔡两君欲伐石以谂永永,前诣谓予,诸施财者当刊之碑阴,不具论云。其沿革之自,创造之艰如此。而张廷宪,缓急性敏以庀厥材以考厥成,亦足嘉并入之记。万历三十一年岁次甲辰春王正月吉旦。

　　［按］三王庙在原川沙厅十七保十三图,始建不详。明嘉靖年间遭兵火而毁。明万历二十八年(1600)重修,该碑文即记其事。记文由清河张元珣撰写。碑文录自《光绪川沙厅志·卷五》。

上海县重修城隍庙记碑

(明万历三十三年·1605年)

赐进士出身中大夫河南等处承宣布政使司分守大梁道左参政在告前提刑(下缺)

敕提督学政副使南京吏部文选清吏司员外郎邑人陈所蕴(下缺)

赐进士出身刑部河南清吏司(下缺)

赐进士第翰林院庶吉士邑人徐光启(下缺)

国家分土画疆,郡邑棋布星罗,郡有守,邑有令,盖□□□之权□而復为设立。城隍之神则阴握祸福之柄,知今故。邑令与(下缺)玺书一绾印绶其,奉天子命,同威爽英灵,烜赫焜燿,炳乎若揭日月同□□搏心揖志,敬畏奉承,无敢盟狎侮念,又同(下缺)赏所不加,则神为政,至若捍大灾御大患,又惟□龙灵是徵令即为民请命,亦听之神矣,我邑之有城(下缺)来令吾邑,下车初首谒神祠,慨然语,黄冠庙宇逼仄若是,于神灵似为不称,其亟新之毋后。□捐百余金付道流丁盛周(下缺)差,共成盛举,不图杰构,甫成,郁攸遽及,里巷奔走,皇皇莫如所措,侯亦责躬自咎,不敢宁居□者,谓缔构斧□□谕(下缺)故假回禄以示□除理或然与予,惟神庙食□年祈请响答民间大灾大患,尚须神灵护持,立其□所端拱临莅地(下缺)正直者也,以礼律身,又何难以身示训□□海邑年来怙侈成风,一往不返,庶民家墙屋被□□□□缘绮谷张(下缺)□竞肴舆马,招摇里巷,间或入赀,沾一命即贵倨自处,入里门不下车,奴产子半列青衿,忘□□我揖让王公大□□(下缺)□与□□齐等□□□里至今见者疑为沙堤邸等,此至冒上至亡等也。举邑滔滔莫知其故捐,令王公大人将来(下缺)□□顾□庙□□□□奉神灵,弗暇考寻国宪,琉璃金碧,俨然王者之居。虽士民欢欣□□□谓□□□□□(下缺)□□矣□□□□□□比其何以裁抑入门僭儗而□之正,故一举尽付之烈滔□□示。神弗居非礼之室(下缺)俯而省□□□□□□□□□有□□怩湤忍嗫嚅□趄不敢復蹈前辙,此亦换回风欲之一机也。神之示训大不(下缺)风俗既□□□□□□□□神之谴告陷而彰矣。明有礼乐岂异人任自今闾阎族党有冒上亡等者,乡三老啬(下缺)亟宜鼎□□□□□□□□合住中程勿广侈以干神怒。于是侯以帑金□首倡士民,士民乐输者踵相接,道流丁盛周、陆宗义即日聚材(下缺)惟谨亟□□□□□□□□工规制虽构,稍俭于前,然视曩时逼仄简陋气象,涣然改观。经是一役也,扫煨烬而睹堂皇(下缺)分位之常抗颜南面□□可以无愧色逆折怗侈心而夺之气于于以助成。贤侯移风易俗之化,盖一举而三善具焉。然非刘侯首捐帑金为士民倡举(下缺)乐输若是,又何能功成不日之速如此也。由此而百世庙貌不移钟?如故,侯之功与之俱□□侯名一爌(下缺)两经督课,劳勋最著,例得附书。其输金姓名则勒碑阴不具载。万历三十三年岁次乙巳孟夏吉旦。赐进士等文林郎知上海县事豫章刘一爌立。

[按] 该碑记撰于明万历三十三年(1605),记文录自该碑。碑立于上海城隍庙后殿前东侧,已残缺,碑文26行,下部残缺,最长一行有57字。碑高196厘米,宽90厘米,厚23厘米。

上海县重建城隍庙碑记碑

关帝庙记碑

（王圻撰 万历三十五年·1607年）

汉前将军庄缪侯今晋封义勇武安王,心扶炎祚,即殁,人祀为神,崇奉有加,即国典不啻数进矣。其褒封自王以至于帝,其章服自青□以至于远□,其地自京师以至于天下,其祭享自公侯以至于细民,赫濯既播,祠宇弥广。而蟠龙里之有侯祠,则始于赠金宪侯公。赠公长子字复吾,起家隆庆辛未进士,累官大参,其始为青衿弟子也。适当嘉靖乙卯秋闱大比,赠公因祝于神,吾儿幸歌鹿鸣,必建侯祠奉香火焉。是岁,大参公果举于乡,赠公警以为神之肸响实式凭是,遂卜地于所居之左偏,鸠工庀材创侯祠,塑像居中,左右侍者毕备。既落成,赠公具牺醴率子弟拜祠下。越十五年,大参公隽于礼部,赠公益谓重藉侯庇。久之,大参公伯子之子震旸举万历甲午,曾孙峒曾、岷曾、岐曾皆垂髫,一日补诸生。先时,侯尝示梦于赠公,谓尔克俎豆我,我当令尔子孙世代有令闻。至是而侯之梦应。自后黍稷弥殷,岁常以时致祭,凡里中水旱疾疫皆诣侯祷,辄应。始而神一家,继且神一乡矣。岁既久,住持者他去,大参公又游于宦,子孙傮居城中,岁时伏腊,荐享惟二三村叟。裸祝既虚,庙貌亦剥蚀于风雨,大参公幼子孔鹤、孔龄顾瞻梁栋,慨然咨嗟,以为此非吾赠公所经营而谋永□者耶?各捐资新之,因乞余一言志其颠末。余谓侯之灵爽甚著,而赠公之崇奉者亦甚虔,既庙于乡,又庙于官,盖大参任楚,尝建侯庙于楚云,此岂徒以灵应之故,亦以侯之忠义足以激发千古人心耳!夫常人崇忠义之心,不胜其畏祸福之心,惟知道之君子则不然。赠公外托祸福,内实崇忠义,然犹曰:"吾惟梦是践。"则固神道设教之意,赠公有不可喻诸人者。不然,是蛇穴狐丛,且当付之狄梁公拆手,赠公又何创而子孙又何新为?工始于万历丁未八月十五,毕于九月九日。庙不加崇,而垩壁丹垣,焕然夺目,则皆孔鹤、孔龄之功。于赠公可谓慈孙,是庙即百世为鲁灵光无疑矣。

赐进士第朝列大夫、陕西布政使司右参议、前侍经筵、云南道监察御史、奉敕提督湖广学政,里人王圻撰,后学侯孔鹤书,侯孔龄立石。

[按]关帝庙碑记,王圻撰于万历三十五年(1607)。明嘉靖末,嘉定人侯廷用于嘉定县城的西部,建武安王庙,其子侯尧封又加以修葺。以后,在城内几经移建,并改名关帝庙。明万历丁未(1607年)重建,碑文剥落难辨,全文七百字,现已佚。碑文录自清末《紫堤村志》。

重修永寿道院记碑

(曹蕃撰　明万历三十六年·1608年)

　　高皇帝初奠金陵,凡江南草莽豪民雄据一村落自恣肆者,咸芟薙无孑遗。时干溪之镇,干氏家焉,闻其豪首,冠金冠,服绯衣,擅此方生杀无惮,乃籍其家,输之官,仅存一桼几,规制伟丽特甚,今犹存永寿道院中,则永寿之建久矣。院在干溪震方,我先世凡用儒术取科第显庸于世者,遇朔望,必洁衣冠,鞠躬下拜,成礼而退。尔时,我宗贫甚,不能施大力,殿稍稍圮矣。羽士沈仪卿于万历壬辰始主院事,仅数载,即拓旧址,建五云阁,奉梓潼,美哉轮奂,高耸雄杰。乃叩其木植砖甓饩廪之费,舍自十方大众者十之五,而捐于仪卿之囊橐者亦十之五,乡善士靡不心重仪卿。仪卿乃率其徒若孙,考钟伐鼓,焚香稽首,为一方祝厘,严冬酷暑靡间。余筑小西阁,实邻于院。晨起,手一编,坐阁上,发呷哦声,而钟韵之铿然,鼓韵之填然,从五云来者,声相答也。戊申春,仪卿将复籍众力鼎新庙貌,就余图之,然悭吝之障未易辟,而木石之料未易鸠也,深为仪卿虑,仪卿毅然任之,募疏未离院门,远商小贾,婺夫嫠妇靡不捐赀乐助,捃载而集,甫弥月,梓人抡材,冶人治煅,旅人运甓,凡缮营室所亟需者悉庀焉。于是,欹者正,朽者更,万瓦鳞次,黯黯如云屯,丹腹藻缋,焕乎若新,两阅月而事竣。余不觉瞿然曰:嗟乎,利欲最易浸淫,愚夫妇尽堪触发有如是哉,且财帛货贿,万命倚托焉。逢墨吏朝桁杨暮箠楚民,终如吸膏吮髓,宁藏镪而毙也。里豪挟密口巧为聚敛,民犹互相较量,孰肯弃锱铢,令里豪觭重也。今羽士持疏募金钱,无烦振铎乞哀,在在响应,则檄于昔年创建五云,非朝伊夕矣。能为仪卿角囊橐,岂非仪卿之善于激劝乎,亦见斯里之乐于为善也。余特为文以记之。羽士号庆云,仪卿其名也。其徒倪志珍,其孙顾敏政、杨士桢,及捐赀人吴儒、褚细、王廷训、褚山、柳可成、蒋应魁、金学礼、倪儒、沈道传、赵秀、陈芳枝、陈鏄,皆勒之碑。

时万历三十六年中秋日。

［按］永寿道院在金山区干巷镇,宋宝庆年间(1225—1227)建,明洪武初年(1368年)重修。明万历三十六年(1608年)重修,曹蕃撰碑记。碑文录自清嘉庆朱栋《干巷志·卷六·艺文志》。

方正学先生祠记碑

（陈继儒撰 明万历三十九年·1611年）

松府治之西有求忠书院者，何为？特祀逊志方先生而创也。先生生于天台，死节于金陵，于松何居？曰：松有先生后在焉。后何居？曰：叶公琰、谢公铎、张公弼、王公世贞详哉言之矣。且方氏手迹支谱甚夥而详，先生血胤在松，则血食亦宜在松，此特祠之所繇建云。当先生抗命时，魏泽以刑部尚书谪宁海尉，受诏捕方氏幼子德宗，垂九岁，泽匿之。有台人秀才余学夔者，乞食翔于市口，喃喃唱歌以讽泽，泽心动，叱曰："扶颠子去！"越两日，途遇歌如前，泽知其为义士也，乃密托德宗于余入松江岛屿中，历青村诸镇，以织网贸米得活。余又潜入郡，属祠部郎俞允护翼焉。任勉为参政家居闻之，就见德宗。德宗初引却，怖而欲逃，勉出癸酉录示之，知允与勉皆门生，乃始安。自此各为异人，阴相往来。允妻以养女冒俞氏，恐同姓贾祸，旋改余转迁白沙乡，而学夔亦远遁不得迹矣。德宗有三子，娶俞生者友直、友□，继许生者友竹，子孙繁衍，具居华亭，本末详载谱。万历己酉，督学侍御杨公廷筠访其事于松，司理毛公一□得实，杨公捐俸三百金，驰檄立祠，复其姓，衣冠其大宗之孙，显节而祠，尚有待也。太守张公九德适至，挺身许曰："九德，先生之乡人也。我而不任，谁当任者？天以方先生六尺之孤，委以云间，昔日方氏之存灭在魏在余，今日方氏之存灭在我，有如听其自续自绝，自明自晦，岂惟涂视先生，实与屠剪铜禁何异？异日天子诏求先生后，其安所置对？古者爱羊及鸟，存大体也，子弟为尸，迎生气也。今以先生之血胤，荐先生之血食，肸响相属，夫宁不歆。"于是谋之华亭令聂公绍昌，蠲吉鸠工，庄严庙貌，崇祀先生，而魏公泽、余公学夔、俞公允、任公勉、徐公善安配焉。构以重堂，缭以峻垣，翼以两庑，门敞而墀涤，祭惄而田备，秋毫皆太守张公力也。祠成之日，太守以庚戌冬至，率僚属迎主入祠，谒奠成礼，士民乐观者万余人。乃辛亥端午，命陈子儒为之记。陈子再拜稽首，而谢公曰：异哉此举！昔者高皇帝拨乱反正，文皇帝以叔代侄，此古今一大鼎革也。先生缞麻入阙，哭声震殿，刀环筑口，批及两耳，收妻女，赤十族，市先生肉者赐之金，发先生之祖骸者投之井，此古今一大惨也！天子与孤臣为难，岂赵朔、李固比哉？孑遗所在，前有赏，后有诛，踞天踏地，昼伏夜行，千钧引丝，所余有几，此古今一大险也！遗蜕不敢收，遗札不敢藏，子孙不敢自名其祖，春秋家祭，嘿对饮泣。即有好义吊古之士，畴敢向先生礼一瓣香者，此古今一大郁也！今皇帝登极，首诏表章诸君子，复天台之故墟、修金陵之旧冢，请补锡谥，而未及子孙，特不知一块忠义血，正在松耳！今二百余丁悉复故姓，退而耕凿，进而弦诵，济济跄跄，歌斯哭斯，九重无必伸之威，而十族无必馁之鬼，此古今一大快也！忠义激而为愤，哀湘诅楚之词，非后史之所必及者欤！而先生俎豆俨然，箕裘无恙，以此调人鬼之不平，而关百世之横口，此古今一大继述也！庙貌既新，讲学院中，瞻仰先生，则夷齐尚在，同难者八百七十三人，则田横五百义士尚在，若魏若余，若徐若任，则赵朔之杵臼、程婴，李固之王成尚在，此古今一大榜样也！先生为浙中第一名儒，为国朝第一忠臣，而发潜阐幽，访求先生之后者，则督学杨公自武林，司理毛公自睦州，太守张公自甬东，又皆先生之乡后进也。意者当年仗义其事，诸公分身应现，或抱孤于覆巢完卵之时，或报命于禁纲阔疏二百四十余年之后，何浙多忠义士！此古今一大因缘也！嘻，此又古今一大奇也！陈子儒拜命额手而为之记。

　　[按]该碑记由陈继儒撰于明万历三十九年（1611），记文录自清康熙《松江府志》第二十三卷《坛庙》。清嘉庆《松江府志》第七十三卷《艺文志·金石》和光绪《重修华亭县志》第二十卷《艺文志·金石》著录此碑。

奉贤菁舍庙记碑

（张昂之撰　明万历四十一年·1613年）

尝闻陵谷变迁，沧桑屡易，胜迹名场湮没而不可考者无数。迨有好事之人，攀榛披棘，卒从断碑残简中，洗磨识认其梗概，乃使前人事业焕然重光，若历世而目击者然。此从来勒石记事之意也。菁舍庙者，宋元丰四年间分天宁庙界颜额，以栖水土之神，一椽片瓦，于兹发轫。灵爽光昭，方隅保障。漕溪流沙，渐积成冈，更名聚沙，流传久著。倭乱以来，荒湮蔓草，埋没沈沧，几莫辨神像、庙貌。所幸事未百年，庞眉皓首，回忆从前，尚能仿佛故迹。同里诸君子乃慨然解囊，鸠集工料，访问遗址，于癸卯岁葺大士殿，建聚沙阁。甫成，而岸崩阁圮。沈道斋置田亩许于后，癸丑徙其阁，复新之。里人孙惠泉慨筑石岸，陈典璧首倡石梁关帝殿、城隍庙，翁世卿与诸檀那相继竝起，大士像亦为之一新，金碧辉煌。于是岁首春初，拜舞云集，而菁舍庙、聚沙庵之名遂合传焉。所惧传之不永，或数十年，或数百年，世事之变易何可胜道？因勒石以记之。非敢谓历久不磨，亦以俟夫后之人革故鼎新，略识其来之有自云尔。

[按]菁舍庙在十二保正十三图，始建于宋元丰年间（1078—1085），供水土之神。该碑记由张昂之撰于明万历四十一年（1613），记文录自清光绪《重修奉贤县志》第六卷《祠祀志》。

乔大夫仰德祠记碑

（陈所蕴撰　明万历年间·1573—1620年）

　　公性慷慨，负特达才，居恒每思得一当自效。会岛夷之难，首发练士兵议，先是幕府征诸道，兵无虑数十万，以不地利，故每战辄□，幕府仰屋欢。骤得公议，大奇之，公为幕府画便宜计，塞川沙口、浚海塘外濠。幕府首以浚濠役试公，公自暴橇棒畚锸间，与役最下者同甘苦，濠不日成，长亘可百里。倭前不能径渡，塘以内得为备，徐入收保清野待倭，倭每垂橐归。幕府以为能，牒公练土著，公大出橐中装募勇士，得千人，且夕部署勤习之，无不以一当百，每出与倭战，辄先登陷阵，斩获报无虚日，积首功至若干级，幕府上功簿，大司马论奏与冠服，给五品告身，需次超选人格未用，而城川沙之议起。川城者，故上海屯堡也，他海岸并岖崹不能舣，独其地稍陂陀，可施□□，倭舶扬帆来，必由此登陆。公首议筑城，扼其冲。幕府檄，公为楗，公益感慨奋厉，不避嫌怨，既捐金若干斤，又躬负土石，为役夫先，遍召里中父老子弟，期日毕受版筑，诸当受版筑者，或与公故等夷，意不能相下，稍稍目摄之，而公自以身任督部责一切无所假贷，川沙卒赖成城。城成而倭舶东西行海中者，不敢复以吾邑措意，波恬风息，至今垂四十年，民咸归公功，而公故所浚海塘外濠，捍戎马之足者既成。而大浦之水由诸港达濠，溉田可数万顷，民戴公愈益深。里中父老子弟谋报公德，相与庀材鸠工，创祠肖像，俎豆公而尸祝之，邑大夫名曰仰德，从民志也。迎神辞曰：桂栋兮雕楹，珠箔兮疏楹，环皑甲兮驾云軿，抚长剑兮降中庭，荔枝兮丹药，椒芯兮芷馨，援北斗兮酌醴,陈大房兮荐牲、纷拜舞兮耄稚,具醉饱兮绥思。成送神辞曰：伐鼓兮考钟,建旗兮张弓,吹参差兮日暮,我孔嫇兮情焉,通逍遥兮□容,与前导兮丰隆,神不可留兮载起,焱远举兮云中,心悄悦兮愁予,降福孔嘉兮来宗。

［按］仰德祠在浦东新区川沙镇原川沙县城西门内城隍庙东。祀明代乔镗、乔木父子,建于明万历年间(1573—1620),陈所蕴撰写并书丹碑记。碑文录自光绪《川沙厅志·卷五》。

仰德祠记碑

（陈继儒撰　明万历年间·1573—1620年）

　　仰德祠者，父老合祠乔公父子而设也。往嘉靖，倭奴蹒海上，春山乔公首倡团练之策，幕府即以属公，公部署良家子，敢勇出死力，斩获若干级，上功司马，赐章服、给五等告身，所省饷以万计，罢遣诸道兵以百千计。又濬川沙海塘外濠，刻日竣工，遥亘可百里。又筑川沙城，公严督，乡赋长不少贷，怨家构飞语阱公，公愤死而城工亦报成。倭扬帆东来，睨塘则濠深不得登，睨城则坚壁不得掠，于是里人转思公德，且痛其奇冤，思所以俎豆公而未有日也。公有子曰玄洲，公以进士起家，安吉州官至云南宪副，所至以清白循良著称，挂冠家居，则为德于乡益力。里距浦远，少潮多旱，公发粟募众，濬渠二十里。戊子大饥，饥民白日劫市上。公请于总帅卫宗人以兵迁入堡中，里人以公能修春山公之令绪，于是谋祀春山公。祠成，内主推玄洲公为祭酒，哭之恸帅而寝疾，阅五月，遂殁。父老叹息泣曰：父死冤，子死孝，请同常修享可乎！越丙辰，奠主昭位，举升祔之礼，远近环拜者至倾村涸巷，曰：乔大夫父子固宜有今日，但尸祝晚矣！

　　［按］仰德祠在浦东新区川沙镇原川沙县城西门城隍庙东。祀明代乔镗、乔木父子，建于明万历年间（1573—1620）。陈继儒为此而撰写和书丹碑记，据光绪《川沙厅志·卷十二·艺文金石志》记载，其时该碑石已无考。碑文录自崇祯《松江府志·卷二十》。

上海城隍庙豫园记碑

(潘允端撰　明万历年间·1573—1620年)

　　余舍之西偏,旧有蔬圃数畦。嘉靖己未,下第春官,稍稍聚石凿池,构亭艺竹,垂二十年,屡作屡止,未有成绩。万历丁丑,解蜀藩绶归,一意充拓,地加辟者十五,池加凿者十七。每岁耕获,尽为营治之资。时奉老亲觞咏其间,而园渐称胜区矣。园东面架楼数椽,以隔尘市之嚣,中三楹为门,匾曰"豫园",取愉悦老亲之意也。入门西行可数武,复得门曰"渐佳",西可二十武,折而北,竖一小坊,曰"人境壶天",过坊得石梁,穿窦跨水上,梁竟而高埠中陷,石刻四篆字,曰"寰中大块",循墉东西行,得堂曰"玉华",前临奇石,曰"玉玲珑",盖石品之甲,相传为宣和漏网,因以名堂;堂后轩一楹,朱槛临流,时饵鱼其下,曰"鱼乐";由轩而西,得廊可十余武,折而北,有亭翼然覆水面,曰"涵碧",阁道相属,行者忘其渡水也;自亭折而西,廊可三十武,复得门曰"履祥",巨石夹峙若关,中藏广庭,纵数仞,衡倍之,甃以石如砥,左右累奇石,隐起作岩峦坡谷状,名花珍木,参差在列;前距大池,限以石阑,有堂五楹,岿然临之,曰"乐寿堂",颇檀丹膠雕镂之美,堂之左室曰"充四斋",由余之名若号而题之,以为弦韦之佩者也,其右室曰"五可斋",则以往昔待罪淮漕时,苦于驰驱,有书请于老亲曰:不肖自维有亲可事,有子可教,有田可耕,何恋恋鸡肋力。比丁丑岁首,梦神人赐玉章一方,上书"有山可樵,有泽可渔",而是月即有解官之命,故合而揭斋焉。嗟嗟,乐寿堂之构,本以娱奉老亲,而竟以力薄愆期,老亲不及一视其成,实终天恨也。池心有岛横峙,有亭曰"凫伏";岛之阳峰峦错叠,竹树蔽亏,则南山也;由"五可"而西,南面为"介阁",东面为"醉月楼",其下修廊曲折可百余武,自南而西转而北,有楼三楹曰"徵阳",下为书室,左右图书可静修;前累武康石为山,峻嶒秀润,颇惬观赏,登楼西行为阁道,属之层楼,曰"纯阳",阁最上奉吕仙,以余揽揆,偶同仙降,故老亲命以征阳为小字。中层则祁阳土神之祠,盖老亲守祁州时,梦神手二桂、携二童玉曰:上帝因大夫惠译覃流,以此为子。已而诞余兄弟,老亲尝命余兄弟祀之。语具祠记中,由阁而下为"留春窝",其南为葡萄架,循架而西,度短桥,经竹阜,有梅百株,俯以蔽阁,曰"玉茵",玉茵而东为"关侯祠",出祠东行,高下迂回,为冈为岭,为涧为洞,为壑为梁为滩,不可悉记,各极其趣。山半为"山神祠",祠东有亭北向曰"挹秀",挹秀在群峰之坳,下临大池,与乐寿堂相望,山行至此,籍以偃息;由亭而东,得大石洞。窅窱深靓,几与张公、善卷相衡;由洞仰出为"大士庵",东偏禅室五楹,高僧至止,可以顿锡,出庵门奇峰矗立,若登虬,若戏马,阁云碍月,盖南山最高处,下视溪山亭馆,若御风骑气而俯瞰尘寰,真异境也,自山经东北下,过"留影亭",盘旋乱石间,转而北,得堂三楹,曰"会景堂",左通"雪窝",右缀水轩,出会景,度曲梁,修可四十步,梁竟即向之所谓广庭,而乐寿以南之胜尽于此矣,乐寿堂之西,构祠三楹,奉高祖而下神主,以便奠享;堂后凿方塘,载菡萏,周以垣,垣后修竹万挺,竹外长渠,东西咸达于前池,舟可绕而泛也;乐寿堂之东,别为堂三楹,曰"容与",琴书鼎彝,杂陈其间,内有楼五楹,曰"颐晚楼",楼旁疱湢咸备,则余栖息所矣。容与堂东,为室一区,居季子云献,便其定省,其堂曰"爱日",志养也。大抵是园不敢自谓辋川平泉之比,而卉石之适观,堂室之便体,舟楫之沿泛,亦足以送流景而乐余年矣。第经营数稔,家业为虚,余虽嗜好成癖,无所不悔,实可为士人殷鉴者,若余子孙,惟永戒前车之辙,无培一土,植一木,则善矣。

[按]该碑记由潘允端撰于明代,书法家潘伯鹰书。记文录自《以文兴游——豫园匾对、碑文赏析》(薛理勇著,同济大学出版社1987年版)。

伯阳庵记碑

（钱士贵撰　明天启二年·1622年）

按郡志，申浦蜿蜒而东为横谿，谿折而南为庙泾港。港右祠伯阳象，即周守藏室史李耳谥聃，宣尼所称犹龙者。其建立由来，不可稽考，而屹然表峙，载在乘书。迨岛夷讧乱，燹掠殆尽，祠幸独存。然剥落倾圮，几为芜蔓。自鲁谿彭邵武公为檀越主盟，得胡道人者聿新庙貌，拓地建后刹，供大士象其中，庄严妙相，为一方巨丽，而皈依成市矣。自后渐复衰耗，阇黎住锡者，至食不及二餔，辄弃若传舍。里中儿又视为乌合呼卢之地。赖邵武公、孙文学东阳久护持之。有比丘性慧者，自海上来，跏趺梵修，顶礼靡间。筠朋周君雅好善，辄割膏腴为里人倡。里人亦各愿以刀尺。余时请假家居，实与东阳嗣公、孝廉君邻首事焉。计得镪若干缗，置田若干亩，岁收粒若干斛，储给常住，俾免持钵，殆不减牟尼宝珠矣。乃比丘持行尤严，闭关禁足，里中儿犹以杌上耽耽也。于是筠朋嗣君文学羽逵善承先志，率众亟白之今太守清源张公，公嘉其意，立命镌石垂示，功令凛于日星。余忝列台中，孝廉君千里驰书，乞言为记。余惟方今四方羽书交驰，即启处不遑，奚暇谈檀那功德，苦海慈航事哉？第老子著道德五千言，深明致虚守静之旨，为御世要术，而归以无为，夫无为者为也，有为者无为也。刚以柔诎，白以黑守，雄以雌伏，是天下之善知兵者也。余深感兵事旁午，新天子旰食不宁，思得明道德之意者，有若郿候之画一，以庶几平阳之清净，俾海波不扬，走马以粪我桑梓之里，永享宁一，则余所藉以不朽此祠者，不与诸善信功德同于河沙哉？至垄界浍塍，左籍灿列，比丘不得视为私藏，而奸豪或敢侵夺，则有大府之功令在。是为记。天启壬戌。

　　[按]伯阳庵又名老子庙，在奉贤县十五保二十五图，建于明正德二年(1507)。明万历十一年(1583)重修后殿。天启二年(1622)，钱士贵撰写该碑记。碑文录自光绪《重修奉贤县志·二十卷》。

松江水次仓新建关帝庙记碑

(陆应阳撰 明天启二年·1622年)

水次仓系国家漕储要地,外而三泖风帆荡漾,内而一城食货浩穰。信郭西上□□,万历三十年间,因总厅□□立关帝庙众议,借此以镇压冲途,亦不朽盛事乎。赖晋州王君春宇、汾阳□□□□行商于此,□□□助成胜举。庙貌尊崇,香火修饬,通政使许公惺所,邑侯李公廷之□题。前□□□□□□□亦晋人□□谒庙,而色喜持赐之扁额"舆情胥戴",千百年灵境,此其□□矣。信持僧□□□徒性闻格守清规□晨昏钟鼓,能使远近归依者蝟集。是岁□建□□□□□制,此虽□□□□□兴有机而衲□□补葺,诸善士始终乐成其功,皆不可泯□求他日也,朱□城有贤□□□□等谓郡朱氏生平□□报哉,并为之记。天启壬戌岁孟冬吉旦,八十一叟陆应阳识并书。

大明国山西平阳、汾州府临汾、汾阳县信商□崇殷、王应□、宋浩、王快、郭钟、田用和、朱祐、王一槐、刘□登、武镐、冯立、李朝忠、王朝孝、赵思聪、宋柱、王登瀛、张邦爵、宋续光、刘德业、王星耀、刘汝贵、刘守约、张福华、侯栋、(下缺)

[按] 该碑记由陆应阳撰并书于明天启二年(1622),碑文正书12行,行39字;众商姓氏4行,共有13列。2012年5月25日,笔者走访庙旧址,碑尚在庙屋壁间,记文从碑上抄录。民国杜镇球著《华娄续志·金石志》著录此碑目。

松江水次仓新建关帝庙记碑局部

松江水次仓新建关帝庙记碑全貌

纯阳道人自写像题记刻石

（王晋刻　明天启四年·1624年）

最秀梅关多胜境,昔年杖笠□清游。涯留遗像□崇久,更□文光照上丘。纯阳书。

飘然物外,超然寰中,瞻崇有相,来去无踪,吾无以名,总属神通。陈时泰。

代导群品,太阙仙风,喜予卜子,后事重逢。弘光元年。

[按] 该石现藏松江博物馆,石正中刻吕纯阳赤足全身像,最上部刻纯阳书诗一首。像四周刻有题识多篇,其中有董其昌的题写,题刻大多为小楷,难以辨识。据《华娄续志·金石志》记载:"纯阳道人自写像石刻,天启四年甲子仲春,王晋刻,有纯阳自题草书九行,两旁下载有明洪武元年吴德基、王沂、张宗衡、陆应阳题,弘光元年梅关、陆淳、董其昌、何三畏题,天启癸亥陈继儒、黄廷凤、李叔春、钱希言题。又道末吴尔成赞,徐元旸、陈时泰、胡开文、大庚孙应昆叔原题。"

纯阳道人刻像

纯阳刻像

重建朱家角三元阁记碑

(张其翰撰　明天启年间·1621—1627年)

　　三元赐福,赦罪解厄,为大千世界慈悲主,故法幛宝殿遍满中区。今珠街阁镇为由拳一都会,旧有三元阁岿然市左,操瓣香而祈禳者,肩摩而踵啮也。自遘兵燹,风雨剥蚀,庙貌掩于蟏蛸,殿铃罗于鸟鼠。皈依善姓,慨然兴鼎新之思,鸠工于丁亥之孟秋,告竣于是岁之易月,不三月而巍焕改观。登斯阁也,轮奂揽九峰之翠,矗峙俨若蜃楼;金碧连三泖之辉,俯瞰如临蓬坞。五府之灵辅其左,城隍之神翼其右。风车云马,时登赐福之堂;月旆霞旌,频来赦解之令。亦复延开士以司汛扫,置田土以供香积。规制不磨,人天共悦。问创议而首事者,则董元甫、金凤山、沈伯美也。问捐资而鸠工者,则薛君登、周公礼、万孝达、钮惟远、席君礼、周景旭、吴尧卿、卫君逸、周尚卿、薛君明、张景文、盛君贤、张景纯等也。买田以膳住持者,则钱君锡、钱秀甫昆季也。他若劝议督工,而助成者之辅之,陆公隐、姚去浮、金月池、张更之、卫君辅、陈静如、张爱塘、金德昭、张世卿、龚见川诸君也。并书以志一时之盛。

　　[按] 朱家角三元阁在朱家角镇东市惠安桥西,建于明天启年间(1621—1627)。该碑记由张其翰撰,记文录自清嘉庆《珠里小志》第六卷《寺庙》。

崇明熊公祠记碑

(陈仁锡撰 明崇祯元年·1628年)

公治崇未几而崇大治，遂议借公吴江。海滨父老至，匍匐阙下，上书称"十不便"，词甚切挚。上意为之动，会铨除已定，竟畀公吴江矣。吴江去崇不二百里，"父母孔迩"，公固未尝去崇也，而崇之慕公，实甚于是。卓穹碑示永久，表其政之炳然者。崇于海上，乃闽越淮齐之大要害也。闽寇张甚，烟涛出没，公躬帅游徼逐之，得其渠魁，膏吾霜刃，乃相戒毋犯。御寇者多事剽掠，暴豪之徒假逻卒为劫计，名曰白捕。公至皆大创之，悉屏迹。海土卤而瘠，岁既俭收，益以辽饷倍常之额，穷民多逋窜。公恻然，开筑淤河百余里，流亡复业者千家。沙田消长靡常，隐蔽莫可问，公为掺剔，老胥无所上下其手。俗好雀鼠，善良罹害，公执一二置之理，而时令乡三老条列利害，里巷蒸蒸向化。学宫偪窄，广文先生僦居民舍，公捐金为改建。凡此皆公一年余治状，猗舆盛矣。语有之：初入宫，如入晦室，久乃自明。信非久不足以成治。而公仅逾岁，仁风善政不可更数。使天下守令尽如公，普天率土咸食其福，载笔者且不胜书，岂特文东瀛片石而已哉？公名开元，字玄年，楚之嘉鱼人。

[按]熊公祠在崇明县城察院西，祀明代崇明县知县熊开元。该碑记由陈仁锡撰，记文录自清康熙《崇明县志》第十三卷。

青浦县城隍庙诰命牌

(徐日曦书　明崇祯三年·1630年)

制曰：帝王受天明命，行正教于天下，必有生圣之瑞，受命之符。此天示不言之教而人见闻所及者也。神司淑慝，为天降祥，亦必受天之命，所谓明有礼乐，幽有鬼神，天理人心，其致一也。朕君四方，虽明哲弗类，代天理物之道，实馨于衷，思应天命，此神所鉴而简在帝心者。君道之大，惟典神天，有其举之，承事惟谨。松江府城隍聪明正直，圣不可知，固有超于高城深池之表者。世之崇于神者则然。神受于天者，盖不可知也。兹以临御之初，与天下更始，凡城隍之神，皆新其命，睠此郡城，明祇所司，宜封曰"鉴察司民城隍威灵公"。威则照临有赫，灵则感通无方，此固神之德，而亦天之命也。司于吾民，鉴于郡政，享兹祀典，悠久无疆，主者施行。

[按] 该诰命制书于明崇祯三年(1630)由徐日曦书于木牌，已佚。制文录自明崇祯《松江府志》。

重建纪王庙记碑

（侯峒曾撰　明崇祯六年·1633年）

嘉定邑西南,吴淞江之分流曰俨敞浦,枕而村者曰纪王镇。当镇而翼然者曰纪王庙,镇之名盖自庙昉也。维纪将军信以死脱汉高帝于荥阳,其忠义奇杰之气烬而弥烈。然王号之加,史册无有,又不知何以庙食兹土。或谓宋元之际,江阔十余里,湍悍迅激,非有功德者不足镇压之,故汉初十八元功多祀江上。韩、彭、萧、陈在今数十里间并称王云。唐庐藏用作纪墓碑,不详其处。按《蜀志》,将军安汉人,安汉者,今西克也。西克之高阳里扶龙村有纪信宅在焉。邑治又有忠祐庙,盖宋时锡封忠祐安汉公,至今祀之不衰。而乾道改元,赐镇江府纪庙之额,亦曰忠祐。守臣言公故为府城隍神,莫知所始,而余乡则以为土谷神。神在宇宙间,若江河之行地理,固有之也。皇明嘉靖丁酉,邑令谋改庙为社学,神失所依。隆庆壬申,浙之邵侯稍建一祠于左侧,湫隘弗称,今并社学而毁矣。崇祯癸酉,里父老沈继周、张正中等谋曰:"祀典之垂,有举莫废。顷吴淞湮塞,蒿莱百里,吾侪幸免鱼鳖之灾,不胜龟坼之苦。然犹相与含哺鼓腹,疫疠不侵者,皆神赐也。敢无康其灵。"乃洒泥芟草,立庙三楹门称之,翼以两庑,缭以周垣,雄丽坚致,顿廓旧观。卜日,奉像祀焉。而乃葺其旧祠为社学,废坠具举,神人悦和。介王子坚来谒予碑之,予以将军事实具在耳目,不复论。论者徒以汉室无褒崇,迁《史》不立传为将军憾。今考太史公于高帝诸臣有侯亦不传,如雍齿者,不足传也。其以为足传者,不侯亦传。独以纪将军之忠烈而不侯亦不传,岂其名位微,荥阳一炬而外,他无可考欤？将两著于纪而深没其传,以徵汉之少恩欤。史上下千百年,今或不能举其姓氏,而乘伪搴出真龙者,独与鸿门之舞阳留侯并称。系今思之,赫赫若前日事,则虽不传可矣,况不侯乎。蕞尔江澨而榇梍蒸,尝屡兴未坠,神实有凭焉。善乎！陆务观之记忠恰也,曰士于为善而已,未有有善而无报。愿过庙而考于碑者,尚各勉焉,毋为神羞。

[按]该碑记由侯峒曾撰于明崇祯六年(1633),记文录自清康熙二十年《嘉定县志》第二十二卷《碑记》。清《纪王镇志》第四卷《杂志·艺文》有此碑记。

金山卫武圣宫记碑

(曹勋撰 明崇祯九年·1636年)

金山滨海,南射岛夷,代有倭患、巨寇窃发,亦恃海为窟。金山于淞海为冲,而未尝罹夷寇之害,虽国计包固师武臣,力究所冯依,则神之呵护多焉。

中为万寿寺,建自赵宁,有子昂额对。先为仁寿院,至我明为祝圣道场,是名万寿寺,其所从来远矣。南有三官堂,面一小梁,于志滚龙桥,其旧迹也。定远侯筑城隍,则东为城隍庙。西司善淫,为一境福地。西则为圆通庵,初一草刹,大士现身接引,徽之富商某,感而修葺成胜斿坛,盖其地。用武人习战斗,大士原以慈心压其杀气也。

达于筱管街渚,曰关圣行宫。圣之灵,无所不在,而兹地为尤赫。世宗庙,倭人寇,犯城下,陴不为守,贼见城上赭面美髯,风旋云拥而下,惊贼退去,破川,柘而金山无恙,则圣之功德于慈地为无量矣。

善信范明武、宋昌诈、岑耀先、鲁嘉胤、徐鼎臣、吕一文、林茂等,愿与众信共香火之计,祠坛量香烟等,日时料资费,宁益无损,宁赢无乏,盖已数年于兹矣。又虑事习易玩,意久易衰,总捐资买地陆亩,量地所出,准前所供,香火不断,如地永存。嗟乎善哉,里邑井疆,惟神之赐,何惜弹丸,不彰美报,愿以尺土,寿兹方寸。今之供养,缓之兴起,共兹不坏,永种福田,惟神有灵,惠福无疆,则从善信大有造于海上云,因乐为之记。

翰林院编修曹勋撰
翰林院左中允杨汝成书
钦差分守南直隶苏松等处地方参将周建舍石
崇祯九年十二月　　日具

[按] 金山卫武圣宫在金山卫城，原有碑石三块。明崇祯九年(1636)重修武圣宫，翰林院编修曹勋撰记文，翰林院左中允杨汝成书丹。碑文录自《金卫志》。

重修薛淀湖关帝祠置义田记碑

（胡开文撰　明崇祯十三年·1640年）

　　震泽以东,浸之大者曰薛淀湖,匝湖旁聚落凡数十,其民咸□钱□修沟塍,扬舲施众,称沃区焉。然去郡县远,守令之威惠稀相遘。民俗好奉神,忧则祷之,乐则赛之,邀威惠也。湖涘故有关祠,灵甚著,乡民恐春秋之弗荐。□道士、产若干,令司俎豆焉。后道士背散,产亦空,旋橪圮矣。里中善士张震川、陆季宜等乃聚相谓曰:"谁使尔田畴衍与?妇子洽与?谁使尔比闾无相谋与?天札不害与?惟神之德,世其享之。缺然苾芬,纵神不恫予,尔其敢怠?"因共□背□□因处常祀,择道士夏正传、顾若华,自是而收藏有人,水菹陭醢有供,有箕极尘,有膏继晨矣。呜呼?余□□□道自古记之,神农氏之子柱能佐耕稼,后世祀以配稷。炎帝之子句龙能平水土,后世祀以配社。苟□一职兴一利,必食其□下此,而忠孝之奇、箭侠之卓者,无论幽爅,生为盛德,魂为明神。至于刻桷崇檐之中,□□荒也。循令人感气序之和,览时侯之逝,而山雷黄目,春秋载洗,况十分符施,缓籍高势,治卑服法,令行意明。□□□远其入,人之易真如霜露之甦焉。果能尽善,民犹不散,心戴思□,余信之。今夫淀山之民,其祊绎神□□□,复举为神之,足以庇此一方民,弗可背也。□诸古人,老幼遮道,不忍违贤。郡公者,其心岂殊哉?而可得□□□□得其二,余甚叹之矣。是后也,众善士竞竞,惟覆辙之是儆。余曰:"公等休矣,此非有迫于公等也。"然不日□事集,若是吾知虽有不肖,孰敢违众而祭神哉!公等其无为虑矣。赐进士出身、刑部四川清吏司员外署郎中事、前工部营缮司主事、奉敕督理杭州关税、郡人胡开文撰。

助田众信：张振州伍两、陆季宜伍两、张远甫伍两、姚林麓四两、倪宾□二两、夏爱溪二两、蔡奉耕二两、张文歪二两、吴俊二两、杨乾所二两，包明显、张克效、周思椿、张顺南、俞惟德以上各一两三钱，吴奉阳、张怡泉、汤日新、顾近桥、徐君实、施君启、王惟德、沈君受、凌君德、徐实□以上各一两二钱，钱君复一两、张继南一两、俞顺田一两、施克清七钱、王惟境七钱、陆鸣山六钱、沈君用六钱、周继泉六钱、陈太玄六钱、陆文杰六钱、许乐宇、周效东、计子山、徐君颂、张子明、施君宠三钱。其田坐落西大育字圩，计八亩零。

皇明崇祯十三年岁在庚辰菊月日，玄裔陆意升、夏正传公立。

［按］薛淀湖关帝祠在青浦朱家角淀峰村，该碑记由胡开文撰于明崇祯十三年(1640)，碑现存该祠中，碑高124厘米，宽68厘米，记文从碑上录下。

崇明陈公祠记碑

（张洁撰 明崇祯十五年·1642年）

士子坐享荣名者，乐得百年无事之地而官之。而负奇自异之材，不遇盘错，无以别利器，其志量之不同如此。夫国家不能百年无事，使尽持坐享者之心，缓急其何以济？崇邑环海为疆，弥望无涯，奸人啸聚，时炽时灭，宋元以来多有之。今上十有四年辛巳，岁荒，盗起海上，顾荣等为魁。市井健儿饿不甘，争走险以附，连脟百艘，聚党数千，白昼焚劫，直逼城濠，无所畏。当此之时，崇为用武之地，民思良将，如枯旱望雨。夏四月，守府西蜀陈公至，设方略，整行伍，谓："寇来，在我无恐。"雨载之中，水陆大小十余战，亲冒白刃，斩级数十，生擒数百人，所获辎重无算，悉分给诸军士。以故人人奋激，决命争首。贼大丧胆，乞命请降，四郊安堵如故。当道叙功交荐，壬午秋九月擢浏河游府去。夫浏河之于崇，止隔带水，声援相通，倚为唇齿。公虽去犹未去也，而人心眷恋，不克遂其借寇之思，泣送载途。既乃建祠于西郊，肖像以祀。工竣立碑，谋序于余。余闻以劳定国，载在祀典，即可以食报于当身。昔宋张方平帅蜀，弭乱于未形，非有汗马之劳而蜀人爱慕，尚画像以祀益州，今公之勋伐过于方平，而此举又乌容已乎！公去矣。思公而不得见，瞻像拜礼，常若见公于崇，不特今日父老然然，即子孙世世以之。公讳安国，字其丹，崇祯庚辰进士，剑眉隆起，贼中呼为"陈铁面"云。

[按] 陈公祠在崇明县城西门外，祀明代崇明守备陈安国。该碑记由张洁撰，记文录自民国《崇明县志》第三卷《地理志·古迹·坛庙》。

松江西仓桥关帝庙
卖田重修廊房记碑

（王元瑞撰 明崇祯十七年·1644年）

赐进士出身文林郎福建□□□□□王元瑞□并书。郡西仓城水次有关帝庙焉，始自晋省诸商创建，实为一方保障，万民瞻神灵庇佑，获福良多，喜出资财供奉香火灯油。历年□□□□□□□□□□赵国祚等虑后经管不得其人，或有差误□□□□□□灯油香火二□□□众，期□久远，万无一失，于是用价银□拾□□□张成□□□贰拾亩□田□□□□壹区乡□图□字圩田契□炤□银贰拾两□□□右□房□□深□□□知□□□右以传不朽，是为记。大明崇祯十七年十月。

众商姓名：张耀□、刘明时、宋道□、张余庆、高迈、王守臣、黄中祥、辛进道、曹朝升、白受绘、武九勋、邢旺、李崇英、李汝信、宋希孟、赵国祚、武廷祥、万应泰、宋生云、贾玺、马登仕、贾连城、郭明慧、王绍、田滋广、王绅、侯万户、王天佑、雷成龙、魏登显、侯世俊、宋遵殷、孔王宾、丁光声、李应登、陈自科、党训、李瑛、贺应封、刘应祥、许明印、王家樑、刘尚通、赵国洪、胡应安、(下缺)

[按] 该碑记由王元瑞撰并书于明崇祯十七年(1644)十月。崇祯皇帝于该年三月殉国，四五月份死讯传到江南，五月弘光帝于南京即位，此碑仍用崇祯纪年。碑文正书10行，行34字；众商姓氏9行，共有17列。碑上方有额题"香灯碑记"。2012年5月25日，笔者走访该庙旧址，碑尚在庙屋壁间，记文从碑上抄录。民国杜镇球

著《华娄续志·金石志》著录此碑目。

松江西仓桥关帝庙卖田重修廊房记碑

青浦城隍庙助义田记碑

(明崇祯年间·1628—1644年)

郡治之西有吴淞之□有□□□□□□□□□□□基于其列九峰以□□环三泖而峥嵘震泽万派汇其源洞庭群□峙其□□□理□车谷相系四方□驿处合响应□□□□□□□□□□□□□□□□郡治知冯□也其宅知始而建之而废□□兴者已载在邑志并备重□□县主□□辈□中不必具述但计有郡□□有城隍庙□□□□□□□□□□□□□□□县□□□□相表里者也即青邑建成之始随创庙宇神明□□奕民居莫安邑无灾厉户不凋残耕□食饮之众□□□□□□□□□□□□□□□□者居多□□□于□限主知默佑□自不少所谓天地鬼神阴相其衷者□耶□□道知县宰保佑一邑计纵县宰固踵至而奉道之士民不数出其殿宇之□□□□□□□□□□□□□□□□□□□□□□□□□□玄门者岂能一□□奉香火修葺庙宇为宰保佑一邑计纵县宰饬号令奖励士民给疏缘募兴土木夕不几劳□□□□□□□□□□□□□□时□□□□□□□如居民庐舍□修葺如此则庶几□□□□方知用力少而成功传不然则今岁之累明岁毁之一人聚之十人毁之方知用力少而成功传不然则今岁累之明岁毁之一人聚之十人散之□县主之初□□□□□□□□□于冶□□心于道教□存之法力耶于是邑之预□□□□□首建助田之□矣辗然而请前曰是庙之建始于建邑而其圮败则自万历戊申□□□□田记□相连震泽太湖

147

□沧海为余平原巨野一瞬□□□犹不□为垫溺沦为鱼鳖者皆神明喻护力也然而庙宇之倾实始于崇祯□楹深蒿蔓□□苍心目尔爱赖□色县宰韩侯实□系心月朔望而懋修而命之曰一邑之阴盛依于人民之□行缘于□□□(暂空若干)颓废食其未有宁谧也侯即捐赀倡率□□重修之□□□□理其务瓦石材木勤以□□岁计丹垩铅斁动以万计□□□□□材料者不□国储(空若干)调停以赞成胜岸非谓二庙之修□□若此一职之任经营若此其报也以其历岁久而倾废多栋宇庙貌之兴爰同重建节修亦无敢惮烦能(空若干)湖而帆樯于七子二峰之内□七于海□□□三十六□□□至修之募士缘而典质库者莫不倾囊而出食风宿水十日七来梗楠自海而还者□(空若干)少给□□始橛然功犹未竣也不旬日而韩侯茫□繁邑前所谓规划章程之者均未之竟继侯而宰治吾邑者则□之□汪侯□□□徐侯相继顿以来庙貌得以改观祠宇不致颓废者□侯劝□之力(空若干)思意前功每敕以口治谕修以佑以理其勤以延之者与韩侯之倡如无异迄今整顿□□庙貌得以改观祠宇不致颓废者皆□侯劝□之力成其□与彼而征□者不额不□课督省试者历□倘后日久岁湮修葺整顿之任莫能主持前则圮败之因颜折之状或者(空若干)倡率之矣顾不若道教香火仍责道教修有□□主酒资悬杖□□累积成买于邑之方隅置买水田四十□亩以赡香火□□县□□存案每岁务(空若干)以时葺其栋宇整饬其轩窗增修其阶□照壁其庭予自更有少余者累岁贮积以待大修特修重修则请命于县申详□郡□照或首助倡率□□□□□□□□而□其事其田每令住持道院者□□管之其照住持毋得觊觎互为侵夺亦不得认为已□擅自转售总之余资为公家供应之且断□□家饮食□游之资其有能(空若干)者□县丞纠之甚则易其人永续不坠□称三教□率其教之篆修修非敢于自专也顾修庙举与其已毁□若时修而无废□□使□□月□绵绵不绝□□□□可少节一时厚望亦何□□□□□之篆修非敢于自专修之志愿如此请记于予谓推定也是盖以实心而行实行□德而崇实修以一人而兼数百人之心思一日而(空若干)营即□侯重整祠宇之积得为修而可永垂于不朽此岂与祖□□□□尚从事黄自嘘吸

吐彼者比耶盖□□□□□□道教之忠臣矣予因嘉其志之有(空若干)为之记勒垂来谁曰非宜

赐进士出身资政大夫□□□□□尚书前礼部兼翰林侍读学士兼理□□□□□□□□

(最末行，均行草)□□□□
□□秋吉旦　(草体)初四□□
□□□勒石立案免差

[按]本石碑损坏严重，有大片字漫漶不可识。碑文当撰于明末，未见于各志书及青浦所编《青浦碑刻》，碑身高173厘米，宽91厘米，厚25厘米，连同后配的碑帽、座总高256厘米。楷书竖书，22行，行72字，另有5行，行25字稍小字，现置于青浦城隍庙戏台下之右边。青浦城隍庙在现青浦区公园路650号，明万历元年正式设青浦县，同年建城隍庙。2005年，经批准重新恢复青浦城隍庙为道观。

青浦城隍庙助义田碑

义勇武安王庙记碑

(沈恺撰 明崇祯年间·1628—1644年)

  松故有武安王庙,庙在演武场东。岁久场徙,庙日就圮,像亦莽苍湮没,晨烟夕露,使人意象悯然。鹤峰史公来莅郡,见而喟然曰:神甚威显,在法,以死从事则祀,要之天下人心所同,吾松人可独后乎?乃徙演武于泖泾之阳,前祀海神,后独构一祠,特祀王于中。捐俸若干金,命县丞董某董其役。会贰守力菴胡公方摄邑事,闻而喜曰:往某以吏事走四方,王尝以梦告我,脱我于险者屡矣。某甚德之兹举也,某岂敢后。松人之所以事王者,亦捐俸若干金。不越月,工乃告成。像严貌古,典刑如在。顾属恺一言以识不朽。窃惟汉季群奸竞起,剥乱宇内,曹操以枭雄之资窃据中原;孙权席父兄之业,虎视江左;天下之势,炎炎然日趋于吴魏。先主虽帝室之胄,当其微时,荆益未定,隆中未起,一时君臣之分犹未定也。王勇略盖世,能提一旅之卒,横行天下,岂不足以得志。顾独识先主于草莽之间仓卒邂逅,即矢心天日要之以肝膈死生之信,至于颠沛俘虏愈挫而愈不可夺。故斩将覆军,发无虚举,料敌制胜,动有神算,且使汉之信义得明于天下者,不在王与翼德归刘识主之时,正在王辱权骂使之日。夫操贼人所知也,权为汉贼有知有未尽知者。自王首辱骂其使,不与为婚,权至是首尾俱露,公议始不容于天下矣。故曰见辱市人,越宿已忘;见辱君子,万世不泯。王之系汉不为重哉。我是以知王之心,诸葛武侯之心也。嗟夫,人世有新故,民彝无古今,公殁且千三百余年,忠义在人心,口碑在道路。而民思之者赫赫如目前事,巷祭而野祝者彻上下，通古今，弥宇宙，靡有弗思，靡有或忘，天下万形皆有弊，惟理在穹壤间不朽耳。是可以观人心之同，抑亦可以观秉彝好德之良矣。为之辞曰：瞻美人兮蒲阳，貌虬髯兮奋扬。忠勇锐兮冠世，乘风云兮帝乡。识先主兮汉裔，伸信义兮自将。视孙曹兮若仇，举义旗兮腾骧。赤壁纵兮机深，虎牢战兮弛张。誓刮创兮狥国，志烈烈兮胥匡。轰叱咤兮风生，挥赤刃兮莫当。力欲前兮时蹇，汉祚衰兮弗昌。心如昼兮日朗，死犹烈兮洋洋。骑箕尾兮天游，遍灵感兮八荒。参羽葆兮来翔，桑荫庇兮吴疆。新庙貌兮如昨。奠笾豆兮椒浆。热宵旦兮辉煌，盛尸祝兮相望。鉴我民兮锡祐，百千秋兮安康。

[按]据《崇祯松江府志》记载，义勇武安王庙在华亭县学旧射圃东。此碑记由沈恺撰，记文录自《崇祯松江府志·卷五十三·道院》。

重建奉贤张翁庙记碑

(张世雍撰 明崇祯年间·1628—1644年)

士君子身未究于世，庇民福国，有志无权，则以其锡祉兆姓者，近用之乡间，事或渺微，而德实隆钜，则愿力宏也。顾祖宗创造而子若孙弗克缔构，则前功遂顿，继述之谓何？余因是而叹邹公克世其美也。华邑春申南，庙有以张翁名者，十三保一区界庙也。考之邑乘，有邑即设区保，有区保即设界庙，殆与邑俱永乎。文献失徵，因革莫载。相传隆、万年间，旧址广不越数武，葺不过一椽，里中仰山邹公悯其规模陋窄，布金拓地，增其堂构。殿分前后，廊列东西，前殿以祠境神，后殿兼供大士。是时，民无黩祀，神得凭依，境绝灾祲，岁荐丰稔。厥后纪存甲子，有遊僧倡举佛会，污秽不严，天降回禄。金容宝相，半存灰烬之余；破衲寒钟，尽作凄凉之况。百年香火顿湮，四境人民失怙。蓍其土者，黍离徒叹，兴灭终艰。叔美邹公见之，愀然念曰："嗟乎，庙貌至此！余闻废坠审时而举，盖不欲举赢于诎也。今日之事，神灵绥吐焉係？兹土灾祥焉係？祖德久近焉系？当仁不让焉，余何能辞！"遂与嗣君钟奇及义友隐林顾君，谋倡鼎新。里中善信，亦以公故，因而乐捐。公宵旦经营，亲董匠石，捐橐散庾，心力并瘁。由是拮据二载，两殿告成。榱桷巍峨，神天严整。灯影飏金炉之馥，回廊通香积之厨，一日落成，见闻咸喜。仰复帖存郡县，侵扰无虞；牒授行僧，住持无恙。从此风飘晨呗，俾众生顶礼，信一方灵爽攸凭；日耀僧龛，杖诸佛护持，庆万户休祥永锡。洵足光复往迹，媲美前徽者矣。是役也，有五善焉。不为一已祈休，为万民造福,义也;众怨罔辞,独劳罔避,勇也;开其先还善其后,规其钜必周其微,智也;至于父子作述,仗义执公之事,转出于箕裘绍续之心,则孝尤大矣;抑且不伐鸿功,捐助姓氏悉与勒石,更有让焉。余忝东床之戚,熟闻其事,聊志其始末如此。仰山公讳乔。叔美公讳世芳。钟奇君讳人伟。隐林讳士荣,一子声噪庠序,亦里中豪杰也。捐助姓字,例得并列碑阴。

[按] 张翁庙在奉贤何家厍南,始于明代,为十三保一区界庙,崇祯五年(1632),里人邹世芳重修。该碑记由张世雍撰于崇祯年间,记文录自清光绪《重修奉贤县志》第六卷《祠祀志》。

福顺贤德大王祠记碑

（杨景范撰　明代·1368—1644年）

熙宁甲寅到官,梦游福顺庙,见执簿者臂颊求治。未几以漕命迁酒税于王故宫之基,乃用卜宅于兹土。按《苏志》：南双庙,左英烈王伍子胥,右福顺王陈果仁。蔡京《修庙记》云：隋将陈果仁,尝以阴兵助钱氏伐淮南有功,奏封福顺贤德王,使诸郡皆建庙。续志又云：梁开平四年,封果仁为顺福王,与吴江曹王同封。松江旧属苏州,疑所祀即果仁也。其殿宇之上鸟雀不栖,今废。按陈果仁,字世威,晋陵人,汉太丘长十七世孙。年十八举秀才,对策拜监察御史。隋大业中受诏平长白山等寇,授大司徒。娶沈法兴女。法兴有异谋,惧公未发,潜以药毒之,唐武德三年也。后法兴中神矢毙。郡人以公忠教文武信义谋辩八绝奏于朝,即公兵仗库立祠。徐铉有庙碑,见集中。《集古录》云：果仁终始事迹不甚显,略见于《隋书》。今常、镇二府祀之,其签极灵。今宜重兴福顺庙,置签于神座前。

　　[按] 该碑记由杨景范撰,记文录自明崇祯《松江府志》第五十三卷《道观》。

先棉黄道婆祠记碑

(张之象撰　明嘉靖三十二年至万历五年·1553—1577年)

　　上海西南乌泥泾,故有道婆祠。道婆姓黄,本镇人。初沦落崖州,元元贞间附海舶归。携闽广木棉种之,纺织为布,州里宗之,业颇饶裕。道婆卒,莫不感恩灑泣而共葬之,立祠祀焉。越三十年,祠毁,里人赵某再为立祠。再毁,又数十年于兹矣。顷岁行游其所,求问前所谓道婆祠者,业已颓然。予遂于居舍之东北隅听莺桥畔,舍地二亩。其右为南北周行,乃集里中尚义者,共图兴复。经始方旬,而焕然改饰。象设具备,神有栖凭。于是里中庶士,咸曰宜之。落成之日,爰来请记。盖是举予实倡之也,义何可辞。先王之制礼也,法施于民则祀之。吾松之民,仰棉利以食,实道婆发之。苟被其泽者,无忘追本之恩,则祠祀可不废矣。

　　［按］该记文由明代张之象撰于嘉靖三十二年(1553)归居龙华故里以后。记文录自民国《三林乡志》(残稿)。

清 代

上海县城隍庙通天永宝彝颂文铭刻

(孙鹏撰　清顺治四年·1647年)

　　大禹铸鼎,以象百物。明德存馨,用励齐祓。神灵陟鉴,夔夔栗栗。冲穆无联,昭垂皎日。远迩咸毖,久□咸敕。无戏无媮,无倾无轶。上通冥契,下覃晬密。凡我丞民,有冯有翼。亿万斯年,罔克攸□。施于□□,奠常虔劼。顺治岁在丁亥孟冬谷旦。海上长人陇右孙鹏谨识,冯菖敬书。

　　[按] 该颂文由孙鹏撰于清顺治四年(1647)冬天,由冯菖书写。颂文共20句80字。颂文录自2008年《上海区域史》。

重修上海邑庙记碑

（乔炜撰　清顺治五年·1648年）

　　夫主理宣化固在专诚君子，而保民护国则惟司邑明神。故当运会之移、艰难之际，卓鲁无可用其□循，□黄无能施其补救，而默有以脱民于锋镝，復民于庐并者，伊谁之力？皇矣哉。我显佑伯城隍大神，明威向沛于平时，凡水旱疾疫无有求而勿应。仁护特神于此，日□据危懼险，不待祷而由全。试观江南之郡县，孰如海上之敉宁，而我邑士民既戴恩高厚，亦图报悠长。仰瞻庙貌，虽风雨无圮，而丹未具，则庄严之妙相有遗；回视两庑，六科曹粗列，而气象未伟，则堂阶之大体靡肃；至于仪门径路尤为骏奔，宏模又得仿郡树楼，更属抒诚善地。乃尊神而思神之所尊，祈格天而计天之所格。千钧鼎峙，万姓诚通，谅亦上帝之所鉴馨，而大神之所妥侑者也。统计饬庙庑、整门径、建栖榭、铸天彝，以及造福德五路之祠，所费金钱不下三千有奇，而莫致而致，在邑民之唧恩图报。尚未有既则秉懿之良亦神即有以发之乎。语云入庙思敬，今万姓瞻仰，规模宏丽，金碧辉煌，而有不愈立其诚者匪夫已克，民诚立则化理行。自此雨旸时若，岁尽大有，时宁国泰，保护斯民，更永永不替，则重修庙宇，厥功良亦茂也。是功始于甲申之秋，竣于丁亥之冬。首是功者，序讳于左。邑人乔炜拜撰，沈至篆额，□□敬书。顺治五年岁在戊子九月吉旦立石。

　　［按］该碑记由邑人乔炜撰于清顺治五年（1648），记文从碑上录下。该碑立于上海城隍庙后殿前西侧。碑记文字共13行，每行

19字。乔炜系浦东川沙人,其祖父乔木为明隆庆二年(1568)进士,官至福建参议;其父乔拱宸,官文华殿中书舍人。乔炜,字赤余,号明怀,明天启元年(1621)副贡,入史局授官职为撰文中书,官至礼部郎中,著有《扬芬阁文集》。该碑高168厘米,宽82厘米,厚19厘米。

移建丁公庙记碑

(张潜撰　清顺治十一年·1654年)

予闻诸长老曰,沙浦里社向为陈户牖侯平。弘治二年,富商曹必甲贩鱼盐之利,行舟入大洋,有两鱼夹舟,舟寸裂。忽见齐侯丁公赤帜引之前去,被难七十人尽抵岸,复于芦苇中掘地得银。治装南返,卜地于长滨,建祠奉祀,易陈侯为丁公云云。明嘉靖间,遭倭寇,庙毁。阅十年,里人复建,以汉之丁固当之,谬矣。崇祯末,乡兵起,庙为强梁所据。迄清顺治十一年,岁大熟,迁建于吾宗之隙地。爰记其颠末,使后人得所考焉。

[按]丁公庙在杨行镇东,建于明弘治年间(1488—1505)。该碑记由里人张潜撰于清顺治十一年(1654),记文录自民国《杨行乡志》第三卷《营缮志·祠庙》。民国《杨行乡志》第十四卷《艺文志·金石》著录此碑。

崇真道院玉皇殿记碑

（梁化凤撰 清康熙二年·1663年）

云间以九峰著，细林山其一也。细林一名秀林又曰神山，距华亭二十里余，虽无奇峰峻岭，而古来神仙托迹石隐栖迟往往而不绝，谓之震旦灵阜信矣。余承天子宠命来镇兹土，偶一登眺，仙冢岿然，丹井清洌，攀松荫竹，徘徊久之。其上栉比数十楹，为黄冠静息之地。瞰而临者为神霪馆，为五贤祠，一望云树苍蔼众峰罗列。傍有诸子勿庵读书精舍，图史森置，琴樽辉映，舒啸握手。登山之巅，见有新建玉皇殿，道士曹守昉鸠工庀材，余亦捐俸以助，将事恐后，为圣天子祈福，为万民保安。落成之后，栋宇崭巇，翠飞甚壮，丹垩耀月，金碧焕然。其中昊帝端拱，临下有赫，灵旗缭绕，炉烟郁清，天风飒然，白鹤群舞，云璈叠奏，恍若钧天。因念云间迩来兵燹不时，饥馑荐致，盲风怪雨，伤我禾稼，损我人民，皆不祗事昊天之故也。已于癸卯春，敬延法师建醮祈禳，兹復斋祓瞻礼，一时荐绅士庶莫不格恭震动，俨如天鉴。今秋五谷胥熟，岁乃大和，凋瘵以兴，流亡渐集，凡诸神贶庸改忘之。我闻昊天金阙玉京，琼楼珍台，阊阖之间，大罗之上，恒有绛云拥之。其说似渺茫而不可稽，然而儒家所言，对越临汝详矣。乃知理固不可诬者，遂从诸荐绅先生之请，勒诸石以彰厥美。復系之以诗，其辞曰：维此幽岩，载构杰宇。穆穆上苍，居高听迩。佑我家邦，祥风甘雨。岁居屡丰，蒸黎宁处。爰构斯殿，垣憭翼翼。士女戾止，拜舞络绎。俾尔繁衍，俾尔昌大。受福孔多，遐尔无害。有泉鬵沸，有山崇峙。琢词贞珉,与之终始。

［按］崇真道院在细林山,建于元至正年间,玉皇殿建于清康熙二年(1663)。该碑记由梁化凤撰于康熙二年,记文录自光绪《青浦县志》第二十九卷《杂志·寺观》。

枫泾关帝庙记碑

(莫大勋撰 清康熙八年至十四年·1669—1676年)

善邑之东北距二十里许,有镇曰清风泾,界接云间之娄属,人居稠密,商贾辐辏,盖屹然一巨镇也。镇之南,旧有关帝庙,逼临道左,甚卑狭,历年久,唯颓垣腐栋而已。鼎革时,萑苻啸聚,扬帆于湖泖间,而镇之无赖多附合之,日往来窥伺于镇,人心震惊,寝不安席,每挈家室窜境外以避。帝时显灵异,如有所见,小人恐焉。里之士民及新安诸商,协谋保聚,镇赖以安。事平,二三父老及谙事者谋答帝恩,聿新庙貌,为一方保障。奈原祠基窄,不能式廓,爰度地势,有常平仓废址,久在榛莽中,且当军桥之南,踞一镇上游,堪舆家谓建庙于斯,易位北向,镇压冲流,不特可以绥神位荐馨香,且于镇大有攸赖。遂相与申明,承佃建庙。仍照前朝公占例,永免粮差为请,请宪允行。其时智者尽谋,贫者助力,捐赀者无吝容,不数年告竣,而人之好义急公乐观厥成者,亦不自知其何以。倘非圣帝之威灵显赫,保护斯民,能使之翕然向风若是耶!己酉春,余宰兹邑,即闻其事。适以公事至镇,谒帝庙,见规模整肃,金碧辉煌,瞻仰之下,询庙之所由建,并阅帖文之所具载,方悉帝眷之不可忘,诸董事者之力不可泯也。夫告虔之地非吉蠲弗飨,创造之法非精勤弗协,崇闳焉亦之观非择人慎守不能久违。继事之人,必如始事之人之心,而后可以弗替。今日者庙貌依然,人情非昔,保无有侵渔作践任栋宇之崩颓者乎!此顾子乃躬、胡子应宸、陈子文、顾子廷詹、金子兼、陈子培、程子旭林等,惓惓作鲜终之虑,而冀后之同志者之益加饬厉也。因稽其地,则有三亩九分二厘八毫也。稽其工,则始于顺治之丙戌,成于己丑也。稽其殚心任事,则有张原素、黄昌禄、胡自成、程履吉等也。若夫矢愿闭关,有行僧真实勤劳奔走,有里民周良皆不可以不纪。余循诸子之请,敬叙数言,俾勒诸石,以垂不朽云。

[按]关帝庙在枫泾镇南杏花坊,创建于清顺治初年。该碑记由知县莫大勋撰于清康熙初年,记文录自宣统《续修枫泾小志》第二卷《志建置·寺观》。

老子庙记碑

(彭开祐撰 清康熙十五年·1676年)

　　盖闻宫名问道,轩皇启迹于峒山,观号集灵,汉武留仙于华邑。访赤松之石室,载肃耆仪;叩上真之瑶台,亲承禹拜。玉笥飞梁之院,金庭茂树之居。聘八骏于西游,驻二崤而东猎,莫不回轮枉辙,阐教崇真。况乎德妙犹龙,揖尼山于问礼,游同驾鹤,拜尹喜于传经。居太上以常尊,超混元而独宰,粤自纪官大理,旅食伊墟。父始名乾,母传益寿。霞飞云绕,梦流玉女之九;碧落青林,书纪贝文之彩。三门双柱,声色斯捐,五字十文,持行自在。既凝金而络锦,更澡德以蠲邪。直探元始之精,爰受神图之宝。飘然柱史,出自函关,扫道占风,门萦紫气。凌霄反景,坐握青筠,日室山高,九天振羽,芯珠宫杳,五老谈玄。授羊肆之灵文,置龙巢之经案。固已数穷天地,道葆冲虚。于是绛宇碧檀,启寰中之化域,缓楣翠幄,饬典内之祠宫。汉文之稽首素书,祭虔河上,桓帝之明禋亳邑,文命边韶,鳌屋南趋,祠连仙冢,弘农东望,庙俯云亭。而乃从高盖以逍遥,自方诸而陟降。语传天子,识祖德于白衣,庙立山中,勒御碑于丹诏,双峰如角,宛抱瑛房,万乘迎神,遥驰珠洞。更有柏林旧观,纪泰州驻驾之踪,玉局遗床,留蜀郡谈经之迹。崇圣层台之筑,胜据终南;镇西石象之镌,馨闻汲郡。灵宫既敞,道貌胥瞻。爰及莼乡,曾邻葛墓。妙泾西去,宛陵侯昔葬衣冠;断碣东偏,伯阳庙旧崇象设。成、宏之代,残瓦埋烟。正、嘉之间,颓垣蔓草。乃移古殿,来忱横溪。汝南则经始于曩贤,陇西则膳修于吾祖。惟时兰橑松栋,俨峙琼霄,虬盖鸾旗，傍临宝座。钟敲夜月，讶璈响之停云，炉热晨香，疑瑶台之结雾。不羡灵桃渌水，相辉汾鼎之篇；真为日角月悬，非画嵩山之壁。历年弥远，瞻象如存，石拂天衣，几经万岁。尘扬海水，应纪千秋。犹以称字非尊，名庵失实，仿素王之义例，子号人宗；稽老氏之流传，庙崇祀典。制仍其旧，非碧题银榜之奇，额表于门，此绿字赤文之象。应使仪陈芳荐，碑板常辉，妙叩玄关，轩楹自古。夫溯真人之旧址，草结为楼；问太清之遗宫，桧留于井。犹复坛封秦始，雾走庞勋。树碣累期，超焚历劫。是知祠筵肃奉，永履福庭，灵爽式凭，群归真馆。又况挹仙洲于蓬岛，左控沧溟；拱道院于春申，左襟黄浦。近神仙之窟宅，控文物之郊墟。胜地攸钟，道风时畅。将舞升天之鸾鹤，旋占度汉之龙蛇。衍三宫以导群迷，履八卦而资万类。欲向长生之术，执义秉仁；倘求不死之方，树功积行。岿然华栋，即是玄都。挹彼融风。如游阆苑，玉清金阙，非夸十二楼台，绛简丹书，长奉五千道德。

[按] 老子庙又名伯阳庵，在奉贤县十五保二十五图。建于明正德二年（1507），万历十一年（1583）重建后殿。该碑记文由清康熙十五年（1676）进士彭开祐撰写。碑文录自《光绪重修奉贤县志·卷二十》。

太上感应篇刻石碑

(清康熙十七年·1678年)

太上曰:"祸福无门,惟人自召;善恶之报,如影随形。"是以天地有司过之神,依人所犯轻重,以夺人算;算减则贫耗。多逢忧患,人皆恶之,刑祸随之,吉庆避之,恶星灾之。算尽则死。

又有三台北斗神君,在人头上,录人罪恶,夺其纪算。又有三尸神,在人身中,每到庚申日,辄上诣天曹,言人罪过。月晦之日,灶神亦然。凡人有过,大则夺纪,小则夺算。其过大小,有数百事,欲求长生者,先须避之。是道则进,非道则退。不履邪径,不欺暗室。积德累功,慈心于物。忠孝友悌,正己化人;矜孤恤寡,敬老怀幼。昆虫草木,犹不可伤。宜悯人之凶,乐人之善;济人之急,救人之危。见人之得如己之得,见人之失如己之失;不彰人短,不衒己长。遏恶扬善,推多取少。受辱不怨,受宠若惊。施恩不求报,与人不追悔。所谓善人,人皆敬之,天道佑之,福禄随之,众邪远之,神灵卫之。所作必成,神仙可冀。欲求天仙者,当立一千三百善;欲求地仙者,当立三百善。

苟或非义而动,背理而行;以恶为能,忍行残害;阴贼良善,暗侮君亲;慢其先生,叛其所事;诳诸无识,谤诸同学;虚诬诈伪,攻讦宗亲;刚强不仁,狠戾自用;是非不当,向背乖宜;虐下取功,谄上希旨;受恩不感,念怨不休;轻蔑天民,扰乱国政;赏及非义,刑及无辜;杀人取财,倾人取位;诛降戮服,贬正排贤;凌孤逼寡,弃法受赂;以直为曲,以曲为直;入轻为重,见杀加怒;知过不改,知善不为;自罪引他,壅塞方术;讪谤圣贤,侵凌道德。射飞逐走,发蛰惊栖;填穴覆巢,伤胎破卵;愿人有失,毁人成功;危人自安,减人自益;以恶易好,以私废公,窃人之能,蔽人之善;形人之丑,讦人之私;耗人货财,离人骨肉;侵人所爱,助人为非;逞志作威,辱人求胜;败人苗稼,破人婚姻;苟富而骄,苟免无耻;认恩推过,嫁祸卖恶;沽买虚誉,包贮险心;挫人所长,护己所短;乘威迫胁,纵暴杀伤;无故剪裁,非礼烹宰;散弃五谷,劳扰众生;破人之家,取其财宝;决水放火,以害民居;紊乱规模,以败人功;损人器物,以穷人用。见他荣贵,愿他流贬;见他富有,愿他破散;见他色美,起心私之;负他货财,愿他身死;干求不遂,便生咒恨;见他失便,便说他过;见他体相不具而笑之,见他材能可称而抑之。埋蛊厌人,用药杀树;恚怒师傅,抵触父兄;强取强求,好侵好夺;掳掠致富,巧诈求迁;赏罚不平,逸乐过节;苛虐其下,恐吓于他;怨天尤人,呵风骂雨;斗合争讼,妄逐朋党;用妻妾语,违父母训;得新忘故,口是心非;贪冒于财,欺罔其上;造作恶语,谗毁平人;毁人称直,骂神称正;弃顺效逆,背亲向疏;指天地以证鄙怀,引神明而鉴猥事。施与后悔,假借不还;分外营求,力上施设;淫欲过度,心毒貌慈;秽食喂人,左道惑众;短尺狭度,轻秤小升;以伪杂真,采取奸利;压良为贱,谩蓦愚人;贪婪无厌,咒诅求直;嗜酒悖乱,骨肉忿争;男不忠良,女不柔顺;不和其室,不敬其夫;每好矜夸,常行妒忌;无行于妻子,失礼于舅姑;轻慢先灵,违逆上命;作为无益,怀挟外心;自咒咒他,偏憎偏爱;越井越灶,跳食跳人;损子堕胎,行多隐僻;晦腊歌舞,朔旦号怒;对北涕唾及溺,对灶吟咏及哭。

又以灶火烧香,秽柴作食;夜起裸露,八节行刑;唾流星,指虹霓;辄指三光,久视日月;春月燎猎,对北恶骂;无故杀龟打蛇。如是等罪,司命随其轻重,夺其纪算。算尽则死。死有余责,乃殃及子孙。又诸横取人财者,乃计其妻子家口以当之,渐至死丧。若不死丧,则有水火盗贼、遗亡器物、疾病口舌诸事,以当妄取之直。又枉杀人者,是易刀兵而相杀也。取非义之财者,譬如漏脯救饥,鸩酒止渴。非不暂饱,死亦及之。

夫心起于善，善虽未为，而吉神已随之；或心起于恶，恶虽未为，而凶神已随之。其有曾行恶事，后自改悔，诸恶莫作，众善奉行，久久必获吉庆，所谓转祸为福也。故吉人语善、视善、行善，一日有三善，三年天必降之福；凶人语恶、视恶、行恶，一日有三恶，三年天必降之祸。胡不勉而行之？

康熙癸卯仲冬望夕，梦游深山琳宫，玉阙高出霞表，殿左丰碑屹立，云章凤篆，字大于掌。谛视之，则《感应篇》也，余口诵一过。旁有紫髯道者，云世人但知刊刻以邀福利，而实心奉行者少，将来劫数其能免乎？余懔然而寤，因思写帙流传，或置斋阁。书写挂幅，俾同志者装潢供奉，庶足动观感兴起之念，遂发愿写千幅。尘劳难遣，迄今仅完一百廿四幅耳。

戊午年秋七月，客于嘤，见集仙宫前方碑卧草莱中经数十年矣。善友陈嘉猷倡首捐资，邵元俊、潘世祺等协力鸠工磨治，余为缮写。王君易、陈君晓、杨君褒相助告成。树之殿左，上以广太上垂训之洪慈，下以销兵荒疾疫之劫运。诸君之功，共是碑俱永。而余千幅之愿，亦藉此稍酬矣。是月中元日，云间沈白拜手书并题。

天庸颂曰：以镜鉴形，面垢可拭；以经鉴心，中无隐慝。改过迁善，罪灭福生。夙夜匪懈，名书玉清。裘文彦、陶士杰、王士英助刻。住持王道源。

［按］《太上感应篇》刻石碑原在集仙宫，现在嘉定孔庙，四方石，高170米，宽79厘米，厚79厘米。一面刻此文。碑文行楷，共21行，满行六十五至六十九字不等，共一千四百九十六字。碑文左下有钤印二处：一为阴文"云间沈白"，一为阴文"贲园□人"；一为阴文"天庸"。清康熙十七年（1678）住持王道源立，沈白撰跋、书丹并额，裘文彦等助刻。碑文录自嘉定博物馆所提供资料。

嘉定太上感应篇方碑

永贞观记略碑

(曹垂璨撰　清康熙二十年·1681年)

余有阁曰霞绮,每设斋供诸仙佛,诞降歆饷,则凭乩疾书,皆格言彝训,盈笥累牍,余择其要语,录以劝世。孙君大经,宦游旋里,于辛酉夏,宅东南隅建寺,曰永贞观。中塑斗尊,分配三元、真武、吕祖于左右,前供关帝,门外设义井亭。遣书于余云,昨关夫子降乩,命作本观碑记,余愧不能文,然帝命不敢违述,始末为记。

[按] 该观在浦东新区白莲泾北,清康熙二十年(1681)孙大经倡建,曹垂璨撰记文。碑文录自同治《上海县志·卷三十一》。

黄渡九烈夫人祠记碑

（沈珽撰　清康熙二十二年·1683年）

　　噫嘻！此九烈夫人祠也。父老相传谓梁祖遇敌军于此，从九夫人丐脱死相与，指枯井藏之，至尽歼于敌而终不告，遂得生。梁祖于是即斯土葬而庙祀之，以彰其义，至今千一百有余载，光灵未泯也。久而碑沈石烂，像亦就废，几不可知所谓九夫人者。明万历间，近溪张君移其庙于逢阵山，孟常陆君惧千载贞魂埋没于荒烟野草中也，子岁壬戌八十揽揆之辰，与僧恒达及其师晟如谋更新之，首捐金百两，伐木石，易陶瓦，仍建庙于平陆以从其旧。呜呼！杨幽隐，表义烈，陆君之功亦大矣。今年四月落成，嗣君宾王属余详述颠末，勒诸石，其同襄厥事者，列名如左。康熙二十二年十月望。

　　[按]该碑记由沈珽撰于清康熙二十二年（1683），记文录自咸丰《黄渡镇志》第九卷《杂志·神祠》。咸丰《黄渡镇志》第八卷《艺文·金石》著录此碑。

枫泾表贤祠重修记碑

（崔维华撰　清康熙二十二年·1683年）

武塘为浙西大邑，代有名臣，而唐之陆敬舆、宋之陈令举，实为称首。敬舆当建中之后，审因革之异宜，纠皇躬之佚德，言辞剀切，天子动容，苍生仰望。虽德宗用之不终，而密勿论思，群称"内相"，亦足以少展其所学矣。令举两擢制科，文章彪炳。青苗之法，朝廷公卿自韩琦、吕诲数君子外，咸侧目不敢道。令举以山阴一吏，指陈流弊，投状自劾，放弃终身。其视敬舆，势更难，心更挚，清风高节，讵流俗人所能及乎！独敬舆族姓繁衍，五百年来，祠堂修葺，蒸尝勿替；令举一抔之土，沦于灌莽，即泾曰清风，乡曰奉贤，爱慕之诚，尚留道路，而契嵩焚修之所，几不能復问，良堪浩叹。明武宗初年，断碑木主，微露于荒烟蔓草之中，茂才夏子、孝廉陆君，表其行谊，相继陈请。于是区公立祠于前，胡公肖像于后。金沙于公，复田赡祭；别驾晋公，条列祭品，永蠲杂税。里人存旧德之思，士子申景行之愿，先贤魂魄，庶有依归，载在邑乘，班班可考。二百余年，祠宇倾颓，庭除荒秽，春秋之祭，仅循故事。奸僧金隆道等，侵渔租粒，饱其私橐，遂令祀典废驰，瓣香久断，此宋公所以伤心，传亮为之陨涕也。余承乏武塘，先贤懿范，勤思仰企，凡属祠庙，每加整饬。适者民姚万年等，有侵租毁祠之呈，因博稽前志，遍访舆人，举隆道所匿之田，悉返汶阳，付之祠僧文竺，以供粢盛酒醴之需。统计五十七亩有奇，乃剪荆榛，治庭庑，既勤朴斫，爰施丹臒。裔孙煌復肖公像，白牛塘上，怀令举者，将与敬舆之陆庄并垂不朽焉。夫武塘节义，冠乎七邑，宏演纳肝,苌宏碧血,蹈海沉河之士,批鳞析槛之臣,溯其芳轨,令举若有以启之。则夫庙貌之维新,牲牷之庀洁,当亦柳洲人士所倾心而乐观也。遂略叙巅末,俾后之人知榱桷几筵,实为剑佩衣冠之所寄,勿使豪家侠少,夤缘为奸,则余之深有望者已。

［按］表贤祠祀宋代屯田员外郎陈舜俞。该碑记由知县崔维华撰于清康熙二十二年(1683),记文录自光绪《重辑枫泾小志》第二卷《志建置·祠庙》。

南翔萧都监土地祠记碑

（钱顾琛撰　清康熙二十二年·1683年）

邑之南翔镇有萧都监土地祠者，相传为汉相国酂侯所血食也。余稽祀典，有功德于兹土者，则祀之。酂侯未尝身历槎溪，著有功德，何由世世庙食不衰，余不敢信以为然。但邑之南境数十里内，汉初功臣若纪王信、陈曲逆侯平、梁王越、樊将军哙，无不祠祀一方，则余又不敢疑其为非是。癸亥，庙宇鼎新，里人徵余一言以记，谓神之旧祠不一，皆绝越市阛，且卑庳湫隘，不足以妥神灵。顺治年间，里人每夜闻驺从传呼声，有吴圣昭者城归甚晚，路过戴氏园，见有都监司灯笼前导，随从执火把者无数，后戴子楼燕归，亦目睹之，因归语家人。其室人彭氏，力赞子楼捐地建祠，以俎豆之。子楼殁，彭氏若节守贞，二十年来，足不履家园，亦未尝一至庙中祈福。庚申，戴氏被盗前一日，庙僧梦都监敕部下往护彭节妇，毋令罹盗凶锋。盗来时，若有叩节妇门者曰："强盗至矣。"节妇惊避出户，贼已从屋下林立庭中，竟奔节妇房，竟取其赀。节妇向不出户，昏黑中不识门径，时若有人翼之以行者，呼家人群起逐之，盗遁去时，纵火焚其庐，火亦不救自灭。此虽节妇之冰操，足以感动神祇，故神为之默佑，然亦足以见神之能为一方御灾捍患，福善祸淫，信而有徵矣。余闻其言，因思圣王之以神道设教，无非欲人晓然于祸福之报，历历不爽，因之乐为善而惧为不善也。今都监之默佑节妇，阴殛强徒如是，是诚足以享一方之血食矣。余故乐为之记，以劝世之为善获福者。

［按］萧都监土地祠在南翔镇东林庵北，建于清顺年间。该碑记由钱顾琛撰于清康熙二十二年(1683)，记文录自康熙二十三年《嘉定县续志》第五卷《碑记》。

重建崇明县山川坛记碑

(朱衣点撰　清康熙十八年至二十三年间·1679—1684年)

《传》云:"天险,不可升也;地险,山川丘陵也。"王公设险以守其国,爰立城郭沟池以为固,而职方之神实式凭之,户口生灵悉赖以捍卫无恐焉。所以古先王怀柔百神,及河乔岳。下至所在郡邑,莫不筑有坛墠,以隆其昭报。由是山川之与社稷,俱载入祀典,各效其灵应,以血食一方,由来久矣。崇无高山峻岭,止四望环海,如黑子之著面,其为险也,盖不在陆而在水。于以御外患无论,而居民反惴惴焉有溃决之虞。凡波涛之汹涌,飓霓之震惊,蜃蛤、蛟龙、灵怪百出,藐兹七万家,其县命于雨师、风伯、电母、雷公者,不绝如线。乃自唐武德迄今历千百年,而此一方民犹得聚族于斯,乐业于斯,谓非神之精爽,有以主宰之、呵护之,不至是。顾崇之先旧有山川坛,沿久而沦为濠堑,不可问矣。

余自今上十八年四月来莅兹土,日夕兢兢,即以昭格为亟。独念神无凭依,礼祀久废,求所以答灵贶而协幽明,非重为创建不可。因卜地于城之南,捐俸修筑。横阔二十余步,直长称之,砌以砖石,围以垣墙,兼附以更衣之室,定期春秋二仲,率邑之士民前而祭告,俾蚩蚩者氓亦皆知神有显功,惕然于举头三尺,悚息对越而不敢肆。则是役也,岂止感其御外患已哉,亦以崇之奄有兹土,所谓沧海桑田,出没无常者,至今无恙,其顶戴奠安巩固之德,又当什倍寻常也。而余因之有厚望矣。比年以来,阴阳骄伏,旱涝相仍,飓害潮害,见告非一。岂崇祀大典阙焉不讲乎?抑余德之不修而至此乎?今而后牲醴惟虔,祭祷惟时,行见风和雨顺,家获盈宁,岁稔年丰,俗登仁寿,从此波平浪静,海晏河清,山川之神将与崇沙之民共亿万斯年可也。落成之日,崇之士民请勒石以志。余故为之纪其岁月,并示以昭报之义有如此。倘后之令兹土者,鉴余精诚,因而岁祭时享,为民请命,以毋忘余创始之志,是则余之幸也夫!

［按］该碑记由崇明县知县朱衣点撰于清康熙十八年至二十三年间(1679—1684)。记文录自清康熙《崇明县志》第十三卷。

重建崇明县社稷坛记碑

(朱衣点撰　清康熙十八年至二十三年间·1679—1684年)

余建山川坛于城之南,既落成矣,窃又自念,维邑之中民安物阜,瘵疠不生,所赖于社稷神者实多,蜡享之典尤不可缺也。吾闻之:法施于民则祀之,能御大灾、能捍大患则祀之。以故社之设也,天子而下皆得举焉。天子曰大社,诸侯曰国社,士大夫以下曰里社。而稷出于土,故祀稷之典,即附社以行,主先啬而祭司啬也,仁之至、义之尽也。崇孤悬海外,不比内地之社稷山川各有专祀。然凡邑皆有土田,即皆有土谷之神实式凭之,使报飨无地,无以陈俎豆则妥神灵,其将委之草莽,何安望其时和年丰,佑此一境民,而奠此一方土也?余于是更筑坛于城之西南,其基之广狭与址之高下,规为制度,悉与山川坛等。因思鸿蒙之初,天地未判,阴阳舛错,莫可方物。迨及唐虞封山浚川,而神人以和平成之,功遂施万世。以今视昔,岂其或殊。前此我皇上亦尝分遣廷臣,恭捧册帛,祭告所在神祇。凡山川社稷,莫不悉归,职方呈祥效顺。诚念古王者御极,怀柔百神,敷天率土,有关益于人民者,皆有以大其昭报。即门、户、中雷、井灶之属,未之或废也,而况法施于民,为地方御灾捍患者,其护卫之功,视之群神,尤仲伯者哉!而凡我守土之臣,敢不体皇上敬神之意,而各徼福于神,以保障此一邑哉?方今新坛落成,祀事具备,天祐我崇,则必听兹聪明正直之神以永绥之。自兹以往,三时不害,以介我稷黍,育我妇子,则惟神。含英吐秀,笃生髦士,以祯我王国,光我海邦,则惟神。默祐此七万户,俾寇贼远窜,奸宄潜伏,各沙得安枕无恐,则惟神。神其鉴之哉！庶以纾我皇上东顾之忧,并以慰余小臣报主之诚也。然则斯坛之继山川坛而建也,固莅兹土者之重有望于神,而因欲与崇之父老子弟,乐观其效于旦夕者也。而何可以不记？因述数言,以勒诸石,而为后来券。

［按］该碑记由崇明县知县朱衣点撰于清康熙十八年至二十三年间(1679—1684)。记文录自清康熙《崇明县志》第十三卷。

重修嘉定城隍庙记碑

(许自俊撰　清康熙二十四年·1685年)

迩者永清大定，载辑于戈。天子命官封祀天下名山大川，此即有虞格苗柴望及于山川成周归牛放马遍祭群神意也。然畿甸要荒则贤有司之事耳，夫八蜡不修，五祀不举，谓之瞑国，故务民之义莫先于崇社稷。古者五岳视三公，四渎视诸侯，自秦变封建为郡县后，三代分土而祀，视五等之爵，以公侯伯爵、京畿郡县城隍之神，典重矣。神乃吏之，钟鼓不应则伤事，吏乃民之，风雨不节则无功。先王黜陟幽明交相为助也。向以贪残在位虐民慢神，致幽明怨恫旱潦为灾、金木交困，今硕鼠既去，祥鸾来仪，我闻侯甫下车，首议修学宫，次即议修神庙，务民义也。岂与浮图金碧招提土木费民财以邀淫福者同年而语矣。夫邑城隍伯爵也，《白虎通》谓隍者，长也，与邑令同长民也。夫诸侯危社稷则变置，旱干水溢则变置，社稷变之为更新也。我闻侯洁已爱民，政通人和，格于上下，召伯甘棠，郇伯阴雨，不愧古循良，民庆更新矣。乃年来五谷不登，四民失业，饥馑荐臻，寇盗窃发，旧染积氛，忧我慈母，城隍之神与有责焉。我侯合一邑之人心，以崇其庙貌，丰其俎豆，则赫赫厥声，濯濯厥灵，行将相我侯以大。其纯嘏锡兹戬欲矣。彼穷乡僻壤，尚且祈谷祈年，迎虎迎猫，以奉其先农矧通都大邑之神庙乎。则此一举而大本以立，大政以行，大功以成，三善备矣。民有不乐欢哉。

［按］该碑记由许自俊撰清康熙二十四年(1685)，记文录自康熙《嘉定县续志》第五卷《碑记》。

嘉定城隍庙修建记碑

（缪彤撰　清康熙二十四年·1685年）

　　先王制为祀典，自郊天以下，方丘祭地以及山川社稷日月灵星五祀不废，井雷八蜡兼及猫虎甚盛举也。至若郡邑之有城隍，不列于坛□而以其庙祀之。城隍之文仅见诸大《易》，为他籍所不载。大抵建置疆域，设为神祇，以与为守令者分理阴阳，均有夫守土之责者也。故有司初莅任，必斋宿于庙，朔望则恭谒，与神申誓以保厘斯民，无僭忒也。嘉定为吴之岩邑，东枕大海，西抱娄淞二江，其人民聚处斥卤之乡，期于兵祲不与，雨旸时若，实惟神明是赖。邑之神庙向称巍焕，积久颓废，风侵雨蚀，虫啮鼠穿，金壁无光，垣墉不备，丛脞因仍聊塞故事。无有起而整饬之者。兹幸山阴闻侯来尹斯土，首葺学宫以崇文教，次修关庙以建武功，随即鸠工庀材以兴城隍之役，选耆硕之有才干、秉公矢慎者董之。崩陁者植之使起，腐湿者易之使新，卑痺者拓之使实，黝晦者缦之使朱，增埤式廓倍于曩昔。视其桂栋，森如也，视其兰橑翼如也，视其星甍玉砌，秩如也。高峨爽垲，庵蔼崧宠，有天宫帝阙之思焉。神固封有伯爵，如五岳三公四渎诸侯之例，近日真人府以神有嘉惠于疁，奏请加爵为公，天曹符命宜亦信而有征。夫一邑之内，令以治阳，神以治阴，其政理有相通者。闻公秉史云之清节，展元琰之奇猷，为民利者罔不疏，为民蠹者罔不剔，恩无不邑，化无不覃，郁雨文膏，翔洽四境，苍黔讴而颂之，督抚旌而异之，荦谷之上，交口而赓飏之。由是，神于冥漠之中潜孚默赞，乃得人和年丰，讼止盗息。疁人士游于熙皞之天，其风可怀也。

今岁阳月廿四日,为侯之诞辰,五乡之人感侯之德,持蹄酒菽麦而祝于堂上者趾相错也。次日,即为神之诞辰,五乡之人感神之德,持寓钱宝马而祝于庙中者又趾相错也。此时正当庙宇落成之日,贤侯与明神阴相匡助,以登斯民于衽席而其降诞又适同时,于以受六百里之晋祝而享俎豆于万年者无不同也。海邑英谭,人皆传为异事,余因得拜手而为之记。

　　[按] 嘉定城隍庙始建于宋嘉定年间。明洪武三年(1370)移建于县治东三图。天顺二年(1458)重建,范纯撰有记文。嘉靖三十五年(1556)增建,天启四年(1624)重建。清康熙二十四年(1685)修。由缪彤撰碑记。该碑记记文录自清康熙《嘉定县续志》第五卷《碑记》。

万寿道院记碑

(王原撰 清康熙二十六年·1687年)

青邑出西郊一里而近有万寿道院,始名神清道院。自康熙二十六年奉蠲赋恩诏,院之侧石梁斯成,人曰成梁者,蠲之余也。因名其桥曰万寿,以志上之德,而道院亦更今名,以为圣寿祝厘之所。考道院未建时,有一真武像浮水而出,村民见者群异置,田间一介龟随之,挥去复来,众惊异,乃结草舍,奉像其中。厥后,民病疫,舍旁之民忽感异梦,折水滨柳枝和以香灰治疫辄效,人争传之,以为神。于是,易以瓦甃木石,而真武殿斯成。道士徐中白又于其前,建斗姥阁三楹。阁临清流面广野,城南诸峰历历出林梢,如髻如笠。三冬木落,月夕雪晨,寄目舒怀于此为最。其地去余居甚迩,故余踪迹颇数数然也。全真吴紫垣继中白之后,尤矢苦行,鹑衣鷇食,行募累数载,乃建弥罗阁于真武殿后。厥工宏钜,为我邑胜观。紫垣为人朴愿而挚,殆吾儒所称善人,志士庶几近之者与。迨紫垣卒,而居是院者屡易其人。复延周邠裔来主是席,能甘贫约,守之以恒。往岁曾为县令祷雨辄应,远近迎请,治鬼祛病亦辄效。于是,四方响应,邠裔以人之施,续紫垣未竟之绪,且以真武殿庳陋弗称,撤而重构之,其宏钜与弥罗相并。今功已过半,施者方集,其成可睹,亦可谓难能者矣。其地居邑之乾位。乾天象也。左坎右泽,水象也。弥罗阁有天帝,以居上临下,中祠真武,于礼合矣。以是为祝釐之所,所为承天之佑,泽被下方者民之愿也。余嘉二士之勤,备书之,俾镌于石。

［按］万寿道院在青浦县城小西门外，初名神清道院，清康熙二十六年(1687)，改名为万寿道院。王原撰此碑记。记文录自嘉庆《松江府志·卷七十六·名迹志·寺观下》。

崇福道院赡田记碑

(清康熙三十一年·1692年)

上海县正堂梁,为置田赡后,恳恩勒石永遵事:据崇福道院住持道士陆孝友呈称:本院建自宋代,载在邑乘,供奉佑圣帝君,祈祷必灵,壬民檐□□□。本院僻处穷乡,醮斋寥落,自□师祖倪宣之曾署道会,因顺治十八年夏旱,祷雨回山,覆舟而逝,随蒙前正堂老爷余,豁免道司二役,师祖康民初,竭力躬耕,常住不能供给。院基□□为里后均赔,始丹□虚,后人艰守。今孝友□厥心力,自愿输粮,不累图役苦,赡田三十亩零以其供众,院基之赋以供常住日卧之需,诚恐日后徒子法孙,良顽不一,动移田亩,合诸勒石永遵,未敢擅便,伏讫大台垂念,载志灵神,十年古刹,准赐勒石,以为悠久不移之业等情前来。据此,看得既属美举,准自勒石可也,等因,在案为照原呈,陆孝友允承先志,怀裕后诪,道行可嘉,堪与庙貌同光无已。今据前词,合就勒[石]永遵。为此,仰住持及街佑里役,人等知悉:遵照勒石事理,其呈为所置赡田,永作本院递世相传,□援之业,尔诸后世道流,务要及时播种,毋失农时,先完赋税,使免追呼;次作常住日用之需,亦宜甘茹澹泊,不得视为十方应食之物,以资浪费,有负创立之难。其诸原主各存神天面目,勿生加赎之念,如有后世徒孙失训不肖,辄敢动移数内尺地寸土,诸人等鸣鼓共攻,察县究惩斥逐,毋贻伊感,慎之慎之。

计开:二十四保五图凤字圩。

院基,四百四十九号田八亩七分八厘二毫。

赡田,四百四十七号田一亩三分五厘。

四百四十六号田二亩四分六毫。

四百四十八号田一亩七分二厘一毫。

四百三十八号田三亩三分六厘八毫。

一千一百十号田五亩九厘。

一千一百一十七号田九亩四分。

一千一百四十二号田一亩三厘。

七图竹字圩:

六百三十一号田一亩八分八厘八毫。

六百四十六号田三分。

六百四十七号田一亩九分七厘一毫。

六百四十八号田一亩四厘。

(下缺)

康熙三十一年　春日

[按]该碑在浦东新区三林镇上南路西海阳路南崇福道院大殿前上。碑宽85厘米,碑身高196厘米,厚20厘米;碑座为石龟,高50厘米,石碑为青石质。全碑分六区刻文,每区24行,每行10字。前三区碑文尚可认清,后三区部分已风化严重,故仅抄录前三区之碑文。碑额为篆书,碑文为楷书,碑周边刻有连枝花纹。1998年5月21日,据碑石抄录此记文。

崇福道院赠田记碑

重修金山卫城隍庙记碑

(杨瑄撰 清康熙三十六年·1697年)

  金山卫城隍庙一区,创始于明洪武二十年,指挥佥事李公武盖设卫之明年也。弘治四年,总督杨公政驻节于此,复鼎新之,规制称大备矣。迄今二百余稔,屡葺屡坏,旁风上雨,庙貌勿严,群卫之人皇皇焉,惟陨越明威是惧。于是分镇王君功建偕诸将佐,率先经画,而卫之人士,咸踊跃从事,鸠工庀材,罔或勿饬,始丁丑冬讫戊寅夏,其规模无改于昔,而重檐修栱,危垣文陛之制,视昔有加焉。工既竣,某等谓瑄,宜为文以纪其事。瑄虽不敏,其何敢辞?窃惟神之命于天也,犹人臣之受职于君也。而神之有城隍也,则犹州县吏之守土亲民者也。有祷焉必应,有吁焉必闻。操阴骘之权,以助政教之不逮者,神为之也。是故祀典之载于有司者,城隍为特重,不与他祀比。卫城南临大海,北控泖淀,自明初置戍设防,而本朝遂因之,盖洁戎奋武之地也。比岁以来,岛屿削平,鲸鲵偃仆,四境晏然,里巷无吠犬之警,若商贾之往来于浙闽、于粤东西、于登莱津门者,帆樯络绎如行阶徐间,岂非国家声教四讫,海隅率俾之明效欤!虽然今之可患者厥有二焉:海潮之自南汇嘴而西也,漴阙为首冲,明郡守方公所筑石塘,日就倾圮,秋月潮盛,间值风雨,水势汹涌,高与塘平,其穴石罅以入者,声轰然如雷,则患在海潮之冲决也。环城地皆斥卤,其通潮汐以资灌溉者,惟运盐河是赖,今则河底日高,河身日狭,苟夏秋间十日二十日不雨,农人相顾,无所措手,而田禾且尽槁,则患在内河之淤塞也。盖举百里内外,数万生灵,与夫田畴室庐,资生之计,胥托命于一线之塘,与一线之水,其可患也如此,苟非神之默施补救,以惠此一方,其能旦夕保哉!夫蒙其利矣,必隆其报,举以祀矣,必竭其诚。宜诸人士之祗肃歆慕,想与趋事恐后也。继自今以往,庶几风雨以时,阴阳不忒,天吴海若,奉职效灵,俾我民乐业,遂生永享太平无事之福。维神之休,岂有艾欤!瑄世居卫城之西北郊,幸尝与邀神庇,故于庙之成,举其事之系于民生者,书而勒之于石,用扬灵爽于无穷,非徒为一庙志废兴也。

[按] 金山卫城隍庙旧址在金山区金卫镇,明洪武二十年(1387),指挥佥事李武建,清康熙三十六年(1697),参将王功建重修。此记文为杨瑄撰。碑文录自光绪《金山县志·卷七·建置志》。

重修府城隍行宫寝宫记碑

（蔡重光撰　清康熙三十九年·1700年）

康熙戊寅仲夏，余次儿英，年十六，从本邑童子试归，染病濒危。后流毒左足，卧床两载，几成瘫症，医药罔效。余素敬信威灵公府主城隍大神，虔叩祈祐。向来寝宫在正殿西偏，甚湫隘。一夕，梦大神谕："尔将寝宫改建正向，保汝子平安。"余即相地拓基庀材，经始于庚辰季秋。甫起工，黄儿即觉左足和畅，至次日竟崛然起坐，举家惊喜，合镇称异。夫以英儿积年重病，获大神佑救于冥冥中，感应捷于影响，不特顶戴洪恩，靡有涯涘，而厥灵濯濯，真日监在兹也。工既讫，立愿嗣后寝宫修理，一应独任，兼诫后之子若孙，永远随时加葺，勿致邻于坍毁漫漶，是余之一点诚心所切嘱也。因记以勒石置壁间。

［按］府城隍行宫，原址在今青浦区金泽镇北沈港，元代始建，清康熙三十九年，里人蔡重光增建寝宫并撰碑文。现庙、碑均失。碑文录自清道光《金泽小志》第二卷《祠庙》。

青浦练塘朝真桥记碑

(王会图撰　清康熙四十二年·1703年)

章练塘镇山水多灵,人才杰出。蓴鲈可以作羹米□胜于他邑,殊不俗也。市心有隐真仙院,创自赵宋。山门前有石桥名朝真,因其峙立□□而取义也。斯地居民稠密,贸易接踵,若无是桥,则□春水绿,徒想郑国乘舆;隔晚潮生,惟吟卫风匏叶;则此桥之不可不建,颓则不得不修,明矣。桥之始造弘治年间,里人以木为之,未久即坏,后有道人胡普勤者于嘉靖时更之以石。至今康熙甲戌年,仅百六十载,而圮□□。叶秦氏发愿重建,乃于三十四年五月二十日起工,至九月二十日掩龙门,百日工成,似有神运。此桥费工百余金,施财者仅□□金,余皆倾之囊橐。余设帐道院已两易寒暑,洞悉其事,故为之记。

己卯科岁贡生考授训导青浦,七十有一老人王会图撰。康熙四十二年癸未九月。

[按]该碑记由王会图撰于清康熙四十二年(1703),记文录自民国《青浦县续志·卷五》。

二黄先生祠记碑

(赵俞撰 清康熙四十三年·1704年)

嘉定当吴郡东偏,滨大海,其俗劲悍,然颇以义烈闻。国初,王师下,嘉定士大夫多以身殉。前进士黄公淳耀偕其弟、诸生渊耀入城西南僧寮,麾其从人出,闭户取片纸大书绝命辞,衣冠北向再拜,就缢死。最烈血渍壁砖入寸许,风雨莓苔,剥蚀漫漶,经久不灭。过其地者犹仿佛见公精气郁勃,髯须戟张,精爽闪闪,从壁间出也。呜呼!壮哉!登第初,同榜集都下者,挟术以钻公行请托,公独杜门不赴馆选,贻书其弟,以千百年间一人自期许,论者伟之。按崇祯癸未八月,方举会试,次年甲申三月,闯贼破都城,戎马蹂躏,社稷邱墟,近在眉睫间,而当轴蒙蔽,新进浮竞,耽荣罔利,积弊丛奸,牢不可破。士节堕败,国运随之,未尝不叹息痛悼,谓科目之无益于人国。而公名播华夏,传及岛国,大节炳于千秋,高文式于来者,翰墨之存,学者宝若天珠,姓氏之芬,士人夸于邻境,可谓与日月争光,天壤相敝者也。夫非千百年间一见之人,与公之志酬而公之言信矣。向日之夸美于庸夫竖子之口者,其可与公同年语耶。公湛深六经,浸灌穿穴,务求心得,直究性命之旨,诗冲澹仿陶彭泽,文师承荆川、震川,尤熟于史学,凡学术醇疵,事机成败,典章沿革,人物臧否,著论抉摭,悉中肯綮。间从制举发挥,援古镜今,沈着痛快,义蕴毕宣,沁人心脾,凌跨前辈,海内宗之。然公之文、公之人,为之耳,文以人故重,非人以文故传也。三百年来,以制举名家者不乏,而光焰万丈如公者几人哉。曾子固作《颜鲁公祠堂记》,不一语及其法书,从其所重也。虽然世知公殉国之烈矣，余以为知公犹未尽也，彼临难苟免者无论，亦有迫于事势计无復之而然者，要当观其生平耳。公早岁立自鉴录、知过录，以检察身心，又与同志起直言社，互相镞砺。设日历，昼之所为，夜必书之。盖公天分清刚，学养完粹，读书细见理真，任道勇饬躬密，而贯之以一诚。生平言行无一不可告人者，德修于已，而道根于心，故穷达一观，而险夷一致。其仗义死节者，时至事起，随刘顺应本分然耳，岂故为激烈以要后世之名哉。假使身际承平，公遂一碌碌无奇节之人乎哉。公自有所以为公者在，非小夫感愤自杀者比也。由斯以谈气节，犹不足以尽公，而况于文章乎？然则天下之知公者，其浅也。学者由其应用求其本体，则慷慨赴义之勇，和顺积中之发，其于公也或庶几矣。公久俎豆乡贤而专祠未立，黄平王公莅是邦，笃学好古，砥行立节，一以公为师法，振兴坠废，百为具举，捐金若干两，赎废院之售刘姓者，葺以祀公及公弟伟恭，伟恭学行如其兄，死时互以大义相助勉，士论并重之。圣朝褒奖忠节高出前古，而官斯土者以是风励人心，激劝颓俗，可谓知所先务，而他政亦可推也已。

［按］该碑记由赵俞撰于清康熙四十三年（1704），记文录自光绪《嘉定县志》第二卷《营建志·坛庙祠》。光绪《嘉定县志》第二十九卷《金石》著录此碑曰："《二黄先生祠堂记》，康熙四十三年，赵俞撰，汪志琦书，张伉篆额，碑在本祠，文载营建志。"

李黄二祠祀额记碑

（马化蛟撰　清康熙四十三年·1704年）

先贤李文靖公及二黄先生祠，前令王樗于壬午夏详奉敕建专祠于拱二图，额编祭银二两一钱八分零。又奉督院阿、抚院宋、学院张议定章程，于浚河夫束内归拨五名抵办朔望香火。兹奉礼部准袭衣顶，以奉祠祀，优免徭役，并牒儒学。春秋每祭颁胙二斤，俾祠裔恭执祀事于文庙。爰勒诸壁，永奉勿替。

[按]该碑记由知县马化蛟撰于清康熙四十三年（1704），记文录自光绪《嘉定县志》第二卷《营建志·坛庙祠》。光绪《嘉定县志》第二十九卷《金石》著录此碑曰："康熙四十三年，署县马化蛟立，训导张伉书，文载营建志，碑在二黄祠。"

杜公祠记碑

(杨瑄撰 清康熙年间·1662—1722年)

吾郡故方伯梅梁杜公,为明启、祯间名臣。墓在郡西北郊二里泾之原,垂数十年而陵谷变迁,松楸零落,墓田祠宇渐归他姓,存者一抔之土而已。长洲彭子定求闻而蠲伤,捐金为倡,瑄与苏松两郡士之贤而慕义者,量力佽助,计赎归墓田四亩,丙舍三楹,又重建飨堂、斋室各三楹,树墓碑一座,而公之墓祠,復还旧观。彭子乃属公曾孙大生敬守之,而谓瑄为文以记。瑄惟公之学行政绩,载《浙江名宦志》、《郡志·名臣传》及都谏许公墓志中者,亦既麟麟炳炳矣,而世罕有能知之者。逮乎精爽上升,飞鸾显化,康熙甲寅,始降于苏州之文星阁,甲申岁,再降于吾郡之紫虚阁,然后海内之士,靡不翕然景从,则以公为明神故也。虽然,人知公之为神,而亦知公之所以为神者乎?事亲为孝子,当官为循吏,经术则醇儒,躬行则笃信君子,此公之所以为神者也。至公之诲人因材而笃,言不一端,而大旨不外《心忏》一书,自改过迁善,以至尽性达天,诣极精微,而理归平易,玉局宝书,无异尼山之木铎也!世或以禨祥徵验求之,岂得为知公者哉!

[按]杜公祠在压鞴浜,祀明浙江右布政使杜乔林。该碑记由杨瑄撰于清康熙年间(1662—1722年),记文录自清嘉庆《松江府志》第十七卷《建置志·坛庙》。

嘉定火神庙记碑

(许自俊撰　清康熙年间·1662—1722年)

乾坤六子惟火之功用为最神，于八卦为离，重明以丽天也。于五帝为祝融，位南以正方也，尧命羲叔平秩南讹日中星，火以殷中夏，舜使后益掌火政以靖山泽。揆厥所由则肇于燧人氏，观灵鸟析枝，知空中有火丽木则明，因定四时之木以钻燧焉。燧也者遂人之欲、给人之求，此烹饪所自始；燕飨祭祀、男女饮食所自起也；饔餮药饵、耕耨攻战所自兴也；火之功用洵广矣，大矣。故先王祀之，有祀则有坛，有坛则有庙，今通都大邑必有火神庙，所以宣王政而勤民事也。烧薙行水，火田为燎，见于月令，火朝觌矣。而道弗茀，见于《左传》；七月流火，九月授衣，见于《豳风》。观火，而王政之修废、民风之勤惰可知也。然有时生人者杀人，降祥者降殃，何也？曰，此王政之不修，民风不勤也。唐相贾耽之逐火妖，刘宽之反风灭火，所以化殃为祥也。上天之意，有不善则灾眚，以致警，再不改则怪异以恐惧之，更不改则覆亡之。故《春秋》亳社火则书灾，周官旱灾则索鬼神，则火神之有祠。所以察贪廉，明善恶，岁功于此成焉，岁祲于此辨焉，人心于此惧焉，当与八蜡五祀同兴，岂淫祠梵刹可同年而语哉。邑城北五图旧有火神庙，昔作者之意以邑多火灾建庙于坎方取水以制火，用祀以禳之意甚善也。今岁久倾圮将化为荒烟蔓草矣。僧人有志鼎新之，是与糜金钱以崇无用者有异，明理者所当乐助焉。夫火安可制也，火明远而无私，在上者散财弛刑，在下者畏法寡过，则讼狱衰息，禁网疏阔，而灾变不作矣，则神庙安可不修。

［按］嘉定火神庙在嘉定县城北门内五图,始建无考。该碑记由许自俊撰清康熙年间(1662—1722),记文录自清康熙《嘉定县志》第二十二卷《碑记》。

崇明刘公祠记碑

(吴楷撰 清康熙年间·1662—1722年)

崇邑改镇为提,自康熙十有四年始。旧制设兵盈千,隶于游骑。自海氛告警,以郡镇移驻,统军满万,名将森罗,权几重矣。顾新例简严,镇臣拜表必附提臣而后行,边塞机宜缓急,恐不能以骤达,特改衔如今制,以一隅而与通省相颉颃,由是弹压之权益重。维时宝坻刘公应特简而开府于此,公为从龙旧彦,起翰苑,历宗府,擢院副,出抚荆楚,旋总巴蜀,兼制浙闽两省,功在青史,泽被苍生,天下望之,如景星卿云,而建牙阃外,由是提臣之声望愈尊。驻节以来,戒边防,申兵法,礼遇将士,一德一心,恩威著于遐迩。国朝定鼎以来,台湾余孽负固不臣,分腙盘踞舟山,时出为疆围患。岁在癸亥,朝议方会三省之师以讨之。公不动声色,指授方略,遣舟师出海,一战而获其渠魁,余党悉降,遂以无事。治军之暇,加意斯民,立乡校以作人,设义塚以泽枯骨。鳏寡孤独无告者,岁给帛布以存活之。寺观之间倾圮者,蠲俸以整顿之。一切当兴当革诸大务,有司苦于掣肘,率诣戟门以求引手。盖公于当事诸大僚,今为同官,昔多属吏,故往请无不如意。夫以公之扫除乱略,加惠元元。九重论荡平之勋,行将位三公而封五等,岂能常留海上。昔周公居东将归,民有衮衣之爱。令崇之人感深而无以报,议建书院以寄其思。公闻而固辞,人心终不容已。庀材鸠众,辟地为堂,画栋雕题,归然新宇,落成之日,遂迎长生之位以妥焉。院在西关之内,居文正范公、少保梁公两祠之左。文正为宋良相,经略西夏,名重行间。少保恢复奇功,冠于昭代。今有文武为宪如公者,参三而立,辉映前后,海邦有荣耀焉。他日瞻仰勿忘,则于召伯之甘棠,永父老之歌思于奕世,诚不朽之盛事已。因援笔而刻著于石。

[按] 刘公祠在崇明县城西门内,祀清代崇明提督刘兆麒,祠内设有义学,故该碑又称提督刘公书院记碑。该碑记由举人吴楷撰于清康熙年间(1662—1722),记文录自康熙《崇明县志》第十三卷。

新场晏公祠文昌阁记碑

(程兆彪撰　清康熙后期·1700—1722年)

康熙三十九年庚辰,余以部事服阕,趋命河工,从事堤筑,私若神助,不废厥功,余心识之。岁间假归,必先拜晏公祠下数番为常。祠逼庐左,实里祈福地。而公相传寄江湖职,诸子侄肄举子业于家塾,辄请其故,余曰:"此犹若辈之奉文昌帝君也。忆先大夫为儿时,里中不戒于火。焦头烂额者见烈焰中晏公赫焉,火随扇灭,则公水神也而襄火事。水火既济,利用前民,神之切于日用为何如哉!苟吾里党之中咸奉晏公,以安耕凿,复奉文昌以敦说诗书,以养以教,庶几王道之万一乎?"祠自先大夫构造以来,风穿雨蚀,多历年所,子侄辈因与里人共庀材新之,并建阁其上,以奉文昌。书来告其事,余时犹以河防署怀庆,为邮寄其词以记之。

[按] 新场晏公祠在新场镇北市,建于明代。清康熙年间,程氏又建文昌阁并立记碑。该碑记由程兆彪撰于康熙后期(1700—1722),记文录自民国《南汇县续志》第八卷《祠祀志》。

南汇社稷坛记碑

(钦琏撰　清雍正六年·1728年)

先儒陈祥道谓：社所以祭五土之祇,稷所以祭五谷之神,以其同功均利而养人故也。《周礼》州长以岁时祭祀州社。后世因命郡县祭社稷。皇上轸念民依重农务本之意,无远弗届,每岁亲诣王社,为民求福报功。而州县官亦例得于所属之邑,置社以祀。雍正四年,连奉简命,莅兹新置邑。敬择南郊洁净爽垲官地若干亩,不编丈册,正赋无捐,爰筑社稷神坛,每春秋上戊日,率属员祭之。祝曰：社报土功,稷祈谷熟。利赖实均,民人以育。惟我皇朝,务农重谷。王社必亲,遍励所属。连承简命,为民祷祝。洁蠲视牲,荐陈血肉。一邑之众,敬无敢渎。神其居歆,永锡禔福。雍正六年仲秋记。

[按]该碑记由知县钦琏撰于清雍正六年(1728),记文录自光绪《南汇县志》第八卷《祠祀志·坛》。

南汇风云雷雨境内山川坛记碑

(钦琏撰　清雍正六年·1728年)

《月令》孟春,命有司祀山林川泽,季冬之月乃毕。山川之祀,历代皆然。本朝因前明之制,令县官于属境筑坛祀之,以报布敛云雨之功。为民祈膏泽焉。雍正四年,长兴钦连奉命莅兹新邑,于南门外得官地若干亩,建山川神坛,不编丈册,正赋无损。每春秋仲月上戊日,率属致斋以祭。祝曰:相时出云,按律通气。阴降霜凝,阳回雷厉。名山名川,群神群祀。风伯雨师,用偕燮理。感召诸休,驱除百沴。山鬼山斐,永令藏弃。雍正六年仲秋勒石。

〔按〕该碑记由知县钦琏撰于清雍正六年(1728),记文录自光绪《南汇县志》第八卷《祠祀志·坛》。

南汇东海神坛记碑

(钦琏撰　清雍正六年·1728年)

海为百谷王,神岂不灵。雍正四年春,余奉命来宰是邑。邑以海为包幕,商船往来,居民生植,一视诸潮汐,渟泓波平,风软此际,含泽布气,惟赖神之呵护。谨于邑东郊买地,筑坛以祀。祝曰:抑扬兰佩,麾掉桂旗。神之防降,实式凭斯。向若而悚,享祀孔时。商民永奠,令亦赖之。雍正六年秋记。

[按]南汇东海神坛建于清雍正四年(1726),坛址在东门外,乾隆四十年(1775),移建于南门外演武厅东侧,并改名为龙王庙。该碑记由知县钦琏撰于雍正六年(1728),记文录自光绪《南汇县志》第八卷《祠祀志·坛》。

南汇先农坛记碑

(钦琏撰 清雍正六年·1728年)

钦惟我皇上敬天勤民之意，有加无已。每岁亲耕耤田，为民祈谷。又欲俾守土之官，咸知稼穑艰难，通其礼于臣下，特命部议，制为定典，于雍正五年为始，自府尹、督抚及府州县卫所等官，率属员、耆庶恭祭先农于坛，照九卿耕耤例行事，诚旷典也。连承之新邑，谨遵定制，于县治西门外，购置民地若干亩为耤田。田后建先农坛，制高二尺一寸，宽二丈五尺。坛后建房三间，中供先农神位，东储祭品、农具，西储耤田米谷。更建配房各一间，东置办祭品，西令守坛民居住。坛房、耤田外，周围筑土为墙，开门南向。岁遵颁行祭日，预期致斋，率属员、耆庶祝祭神坛。毕，行耕耤礼，知县秉耒，佐贰执青箱播种，耆老一人牵牛，农夫二人扶犁，九推九返。农终亩秋成，收耤田米谷，供本地祀典粢盛之用。爰志所始。凡我官吏人民，尚其重农务本，仰体圣天子朝乾夕惕、锡福惠民至意毋懈，是为记。祝曰：土谷之祀，报功第一。谷自先农，继配以稷。后土并尊，社稷是式。古典一视，不复别白。系我圣朝，钦崇稼穑。农实养生，远溯先泽。爰立坛庙，统厥土德。遍诏长民，秉来谨饬。惟神陟降，享祀无忒。庇我蒸黎，庶永粒食。雍正六年仲秋撰。

[按] 南汇先农坛建于清雍正五年(1727)，坛址在西门外。该碑记由知县钦琏撰于雍正六年(1728)，记文录自光绪《南汇县志》第八卷《祠祀志·坛》。

航头文昌阁记碑

(钦琏撰 清雍正六年·1728年)

古者建国者,君民教学为先。盖人知向学,则人才日盛,人才盛则俗易风移,而比户可封也。然天下之士,豪杰少而中才多,中才之士必使之有所歆慕,而后知以学自励。昔山涛知冀州,搜求贤才,旌命所加,皆成显名,时以大治。常衮牧闽,闽士之秀出者,衮亲为主客礼,闽士始举进士。是二者皆本此意而行之也。是故学校之设,继以科举,非独广植人才而已。亦所以为鼓励人心,转移风俗之机也。鼓励之法莫如祸福,祸福之权,明有国柄,幽有鬼神。是故圣人亦尚观天之神道,以设教焉。近世于学校内往生建立文昌阁,相传以为文昌主科名陟降。考之《天官书》斗魁戴匡六里星曰文昌宫,文昌之名始见于史,其六曰司禄者主赏功进士,以故建祠肖像于学使士群奉之,其亦圣人神道设教之遗意乎?雍正五年,分上海县之半设县曰南汇,余奉命来尹是邑。邑地滨海,荒村僻壤,或数里不闻弦歌声。予窃慕山涛、常衮之所为,与所属士雅歌弦诵,导扬盛化,使远僻无不奋兴。于莅事之明年,创立学校,殿庑斋堂次第兴举,而文昌阁则未之逮。邑城西四十里有市曰航头,里民王大则者,好义乐施,勤课子弟。又欲率其宗族乡党共向于学,乃建文昌阁于市西灵官殿后,以为课文讲学之所,未毕而卒。子绍基、绍熙克承父志,以既厥工,阁成请余为记,夫文昌主科名之说,虽幽隐而莫可据,然以合之经史所载。先王教学励行之微旨则固深有助焉。今自王大则矢志建阁之后,其群从相继补博士弟子,其族之事诗书勤学问者,亦

205

往往而有,盖志之所向习,因以移神固默有以相之矣。自此勉之倦,彬彬乎进于尔雅而蔚为国华,岂独一姓之光也者。夫好义向方,庶民之事也。劝民兴行,有司之职也。倘邑之荒村僻壤皆有王大则者,诱其子弟共向于学,则南邑之人才有不日盛,而习俗有不日隆者乎。余故于王氏父子所为,乐得而道之如此。雍正六年七月。进士出身文林郎简南汇县正堂加级钦琏撰。

[按] 航头文昌阁在浦东航头镇西市灵官殿后,建于清雍正年间(1723—1735)。南汇县知县钦琏撰碑记,记文录自此碑。

奉贤先农坛记碑

(黄之隽撰 清雍正七年·1729年)

今上即位之二年春,亲耕耤田。三年、四年,耤田产嘉禾。八月,诏曰:"礼,天子为耤千亩,诸侯百亩。则耕耤之礼可通于下,其令地方守土官俱耕耤。"众臣集议,以督、抚至府、州、县、卫职皆守土,俱宜立耤田,田四亩九分,坛于田,以祀先农,具礼仪以闻。报可。五年,颁于天下。先是,析华亭之东竝于海为奉贤县,若治在青材,至是岁八月,爰立耤田,筑先农坛,垣而门之。坛之高广,主之尺寸,牛、种、箱、耒、簠簋、笾豆,如部颁式。六年、七年,祭耕如仪。耆老曰:"邑新造也,邑有耤田祀先农,创举也。圣天子帅臣下,以重农垂永久为定制,宜刻石志钜典。"于是试令黄君介诸生吴经以谒之隽文其辞。

[按]奉贤先农坛在奉城西门外十五保二区五十七图,建于清雍正五年(1727)。该碑记由黄之隽撰,记文录自光绪《重修奉贤县志》第六卷《祠祀志》。

善信乐输鼓亭工食碑

(清雍正十年·1732年)

□□显□□加封护海公城隍大神,功树元明,恩普(下缺)发□鼓乐□旗。兹因乐人工食无实,以致卒为□典(下缺)□□善信乐助银两,交典生息,以为乐人工食(下缺)明□□。今将善信姓氏并乐输银两开列□□:

蹉业公所汪银贰两捌钱伍分,李□□银贰两叁钱陆分,程千士银贰两叁钱,黄铨衡银贰两,□□□银贰两,王光远银贰两,范尧山银贰两,陆□□银壹两玖钱伍分,赵明□银壹两玖钱伍分,□□济银壹两玖钱伍分,□□□银壹两玖钱伍分,张元亮银贰两,杨懿玉银壹两陆钱,梅令仪银壹两陆钱,陈德□银壹两陆钱,毛汉□银壹两陆钱,叶有□、瞿□□银壹两伍钱柒分,周恭发银壹两伍钱伍分,徐思杰银壹两伍钱伍分,□绍文银壹两□钱伍分,潘□□银壹两伍钱伍分,周□宾银壹两伍钱,曹□成银壹两□钱,□□□银壹两□□,李□□银壹□□□柒分,顾□柏银壹两□□柒分。(以下半段残缺)

红班众信劝输

张晨远、□□□、蒋周书、黄□□、闵仲彩、蒋天祥、周文佳、闵廷章、闵天彩、闵佳□、王舒尚、王子安、薛彩山、卫公美。

大铜角壹对,大号喇叭壹对,大铜鼓壹面,金锣壹面,□□喇叭壹对。(下缺)

一、置买陶姓田拾壹库存,价银叁拾叁两正,其田坐落二十四保一区九图。

一、置买徐姓房屋两间壹披,价银叁拾两正,其房坐落□□□□东首。

已上收乐输银两共玖拾柒两玖钱叁分,因银色不同,倾肖□□拾两有零,交典不解,置买田房生息。(下缺)

大清雍正拾年七月

[按]该碑石立于清雍正十年(1732)。该碑高180厘米,宽90厘米,现在上海城隍庙山门牌楼西侧墙间。记文录自《上海碑刻资料选辑》(上海博物馆图书资料室编,上海人民出版社1980年版)。

善信□□□亭工食碑记

城枫泾仁济道院记碑

(钱陈群撰 清乾隆七年·1742年)

清风泾古刹以十数,独仁济道院为最著。院当泾东南隅,林野夷旷,山禽水鸟,千百为众。楼殿出古木间,掩映邃密,惟是山门庳隘,沿而未革,观览者以为未足壮元都紫宫之色。乾隆七年,敕封妙正真人朗斋娄君,念是院为入道受箓所从照也,捐赀重建,扩而大之。凡经营规制,赖有蔡君星若,实为之董事,阅一载乃告成。余与朗斋,秦为方外交,属记其颠末,将刻石以垂诸久远。余惟浮屠、老子之宫,其赫然擅胜于名区都会间者何限!然而访寒山之残钟,过琼花之遗址,适足供后人欷歔而凭吊,则凡以得其人以兴复之难也。清风泾,江浙间僻壤耳。朗斋独注意于少时之所栖托,则洵乎胜地之必侍人而显。而朗齐之敬恭桑梓,不忘渊源,尤足见宅心之厚且周。其所以荷两朝之宠遇者,且有本原也。爰不辞而为之记。

[按]仁济道院在枫泾镇南仁济坊,建于梁天监元年(502)。唐贞观十九年(645)赐仁济额,宋建炎时重建。明宣德五年(1430)建三清殿。隆庆六年(1572)复建。万历时里人重修。乾隆七年(1742)重修。该碑记由钱陈群撰于乾隆七年,记文录自光绪《重辑枫泾小志》第二卷《建置志·寺观》。

谷水道院记碑

(沈大成撰 清乾隆七年·1744年)

谷水道院在府城西陆瑁湖之上。考传记,三泖出华亭谷,曰谷水院,去泖也远,而假以名。岂当时井邑荒落,烟水弥漫,其波光云影,若与泖接,而因以名之邪。今则环院之左右皆民居,陆瑁湖之流久塞,欲寻其故址,而已失。宋宝庆二年,道士陆景微实创是院。及国朝康熙十年,住持赵熙明始构三茅堂。至乾隆五年,住持王声万始起斗姆阁;又九年,重修大殿;又二年,因拓两庑。他若栖客之房,养静之室,与夫庖廪墙垣之属皆以次而理。糜白金三千两有奇,皆出于声万,而助者仅二百缗,又以余力置田二百余亩,以赡其徒。云余祖居密迩,往来院中,其师赵临谷每引余周行辄叹曰:院将坏,数募而无应。吾观诸弟子惟声万可属以院事,庶其复兴有日乎。声万受正一符箓,学禹步飞行考召之术,请雨治魅多验。以是其道日行,节缩所入,而营缮之,盖积二十岁而克如其志,其师可谓知人矣。自宋理宗宝庆丙戌至今乾隆丙戌五百余年,当时之故家右姓与夫高门大阀,名园芳榭,不知湮没凡几,而此院岿然独存。乃知富贵重赫不若山野方外之为,而梵宇琳宫之废兴,亦系其人之有无也。声万名隽望,余幼同童子师相从嬉戏,回忆犹昨,而今俱成老秃翁矣。春暮归自广陵,声万砻石以请,遂记之。

[按] 据嘉庆《松江府志》记载:谷水道院在府城西谷水坊内。宋宝庆二年(1226),道士陆景微建。明洪武二十年(1387),道士叶云谷增修。后毁于火,道十黄碧窗、里人冯骥重建。清康熙中,

道士赵熙明建三茅堂,庄亲王赐"得一以盈"额。乾隆五年(1740),道士王声万建斗姆阁;九年(1744),重修大殿。沈大成为此撰碑记。记文录自嘉庆《松江府志·卷七十五·名迹志·寺观上》。

宝山县厉坛记碑

(印光任撰　清乾隆十二年·1747年)

　　乾隆十月二年,邑侯泰州赵君捐俸择购一区于县之东北隅立为义冢,并建邑厉坛于其中,以祭鬼之无祀者,侯之德大矣哉。按礼,经葬者藏也,欲人弗得见也。《月令》孟春有掩骼埋胔之政,先王视民命至重,既死犹患具暴露,仁人不忍之心固如此。后世葬无定期,贫者委檽于路旁水浃。其稍有家者又过信阴阳之说,权厝郊野,终于日裂风挠,孤穿兔窟,举父若祖之朽骨与瓦砾同弃。此吴下恶习,而宝山为尤甚。盖自壬子水灾之后,凋瘵未起,升高而望,白骨累累,有不堪目击者,苟非贤邑长急为之所,枯朽将安托乎。予以是叹侯之德为不可及也。经营甫定,擢州守去。邑尉杨君贤且能者也,为之芟除荆蔓,规画四讫。开其水道,塍其界址,一继侯之志而成之。请余记其始末,以镌诸石,故道侯之德而兼及杨君之功。其地坐落冈号四十三图乃圩一百五十三号,其田七亩二分八厘九毫。其坛设于义冢中,高卑广狭悉如制,四围沿之以石,上砌以砖。一给车公亮田价银二十四两,一给朱岳田价银七两五钱,一给张岳田价银十两。县书刘廷扬、徐永义实理其事,法皆得书。

　　[按]该碑记由宝山人印光任撰于清乾隆十二年(1747),记文录自光绪《宝山县志》第二卷《坛庙》。光绪《宝山县志》第十二卷《艺文志·金石》著录此碑。

章练晏公庙记碑

(万维乾撰 清乾隆十六年·1751年)

吴江练塘出县治八十里,旧有晏公庙,不知所始。里民持牲牢,咸走祀之。顾问公为何神,则各瞠视无语,或有以晏大夫平仲实之者。愚谓晏大夫未尝至吴也,其仁恩□泽亦未尝被吴,于法不及祀。夫村甿野竖,肖像执虔,其曰将军、曰郎、曰姥、曰姑,大可发噱,而天随子犹碑之,况公固族姓昭昭,不至如太上秦客者哉?然唐垂拱戊子,安抚大使毁吴中淫祠一千二百余所,仅存夏大禹及三让王等四祠。史以为淫祠无名,有其废之,莫敢举也。今公虽庙食兹土,不识公之为公,几数百年矣。世苟有文惠其人者,志乘无文,黎献无徵,与诸无名祠概行毁黜,非我练埔士民之罪乎?余考公名戍仔,江西清江镇人。元初输文锦于上都,因而尸解,人以为神,遂立祠,后显灵江湖间。洪武初,封平浪侯,与吴英卫公及越上大夫相后先久矣。吾镇不滨江湖,岂以三泖在其东,前后环以荡,淼然水乡,非舟楫不通,奉斯庙以庆安澜,未可知也。礼法施于民则祀之,能御大灾则祀之,能捍大患则祀之。公死而有灵,邀胜国初盛典,赫赫列在太常,顾名而思御灾捍患之功,熊熊炳炳,其人不朽。虽数百年无知者,而一方永永,弗替庙祀,亦公之灵有以阴维之也。今庙貌聿新,更著其所自始,或不以讹,拜黄姑,见诃公,惟世佑吾民,奠居宅邑,则迎神安神,常与兹土俱长矣。是为记。乾隆十六年辛未中秋。

[按]该碑记由万维乾撰于清乾隆十六年(1751),记文录自民国《章练小志》第三卷《祠庙》。晏公庙在练塘镇西市口,祀平浪侯晏戍仔。

杨行黄公祠记碑

(李元奋撰 清乾隆二十年·1755年)

宝山前明进士黄公淳耀，号陶庵，人伦楷模，理学正宗。仲氏伟恭先生，讳渊耀，道学相资，二难舍璧。同时赴义，一意孤行，洵足千载不磨，争光日月者矣。余膺简命来宰是邦，瞻拜祠宇，仪型如昨，低徊久之。然公殉节嘉城，而宝邑杨行乃钓游之所。前令田公联芳，于庚午之夏从绅士请，捐建于镇之西偏，与东偏之陆清献公祠同时并举。邑中慕义之士复请于予，商所以岁祀之举。查计簿有溢编忠义祠银存库，请于上台拨抵春秋二祭，并以历年存款修葺祠宇。更授嘉例，详免每年河夫五名，以充香火。一转移而堂庑永焕，俎豆长存。俾灵爽式凭乎，故乡诚敬肃将于入庙，凡官兹土者，奉其流风余烈鼓舞斯人咸返于孝弟忠信，以襄国家盛治，而垂教化于无穷顾不重欤。《诗》曰："高山仰止，景行行止。"又曰："维桑与梓，必恭敬之。"知二公之禋祀不可已于吾宝，而因知吾宝之所以祀二公者，不仅为二公也，则几矣。是为记。

[按]杨行黄公祠在杨行镇西城隍行宫西首，祀黄淳耀、黄渊耀兄弟俩。该碑记由宝山县知县李元奋撰于清乾隆二十年(1755)，记文录自光绪《宝山县志》第二卷《坛庙祠记》。光绪《宝山县志》第十二卷《艺文志·金石》著录此碑。

崇真道院记碑

（沈曰富撰　清乾隆二十五年·1760年）

　　细林山在兰笋山西数里，其上有崇真道院，创自元至正间。明初道士彭素云者得接神炼气之术，实主此院，殁而人谓其仙去，故其遗迹甚多，若山半丹井及点易台皆是。而神罍仙馆之额相传为吕洞宾手笔。又有石刻"听松"二字，云李阳冰书，则余于惠山之麓曾见之，不知其孰为先有也。其院之兴废有明一代及国朝乾隆以前详于《松江志》。今上之十年，松人重建山顶玉皇殿，时则有王军门应凤、赵太守炳言实首其事。而诸屋舍之续葺则在十四年，陈抚部銮与有力焉。二十一年，钱大令燕桂又修二阁以祀北斗、文昌，未及成而去，二十五年，洪太守玉珩始踵成之，由是坛宇一新。视前此而加扩，其营造之资什九出自土人，而奔走丐募则院主龚某也。龚以诚于袷荣，著名于时，没而其徒朱某沈某悯其师之勤而不获。观厥成，又谓松士之好施义固不可忘，将磨石以书姓名而谒余为记。间考细林本名神山，唐天宝中易今名，而梁简文帝神山铭有序云云，盖出于后人之牵附，黄石牧氏已辩证之，然志仍载者以为传闻，久不欲遽削也。因是以思偏安孱弱之君，历千数百年犹以其一至为荣，必存疑以示后使其为四海共主，大有道之天下。其巡幸之所在，天章御书煌煌可考。加以身当其朝而足至其地，又当若何其尊敬而护视之耶。今龚但以其前人灵异所著竭蹷而持其衰，而沈与朱又不忍其师之徒劳，欲章显之，彼教中尚有人，亦足以厉士大夫矣。遂书以应其请，而附以余感，有览之者,其知余所发之非无因也。

［按］该碑记由沈曰富撰于清乾隆二十五年(1760),记文录自光绪《青浦县志》第二十八卷《艺文》。

重建崇明县风云雷雨山川城隍神坛记碑

（赵廷健撰　清乾隆二十五年·1760年）

山林、川谷、丘陵能出云，为风雨，见怪物，皆曰神。有天下者，祭百神，诸侯在其地则祭之。今百里邑当古侯国，而令甲祀山川、风云、雷雨、城隍之神，与社稷并犹古制也。崇明分置坛于南门之东西偏，盖前令朱公衣点始卜吉焉，然以岁比，不顺成。海数溢，城南地最窊下，故壝易圮，兵民又亵玩而侵削之，垣颓道茀，栖神无所。夫以崇邑生齿日蕃，朱公时七万户，今且九万二千户，离离参布于蛟螭之宫，鼋鱼之宅，维明神实保障之。而祀典不肃，非所以徼灵贶也。有其废之，莫或兴焉，又非所以殚官守也。我皇上恩隆昭报，屡命廷臣赍册帛，祭名山大川。崇邑虽无峻岭，而蛇山、马迹诸峰皆隶境内，况海为百川之宗，风云荡山淼弥，雷雨鼓而铿訇，四里之城，重壕匝池，远混层波，迤延平野，小臣承乏此间，敢慢神祇以蹈不恭？爰乃甃石为基，除埤四达，缭以短垣，其规制壹如成式。春秋二享，设神位三，曰风云雷雨之神，曰境内山川之神，曰县城隍之神，遵国典昭妥侑也。神傥鉴余之诚，余将为崇民俯首而请命矣。时乾隆二十五年，岁次庚辰夏五月，知崇明县事赵廷健记。

〔按〕该碑记由崇明县知事赵廷健撰于清乾隆二十五年（1760）。记文录自乾隆《崇明县志》第三卷。

重建崇明县社稷坛记碑

（赵廷健撰　清乾隆二十五年·1760年）

民以食为天，一夫不耕，土膏屯郁。而艰食莫甚于崇明。何者？直省沟洫有常，鲜潮汐冲淤之患，又稌黍木棉各适其土之所宜，杂然树艺。独崇邑水厄频仍，重穜之种，易被淹渍，计土出之米，仅支三月粮耳，额设米船百艘，济饘粥，而人浮于食。岁壹不登，妇子嗷嗷。非土谷之神阴相而受厥明，将相率为莩殣矣。礼国主山川而守社稷。社所以神，地之道也。稷先啬也，故教民美报焉。邑故有坛，在城之西南，与山川坛分置。岁久就圮，今所存者，瓦碟丛残，石础断仆而已。余既风云雷雨山川坛，旋有事于此。外三门北向，中筑坛，高尺九寸。陛四，各为级者三。四向深十八步，广东西各九步，垣以屏之。又虑民居之旧逼处止，而重毁其墙屋也，不获已，遵成式而少变通焉。既夷既治，乃肃乃融，荐以声香，畀我黄茂。父老进曰："愿有记。"余惟艰食之忧，如前所云，或受之饥，余何忍饱？诸父老其率子弟，沐泽咏勤，蕲无负后土之德。司啬之灵，膏脉濡而稷黍介。当秋成时，余将携酒食，履阡陌，与田畯尝旨否尔，农民其亦有乐于此乎？听者咸色喜，遂书。忧乐之后先，以镌诸石。时乾隆二十五年，岁次庚辰，夏五月，知崇明县事赵廷健记。

［按］该碑记由崇明县知事赵廷健撰于清乾隆二十五年（1760）。记文录自乾隆《崇明县志》第三卷。

重修刘猛将军庙记碑

(赵晓荣撰　清乾隆二十七年·1762年)

宋刘猛将军列在祀典,自雍正二年始,从直隶总督李维钧请也。我里庙在拈花庵左,有将军神像,红帕额,白皙童颜,相会敕封中天王,昆虫毋作,皆将军之神所默宰也。里人岁祀维虔。乾隆二十七年十月,重葺庙宇而新之,求余为之记。考将军讳号传闻不一,谓是金坛刘宰谥文清,诗家所称漫堂先生也。渔洋《居易录》已辨其非。又云元指挥刘承忠平淮南剧盗,继以蝗灾,欲开仓发粟,而非职守,因愤极沉河而死。见《饶阳志》,盖出泰尹牧唐君《扶鸾录》,而不足信也。浙人俞日丝名□,有《野庙九歌》,自序云:"司蝗之神,蝗背有孔,神尝贯之以绳,不使妄为害。"若然,克制蝗而神非诬矣。何以名猛将军而系于宋?《坚瓠集》引《怡庵杂录》宋理宗景定四年三月八日敕,略云:"迩年以来,飞蝗犯境,赖尔神力,扫荡无余。尔故提举江州太守、兴国公、淮南江东浙西制置使刘锜,今特敕封扬威侯、天曹猛将之神。"似为何据。然今东南庙,貌皆为弱冠之容。《宋史》载郦王躯干丰伟,膂力绝人,岂如北齐兰陵武王长恭戴假面以慑敌耶?则神之非郦王也明矣。案韩浚旧志,祀宋刘锐,即锜弟也。王圻《青浦志》:将军年十三,尝帅兵破兀术。余谓岳飞朱仙镇之捷也,有子云,年十一,领背危军直贯其阵。吴玠仙人关之捷也,有弟璘,自和尚原转战七昼夜,与玠合。刘郦王至顺昌,官不过东京副留守耳,谍报金人败盟南下,统制许清辈皆无固志,若非锐跳荡其间,恶能破兀术长胜军十万耶?则锜有锐也何疑?锐为猛将军也又何疑?客难余曰："将军何以神于吴中也？"锜曾为淮南东路宣抚使，驻镇江，又驻太平，锐未尝不在兵间。史不详何官，其没于王事皆不传，然生而英烈者殁为神。继阅王鏊《姑苏志》，以为刘武穆锜之弟，弱冠成神，适与《会典》合。或云：彰德府有刘猛将故里，将军故彰德府人也。然则韩浚、王圻之说，皆本于王鏊，而洵非出于附会也哉！余故一一辨而证明之，以镌诸石。

[按］该碑记由赵晓荣撰于清乾隆二十七年（1762），记文录自清《石冈广福合志》第四卷《杂类考·寺庙》。

张堰武帝庙记碑

(沈若潜撰 清乾隆三十年·1765年)

张溪为金山重镇,市廛稠密,而寺观古刹错处其间。乾隆十六年,长沙常公莅治我邑,鸣琴之暇,与同邑诸君子纂辑县志,旁搜古迹,网罗殆尽。即我里之赤松旧地,以及元真道院、显香等寺,并列简编,班班可考。独关圣祠宇,比栉水月一庵,相传为前朝金氏所创,志阙有间,岂采访之疏略与。盖我朝开国以来,营房容有未建者,凡汛兵之来守兹也,杂处其间,几忘为庄严之地矣。且故老无存,而搢绅先生亦难言也。岁在甲申,柏乡杨公具详各宪别创营房,夫而后神人各得所归焉。但百年来,栋拆榱崩,墙垣颓坠。明经慕桓黄先生心窃伤之,因其故址扩其规模,捐资独任。气象一新,则此庙岂可不为计长久也哉。勒诸贞珉,用垂悠远,庶使后之人瞻庙堂而观图记,穆然思慕桓先生之盛德焉。而创始之金氏,亦因之不朽矣。然则是碑也,即以补县志之阙略也可。

[按] 该碑记由沈若潜撰于清乾隆三十年(1765),记文录自清《重辑张堰志》第二卷《志建置·寺庙》。清《重辑张堰志》第九卷《志艺文·金石》著录此碑。

圆元道院购复铜钟记碑

（汪炤撰　清乾隆三十一年·1766年）

昆山之东南四十五里曰安亭江，其上有圆元院焉。余尝薄游其地，篷窗清夜，闻有声訇硠而若震者，则圆元院之钟也。既而得观其钟，身镂龙文，质古斑驳，其体有铣有于有鼓有钲，其旋有带有篆有枚有景，不窕不㮃包，近亮而远彰，斯所谓应秋分之音，受气多而声大者欤？里人为余言院之废也已久，法器亦无复存者，钟虽悬，其为盗所窃也屡矣。幸善士杨君购而复诸院，于是里中父老子弟鸠工庀材，不赋而集，今院得复新，皆杨君復此钟而有以启之也，愿吾子记焉。余惟古之为钟者，自朝廷宗庙奏以合乐，至梵宫道院各置华钟，扣之者神和而意扬，闻之者朝警而夕惕。院自元至正辛卯以迄于今，几五百年，而铜钟岿然独存，似亦有神天默佑之者。其与丝竹羽籥，匏土革木，铿锵而攒杂者异矣。杨君之復是钟也，虽非邀福于不可知之数，然尝考齐侯之铭曰"用祈眉寿"，又曰"永保其身"，迟父之铭"蕲丐多福"，则华鲸一振，音声和协，将安亭江上人德同熙矣。听之无射者，宁独杨君一人而已哉？于是书诸贞珉，且以寿此钟于勿替也。杨君名国焕，号玉亭。时在乾隆三十有一年记。

[按] 该碑记由汪炤撰于清乾隆三十一年（1766），记文录自清《安亭志》第七卷《艺文三·记》。

松江谷水道院记碑

(沈大成撰　清乾隆三十一年·1766年)

谷水道院在府城西陆瑁湖之上。考传记，三泖出华亭谷，曰谷水院，去泖也远，而假以名，岂当时井邑荒落，湮水弥漫，其波光云影，若与泖接，而因以名之耶。今则环院之左右皆民居，陆瑁湖之流久塞，欲寻其故址而已失。宋宝庆二年，道士陆景微实创是院。及国朝康熙十年，住持赵熙明始构三茅堂。至乾隆五年，住持王声万始起斗姥阁。又九年，重修大殿。又二年，因拓两庑。他若栖客之房、养静之室，与夫庖廪墙垣之属，皆以次而理，糜白金三千两有奇，皆出于声万，而助者仅三百缗。又以余力置田二百余亩以赡。其徒云："余祖居密迩，往来院中。其师赵临谷每引余周行，辄欢曰：'院将坏，数募而无应。吾观诸弟子，惟声万可属以院事。庶其复兴有日乎？'"声万受正一符箓，学禹步、飞行、考召之术，请雨治魅多验。以是其道日行，节缩所入而营缮之。盖积二十岁，而克如其志。其师可谓知人矣！自宋理宗宝庆丙戌至今乾隆丙戌，五百余年，当时之故家右姓，与夫高门大阀，名园芳榭，不知湮没凡几。而此院岿然独存，乃知富贵重赫，不若山野方外之为。而梵宇琳宫之废兴，亦系其人之有无也。声万名隽望，余幼同童子师。相从嬉戏。回忆犹昨，而今俱成老秃翁矣。春暮归自广陵，声万砻石以请，遂记之。

[按]该碑记由沈大成撰于清乾隆三十一年(1766)。记文录自《娄县续志》。

嘉定钱门塘城隍行宫记碑

(王鸣盛撰　清乾隆三十一年·1766年)

城隍庙,今日府州县皆有之,其乡村墟市间亦或建焉。欲谓城隍所驻。在郡邑而神行部巡察善恶,周历所属地,不可无祠宇以妥其灵也,固相传为行宫云。嘉定故壮县,县城城隍庙宏丽甲于吴下。距城西十八里曰钱门塘,亦聚落耳,而有所谓城隍行宫者,在塘之西百余步。室库甚隘,庙前濒水潮泓,里人等相率醵私钱,廓而大之,爰购得俞姓地三亩,改建大殿,奉安塑像。前为门楼若干楹,翼以西庑,亦为楼若干楹。东厢有玉兰一树,为作小轩,可供憩息,西夹室则道士居之。庙前甃石为岸,用以障水,凡若干丈。经始于乾隆三十年八月,落成于三十一年二月。董其役者,里民潘希贤也。希贤素给事予婿姚埙家,乃求予为文以勒诸石。予惟里社丛祠至虽不列祀典,然农事祈报之所,在有不可缺者。世俗附会神有行部之说,准之人道亦复近理。兹地虽一隅,而新庙奕奕,彤彩鸿纷,所谓有其举之,莫敢废也。钱门塘自明嘉隆间已成市,见震川先生《菊窗记》中,今二百余年,风景犹约略如记所云。予有薄田在塘之东,岁时往来其间。斯庙之葺也,皆里中眄升拜俯仰,割肉于俎,注酒于盆,相戒勉为乡里善人,庶几馔神,既祝年来共享无为之福。予怀所极不忘耳,遂欣然挟笔而记云。其出钱姓氏别镌于碑阴。王鸣盛撰,汪景龙书并篆额。

[按] 该碑记由王鸣盛撰于清乾隆三十一年(1766),记文录自《钱门塘乡志·卷三》(民国九年,童世高编纂)。

重建钦赐仰殿记碑

(清乾隆三十五年·1770年)

江苏松江府上海县正堂加五级纪录五次清为环请立案以保古殿事，据生监陆文彩等禀称，生（下缺）钦赐仰殿系□□□□□□□□□□□志，共有十余间，基地六亩，其漕白二粮系倪、姜、茅三姓代完。奈贫富既殊□□又□，以致（下缺）□□□□□□□□□□。生等念□□□□□□□□□□□偿三姓漕白改立住持户名，捐契呈□并得四方乐助，现□□□□已请诚实僧人（下缺）□□□□□□□□田亩为僧种作口食，意谓僧有食，殿有守，久远可保。细思古之视今，□今之视昔。第□□□□□（下缺）□□□□□□□□□难逆料，或僧卖田亩，或地棍扰累，殿僧均未可定，为此，叙实陈明，□请□□下□□□□立□（下缺）□□□□□□□□□合行，□禁二□，为此，仰该地保□人等知悉。照得□□□□□□□□□□住持□助田亩，殿宇永听殿僧管理耕食，毋许地棍借名田主、殿主□扰□□□侵占田亩，如（下缺）□□□□□□□□□持亦宜遵守无违，须至碑者□□□□□□□□保二十图洁字圩七百九十五号，五亩二分；七百九十六号，三分三厘；七百九十七号，九厘五毫（下缺）□□□□□□□□号上田四亩（下缺）潘吉仁、叶芳华、陆文彬、周重威、成文麒、罗上九、陆文彩、张兆杰、张均、陆如苍、吴宝海、姜廷玉、顾鸣玉、朱约章、赵咏周、潘屺瞻、邱良九、冯玉衡、张承始、沈文照、沈斯振、石玉始、潘九乐、沈士廷、邱日章、邱载宁、张惟中、赵人瞻、计凤仙、张文□、张□□、□□□、张松龄、潘瑞征、杨成宪、潘殿中、潘瑞中、潘静远、张敬安、姚志山、陆献臣、冯玉振、贾周扬、张洪源、陈云鹏、李人鉴、叶振南、□□□、赵天奇、张凤翔、黄协中、黄士高、黄建中、姜敬修、姜万春(下缺)

[按]钦赐仰殿,又名东岳行宫,位浦东源深路西侧、张杨北侧。在明万历《上海县志》中有此殿的记载。清乾隆三十五年(1770)重建,此碑立于该年。碑文后遭人为损毁而成残碑,现立于该殿内。碑高185厘米,宽53厘米,青石质。碑文大字12行,小字姓名8行。2011年9月6日,据碑抄录记文。

重修钦赐仰殿记碑

纪 王 庙 碑

（钱大昕撰 乾隆三十九年·1774年）

由嘉定城而南五十里，吴淞江之阴，有纪王庙者，祀汉纪将军，村人奉之为神。吴俗祀土地神多称为王，曰纪王者，从甿俗之称也。谨按：王以身死事，免汉高帝于大难，智勇忠义，赫赫在人耳目，荥阳立庙祀之，世世血食。若大江之南，疑王生平足迹所未至者。予读陆务观《渭南集》，载乾道元年直敷文阁、知镇江府方滋言："府故时祀纪侯为城隍神，莫知其所由始。然实有灵德，以芘其邦人，愿以褒显之。"有诏赐庙额曰"忠祐"。则王之庙食江南，由来久矣。

纪，出自姜姓，子孙以国为氏。汉初有纪成者，与王并为将军，一死好畤，一死荥阳，《史》、《汉》皆不为立传，莫详其里居世系。成子通，以父死事侯襄城，而王之后嗣无闻，意者史家表次功臣，犹有漏落欤？抑以无后而赏不及欤？将汉诚少恩，妒功害能之臣，抑其赏而不行欤？然傅、靳、蒯成之传俱在，读史者罕能诵其全文，独王之事，闾巷皆能言之，可知垂名之远，不在乎列传与否；襄城之侯阅四世，以无后国除，而王庙食百世，始自荥阳，逮于江左，又知食报之长，不在乎得侯与否也。然则天之所以待忠义者，固不厚乎？

予少时授徒坞城东顾氏，往来过斯庙，拜谒神像，肃然起敬，屈指垂三十年矣。乾隆甲午夏，村中耆老寓书京师，令予文其丽牲之石，因作《神弦曲》，俾春秋歌以侑祀。其辞曰：

神之来兮云间，风飒飒兮昼寒。黄屋兮左纛，呼万岁兮前导。愤王兮重瞳，玩之兮掌中。身虽焚兮不朽，立庙食兮长久。江之南兮东海涯,魂魄游兮无不之。聪明兮正直,尸而祝兮社而稷。神具醉兮福我民,俾孝悌兮睦姻。不斗兮不讼,朝出更兮夜诵。木棉黄兮其兰草青,嘉谷蕃兮虫不螟。操豚蹄兮报祀,岁其有兮自今始。

[按]纪王庙碑已佚,文载清钱大昕《潜研堂文集》。纪王庙,未详建于何时,清代在嘉定城南五十里,吴淞江之南,祀代刘邦而死的汉将军纪信。地因庙名,称纪王镇。钱大昕撰文于清乾隆三十九年(1774)。

移建南汇关帝庙记碑

（成汝舟撰 清乾隆三十九年·1774年）

乾隆辛卯春,予奉命来南邑,祗谒先师,旋诣帝庙,见陋宇荒阶,隤然湫隘,即思鼎新,更诸爽垲,而未得其地。越明年,访得顾太史旧宅深广,正当兑隅,即捐金置为庙址,而城中绅士及各图团之民,闻之无不踊跃,不待劝而乐输者数千余家。时乡先生密县尹吴公,适丁艰返里,乃请于读礼之暇,暂为经画,遂与同学诸子,绘图定式,购材鸠匠,相其屋基,拓其旧宇,宏缔构,峻规模,高门三辟而重启,前楹大展而长骞,巍中殿以奉神位,启圣殿以尊三公;左右厢室,东西丙舍,斋宫中闳,象殿后崇,其间层楼广厦,曲榭长廊,连亘相通,丹碧交焕于象殿之前,崇台飞构以奏乐迎神。后院中修平攘剔,使雅洁宽间,为栽松种竹之地,盖至是而后,帝与先师之庙,东西并峙,始克配焉已。斯庙之建,经始于癸巳六月,告成于乙未七月。爰记其创作颠末,镌于圭石以垂无穷。乡先生吴公与同学诸君,规画经理之功,例得书石,公名世贤,诸同学则金子承恩、杨子一瑾、宋子思进、鞠子大勋、李子寅与李子长发也。外有广善堂金老人在田,余皆另石备书云。

[按] 南汇关帝庙旧在南汇城南门内,明永乐八年(1410),千户张敏建,明正德十年(1515),指挥佥事张文光修。清雍正六年(1728),县钦连重修。清乾隆三十九年(1774),知县成汝舟移建于西门内。此记文为成汝舟所撰。碑文录自《光绪南汇县志·卷八·祠祀志》。

重修川沙长人乡庙记碑

（张浤撰 清乾隆三十九年·1774年）

重建长人乡庙成，绅士请予为文勒诸石。予进而问之曰，斯庙之创也，我不知何时，所祀不知何神，今之聿新者何为，其果合祀典与否，而嘱记于予？佥曰，尝考《周礼·大司马》仲秋祀方社，《甫田》之诗曰"以社以方"，《良耜》之序曰"秋报社稷，大夫以下成群立社，曰置社"；孔《疏》言居满百家则得立社。长人乡有庙，创自嘉靖间厘正祀典时，上海通邑有高昌、长人二乡，乡备立庙以祀土地之神。在《左氏传》，后土为社，土地之谓也。虽社坛而庙屋，于古稍异，然雨旸时若，有求必应，殆与祈年方社之举，未始不吻合焉。自是以来，我乡奉之者已数世。今幸遭际隆平，无水旱疾疫之灾，引养引恬，岂非神之介我稷黍谷，我士女以长享此盈宁之乐也。而忍睹其湮没于荒榛断梗中，而莫之或顾欤，是用询谋佥同率先者若而人，襄助者若而人，衷钱六百缗，用人之力积千工，良材砖甓之属不下数十万。鸠工于四月之望，阅两月而告成。今而后妥侑有所，时祀有常，庶几答神贶而迓休祥，求合乎《周官》、《甫田》之意，非敢以不经妄诞之祀渎公之文也。余曰，然。诸君之为是役也，好古秉礼，洵可书矣，遂次其语以记之。

［按］长人乡庙在浦东新区川沙镇原川沙县城北门外王家水洞。始建于明嘉靖年间（1522—1566）。清乾隆三十九年（1774）重修，清同治二年（1863）重建。该碑记文由同知张浤撰。现该庙已改建为长仁禅寺并对外开放。碑文录自光绪《川沙厅志·卷五》。

重修奉邑庙记碑

（常辉撰　清乾隆三十九年·1774年）

国家建官立社，以司斯土斯民，幽明一致，故阳有宰，阴有神也。《礼经》云，凡为民能御大灾能捍大患则祀之。若城隍之福吾民最近，而能御灾捍患，盖无不知者，必虔祀事靡惰，祀宇遍寰域焉。吾奉邑旧隶华亭，本城邑庙，自有明洪武中，建堞浚减时，即立斯神宇。克享四祀，四百余年矣。迨奉析邑奉贤，即青城而建出治之区，神与庙即为邑，而详入祀典，额编正供三时历祭，然犹未有作配，主名殆，亦厉山氏之遗意欤。乾隆甲申，伏查国朝前郡侯周讳中铉，浙右鸿儒，山阴世胄，初授崇明贰尹，旋视华亭县篆，居官清正，吏治蒸蒸。雍正丙午时，除松江知府，复摄太仓州事，善政山积，歌声遍郡。缘奉浚吴淞，勤劳尽瘁，竟作海上波臣，前抚大臣陈嘉其绩而悯之，题蒙覃恩褒赠太仆寺卿，复题奏入名宦崇祀，嗣又临塘显应有赫，我民之受庇者，恍如见闻。为念奉邑界在东南望洋，向若飓风阳侯之兴止不常，居斯地，而庐井田畴，仓箱登阜，商贾骈集，何一不赖神庥，据本城耆庶陈永龄等，呈请本府道纪司邬叙详、真人府张奏封加授护海百灵侯之职，摄奉贤县城隍事，赍颁敕印，享兹茅土，永奠海邦。随蒙咨部于三十年十一月内奉本府，蒙司转行，饬遵在案。顾唯庙貌之弗称，旧制湫隘，薜瓦苔垣，尘龛蛸幄，何以揭虔而肃观瞻，前视篆诸公，虽捐廉议修，无如旋葺旋止，颓状如故也。戊子春，我来作吏，瞻拜之下，睹此欹楹，实切疚心，即有兴修之志，以是先捐薄俸，为兹方之食德者作式，爰疏小引，布告绅士寅好，殷厚商民，广为劝谕,各量捐助,以图告竣,又值俭岁,余又御事。越辛卯,班公视事,士者复为请葺,亦捐廉遵照前列,通邑广劝捐修,计有成数,由壬辰孟夏经始,阅四寒暑,而前后殿轩,而东西两厅,而戏楼,而掖庑,乃得落成,其头门照墙,神道牌坊,以及东园台阁,泉石林峦,亦次第具举。从此琳宫巍焕,宝座庄严,以视昔之兰楣就圮,绀宇全荒者,大相径庭。为何如也,壮鸿图而靖海宇,厥功伟矣,岂仅曰人文蔚炳,家室殷繁已哉! 是役也,人咸谓祇仍旧制,稍廓前模,何竟迁延岁月,不知难成者善事,善事尤要待善人而后成。故云:善人,国之纪也。洵哉! 邑中士者嘱余一言,碑其事,以传久,以昭厥美,余重李子之请,敢以不文之言勉为应,以志其神之生前政绩,身后显威,特晋灵封主,司斯土斯民之有自,并纪其鼎新庙貌,同人之善,并垂不朽,今而后,咏乐土而歌肯谷,猗欤休哉。余亦忻然而为之记,乾隆三十九年知县常辉撰。

[按] 奉贤城隍庙在奉贤县奉城西门内,创建于明代;清乾隆三十六年(1771)知县班济泰重建,该碑文即记其事。碑记于乾隆三十九年(1774)由知县常辉撰写。碑文录自《光绪重修奉贤县志·卷五》。

新建南汇八蜡庙记碑

(叶凤毛撰 清乾隆四十一年·1776年)

　　南邑滨海,地高仰,土性杂沙,稼不甚宜稻,植木棉者过半而间以豆,水皆细流,高岸艰于灌输。而棉木尤畏雨潦,每至七月处暑前后,有飓风挟雨自东北卷海潮而来,土人谓之风潮,为吾邑农田居室之害。自我邑侯虚斋成公临莅以来。曰阳而阳,曰雨而雨,风潮不作,民物康阜,邑之人以天时人事之感应归我侯,侯则曰反风渡虎,昔人谓为偶然,余奚敢承。系惟冥冥中有默相之者乎,乃考古八蜡之祀,始自伊耆,沿用于三代,其祝辞曰:土反其宅,水归其壑,昆虫毋作,草木归其泽,其功也如此,其望也如此,顾不重欤。虽我朝未颁甲令,然我民祈永贞报获福,讵可后也。爰命司事,即城东隅猛将神庙,恢拓旧址,别构殿以祀蜡神,易其名曰八蜡庙,而祀猛将神以下如初。越岁乙未,江南自冬及春无雨,吾邑海涯孽虫大作,生翅,股若蝗,食芦殆尽,驱坑之不已,人情大恐。时庙工未半,侯斋戒虔祷于神,率众刻期扑捕,虫忽陵空西游,尽歼于浦滨,寻甘雨大沛,残芦复萌。邑人感兹灵应,踊跃荐货,侯不时临视,指授程度,届冬葳事,栋宇宏敞,丹青绚采,巍然焕然,允惬人望。落成之日,邑父老设醮张乐,肃将奠献,庆庙貌之维新,植物之攸赖。八灵依位,千秋崇飨,是非明神之厥功章明,曷能使大工之立办,非吾侯敬神重农,曷能使隆古祀典创兴于今兹。人事既备,神用顺成,嘉苗岁登,飘骤式遏。神之休,侯之勤,均不可以无纪,用是砻石缀辞,道宣德美,仰答显贶,永垂后观。

［按］八蜡庙旧址在南汇县惠南镇东门内，原为刘猛将军庙，清乾隆四十一年(1776)知县成汝舟拓该庙旧址以奉祀蜡神，并仍奉猛将如旧。该记文为叶凤毛所撰。碑文录自光绪《南汇县志·卷八·祠祀志》。

重建文正公祠奉宪给帖记碑

(清乾隆四十二年·1777年)

苏抚部院挂发□□
江南江苏等承宣布政使等,为请定盗卖盗买祀产
苏抚部院挂发藩字第陆拾伍号
江南江苏等处承宣布政使司,为请定盗卖盗买祀产、义田之例,以厚风俗事案,奉苏抚部院庄,宪行开准,刑部议覆条奏,祖宗祀产,倘有不肖子孙投献势要,私捏典卖,及富室强宗谋吞受买,各至五十亩以上者,悉依投献捏卖祖坟、山地原例,问发充军,田产收回,卖价入官不及数者,即照盗卖官田律治罪,其盗卖历久宗祠者,亦计间数,一体办理,若盗卖义田,应仍照例,罪止杖一百,徒三年,谋买之人,各与同罪,仍令立有确据,分别勒石报官存案等因,奏奉俞旨钦遵咨院行司奉此。为查江省各项祭田,先奉户部咨查,业经通饬造册详咨,载入会典,并奉部覆,河南省银米系属豁除,江省各祠祭田是否免课,抑□征收现在查详咨覆外,今据长元等县详据各裔呈称祭义田亩旧例编立图后应办赋税,秋成同学田十月启征,优免差徭,请赐给帖昭垂等情,前来覆查。祀产之设,往哲祠墓攸赖,或官为拨给,或后裔自置,均应世守,以昭崇德报功之典,至义田为赡给同族贫□,则效文正遗规,亦宜垂久勿替,庶得蒸尝永荐,淳睦成风,每有不肖之徒,恃无稽察,盗卖盗买,以致祠墓颓芜,岁祀陵替,故奉抚宪折奏,申严定例,兹据前情,除经呈详督抚二宪批饬遵行在案,合准给帖。为此,帖仰该裔遵照帖开□由勒石,永遵循例,编立图后,秋

成输赋，优免差徭，余籽以供俎豆赒给。倘有奸徒捏冒诡寄，及不肖子孙私行盗卖，富室强宗谋吞受买，即执帖首告，按律惩治，如非帖内田产，亦不得借端控争，毋得故违颁至帖者。

计开

宋先儒范文正公讳仲淹，勋业懋著，义泽照垂。恭遇圣祖仁皇帝遥颁宸翰，奖以济时。欣逢圣天主再幸园林，褒其高义。前明万历年间，裔孙范善宁等流寓崇明，后请建祠崇祀。沿历国朝列入编款，春秋致祭。雍正元年，裔孙范章珍等呈蒙各宪批准，崇邑范氏照依苏庄之例，除额赋商税之外，概免杂派差徭，勒石垂久。嗣因旧祠久废，二十四世孙范显叔另置祠基，呈请移建寿安寺之东，请设祭田，拨给涨地，耕种办赋，守奉祠祀，照例免差，以昭崇敬，给帖遵守，以光祀典。

都图丘圩斗则细册，备造存司。

乾隆四十二年五月

布政司

右帖给裔孙范显叔，准此。

[按]此碑现保存崇明寿安寺藏碑。文字录自2009年10月崇明县博物馆周惠斌主编《崇明历代碑文译注》"存目"。

重建上海县学魁星阁记碑

（清乾隆四十四年·1779年）

长白盛公恭膺简命,观察松、太两郡,驻节上海,下车以来,百废具举,尤以作养人才为先务,故于敬业书院多方培植,又以涌泉亭地脉为文运攸关,特隆修举,兹复捐廉俸,重建魁星阁。稽阁创始于前观察河南王公讳澄慧,度地学宫异方,筑楼三层,供神像以应斗垣,告成在雍正十二年甲寅岁,而己卯、丙辰、丁巳连掇巍科,洊登显位者不一而足,人皆归美于魁星阁之高耸文峰,上关象纬。乃已亥岁阁失于火,科名渐稀,屡议兴修,因循二十余年而未果。公毅然自任,复一邑之巨观,需费盈千,皆出廉俸。计匠给工,不劳民力,规制仍依于昔,观瞻倍壮于前。六角披云,三层拱日,法象则辉煌赫耀,形势则缥缈巍峨。丕乎休哉,若天特留此数十年久废必兴之事以待公之成之也。继自今人文蔚起,科第蝉聊,皆公所赐,而公为圣天子育贤升俊之诚心,亦永永与杰阁昭垂不朽矣！邑绅士暨敬业书院诸生因志感而镌诸石。

［按］上海县学魁星阁在县学东南隅,清雍正十年(1732)巡道王澄慧建。乾隆四十四年(1779),巡道盛保重建,此记碑由邑人撰立,记文录自嘉庆《松江府志》第三十二卷《学校志》。

枫泾许公祠记碑

（顾光旭撰 清乾隆四十八年·1783年）

往予权臬蜀中，王师方进勦两金川，戎马仓皇，飞輓络绎于道，属吏之才且贤者，司铧饷，直邮传，各供乃职。以余所知，若老成持重、才略过人而能尽瘁不遑者，则内江令许君椿其一也。癸巳夏，猝有木果木之变，文臣先后死事二十六人，赵农部文哲、王比部日杳而外，皆蜀之守令与其丞、尉，而许君实与其难。已而恤命下，许君赠道衔，阶中宪大夫，赐祭葬，祀昭忠祠，荫一子。而余因稽古祀典，以死勤事则祀之义，立"慰忠祠"于成都，并祀诸臣。余犹忆祠成日，余亲奠爵，歌招魂词，而许君之乡人农部曹公秋渔为文以祭，相与低徊，激昂大恸，不能置。许君既死，骸骨不归。乙未春，君之子煌，以君衣冠葬青浦县白牛荡之伐圩。既葬除服，煌以荫令山西之武乡、安邑。越八年，而煌以母老终养归，始构君祠于墓左。余惟君之大节，载在国史，炳若日星，而煌復以余旧尝宦蜀，知君尤深，属为文。余乃撮其略文于祠。君字董园，号南芗，椿其名。世为江南休宁望族。曾祖世俊，明广东海阳县尉，始徙浙江嘉善之枫泾镇。祖铉，考授同知。父经，岁贡生，皆以君贵，赠文林郎、内江县知县。君少工诗，为时辈所推。中乾隆辛酉举人，丙戌拣选知县，试用四川。既至，上官器其才，委署双流、仪陇等县，历有政声。乾隆丁亥春，王师征缅甸，蜀省派供骡马，县令为督解官。而滇南山势猛峻，涂径崎岖，重以春夏多岚瘴，触者辄死，人皆震慑，莫敢行。上官委灌县知县沈鹏，令已下矣，沈母老且多病，然业受命，不敢辞。群慨然请代，上官义之,乃以委君,而君夙夜恪勤,调度秩然,未半载而报命。读君《南征草》二卷,可想见其据鞍啸歌自得也。事竣,授内江令,宽严有法,膺上考。居亡何,会两金川蠢动,大学士、定边将军温公福帅师进讨,属君司正林口台站,管理饷馈。君转输不竭,军给以饶。既又调登春台站,二月,我师次木果木;六月戊戌,师溃旋美诺,辛丑,贼突至登春台站,君率站夫持器械与贼力战,伤贼甚多,卒以救援不至,为贼寸磔而死。先是正月,君赋《咏怀》诗二十六首,寄其子,有"七尺躯何爱,君恩未报难"之句,识者知其先谶,而君之平日忠义自矢已隐然溢于言表。《易》曰:"王臣蹇蹇,匪躬之故。"《诗》曰:"彼其之子,舍命不渝。"许君有焉。乃者嗣君煌,构祠以妥君灵,用彰我国家褒忠大典,而君当日慷慨赴死、凛凛烈丈夫之概,照人耳目,非特邦家之光,闾里亦与有荣施,君其含笑于九京也。夫余既纪君之颠末,乃復缀歌祠以侑君享。歌曰:"山万重兮云万重,书生投笔兮从戎。贼仓皇兮若蚁蜂,张空弮兮计穷。不返顾兮旋踵,殉国难兮从容,诏下重泉兮丕嘉乃忠。"又歌曰:"君乐土兮南方,马革裹兮何望。魂归来兮故乡,胡虑兮道阻且长。松桷旅楹兮俎豆有光,子子孙孙兮以奉烝尝。"

　　[按] 许公祠在四十一保五十四图伐字圩,祀内江县知县许椿,建于清乾隆四十八年(1783)。该碑记由顾光旭撰,记文录自光绪《重辑枫泾小志》第二卷《志建志·祠庙》。

上海城隍庙西园记碑

(乔钟吴撰 清乾隆四十九年·1784年)

西园在城隍庙西北,即明潘方伯豫园故址。乾隆二十五年,邑人相与醵金购其地,仍筑为园,以仰答神庥。先庙寝之左有"东园",故以"西"名之,历二十余年,所费累钜万。功将告成,岁甲辰,钟吴蒙上恩,迁授岷州牧,请假旋里,展谒庙神,遂得畅览园亭,喜百数十年名胜湮没之区,俨然复睹其盛。园址约七十余亩,南至庙寝,西北两面皆缭以垣,其东为通衢,构楼数间,迤艮南北,中辟园门,入门西行,有石梁穹窿南北跨溪上者,系豫园旧筑;溪南银杏一株,相传恭定手栽,过石梁而北,为"玉华堂",仍旧名而重建者,堂前奇石屹立,即《豫园记》所称"玲珑玉",为宣和漏网是也。离玉华堂而西为"得月楼",盖取近水楼台之意,楼西傍池岸,修廊曲槛,南达于"绿杨春榭",由得月楼而北稍东,若万斛舟泊于岸者,曰"烟水舫"。自舫西行,其闳厂高垲居一园之正中者,为"三穗堂"。堂之前分植桧柏,面当大湖,颇具广远之势,湖心有亭,渺然浮水上,东西作石梁,九曲以达于岸,亭外远近植芙蕖万柄,花时望之灿若云锦,凭栏延赏,则飞香喷鼻,鲜色袭衣,虽夏月甚暑,洒然沁人心脾。由三穗堂东北行,入竹篱间,曰"万花深处",花间有轩曰"可乐",轩前隆然而起者土丘,上列嘉木,其西为"留春坞",其东北迤逦而相属者,为"花神阁",与花神阁参差相峙者,曰"听涛阁",以阁边松柏时作风涛声,隐隐与黄浦飞涛声相杂也。绕篱转西北度溪桥,则山石突屹从人面而起,入山径西行转北折而东,有堂曰"萃秀",颇峻洁,堂前峰峦罗列,杂树纷敷，游者憩此，忘其为疲焉。由萃秀堂出，右仰巨山，层崖峭壁，森森若万笏状，其金碧秀润之气，常扑人眉宇，遥望之若壶中九华，天造地设，几不知其为人力也。从麓而上，盘旋二三百步，陟其颠，视黄浦吴淞皆在足下，而风帆云树，则远及于数十里之外观，至此称大快。自山而下，循小溪西南行，两岸蒲苇交杂。度小桥复入山，由洞中环行而上，至"香石亭"，可小憩，复下，南入洞行，有亭临大湖，曰"流觞处"，山中花卉杂开，四时不绝，山南有涧，每逢骤雨，则飞泉淙淙，泻入于湖，坐亭中可酌而饮之。自亭西北行，有数椽三面绕池皆艺荷，曰"莲厅"，厅东南筑亭桥一，以通于西南境。由厅而东北，过"凝云桥"，望见最高者曰"熙春台"，台凡三层，以地僻故，游者鲜登焉。自桥西行，寻转而南，红栏阁道，屈曲数十步，其左濒河，抵"憩舫"，由舫入内，得门曰"云边别艺"，入门有堂，曰"致远"，其上为楼，曰"涵碧"，涵碧之左有楼甚窄而高者曰"磬楼"，以楼形似磬故名，凭楼纵览，则园之东南景皆瞭然在目。出憩舫南度石梁，入山洞，右折有阁，东向迎朝日，曰"凝晖阁"，其从洞中南行盘绕而出山上，则"挹翠亭"在焉。亭左立奇石，高寻丈，形貌古怪，曰"魁星石"，自王氏素园移置于此。下山沿溪而南，有厅西面，其后轩俯大湖，东与湖心亭相望者，曰"濠乐舫"，南行度小桥，有室面北，曰"绿荫轩"，室后南向，额曰"千岩竞秀"，前列木石，为西南尽处。自此而东，傍大湖以南者，曰"茶墙酒墅"，曰"清芬堂"，堂四面皆植丛桂，东北隅有"鹤闲亭"又东曰"飞丹阁"，曰"绿波廊"，曰"春禊阁"，至"吟雪楼"，而园之胜概尽此矣。嗟夫，神之威灵昭昭，其为一邑之民，御灾捍患，功德炳然，宜吾民之不恤财力，而争相虔奉若此。今而后雨旸若，寒燠宜，五穀登，兆民乐。庶几都人士女，来游来歌，则斯园也，足与千秋庙貌，并垂不朽矣。

[按]碑记由清乔钟吴撰，书法家顾廷龙书。记文录自《文以兴游——豫园匾对、碑文赏析》（薛理勇著，同济大学出版社1987年版）。

新建上海城隍庙西园湖心亭记碑

(陆锡熊撰 清乾隆四十九年·1784年)

府州县准令皆立城隍神庙,长吏岁时祠,以宣报昭泽,而江以南严奉尤谨。开堂皇崇,寝阁羽卫,舃奕若大府然。往往规庙堧隙地,为之池馆台榭以娱神,而上海县城隍庙之西园者为最胜。庙故有园,湫狭弗称。后得其旁明尚书潘公园址益之,延袤始尽一坊。邑人喜其宽深亢爽,足欢乐神也,缮高浚卑,不谋孑来。穿堂邃宇,次第兴作。园中平池若干顷,流青写碧,上下天影,于延眺为宜。祝君韫晖、张君辅臣、孙君学裘、梅君树瞻相与输家财,植杙伐石,架亭池之中央,偃以曲梁,翼以横楣。工未既,则又月率肆中钱佐之,久乃讫役。八窗洞辟,循栊俯临,然后鱼鸟之出没,烟云竹树之晻霭,而茜丽无不尽于四瞩,因名之曰湖心亭。而砻石请识岁月。夫以数亩之园,一泓之池,视钱塘之西湖,曾不足比拟百一。然斯亭也,闳敞而清旷,实能罗园之景而致之几席。又得祝君等经始之勤,将以敬迓神庥,而长为都人士游戏观之美,是不可以无记,故为之书。时乾隆四十九年八月也。

文渊阁直阁事大理寺卿邑人陆锡熊拜撰。

[按]该碑记由陆锡熊撰于清乾隆四十九年(1784)。记文录自《上海碑刻资料选辑》(上海博物馆图书资料室编,1980年上海人民出版社)。

重建南汇城隍庙记碑

(张大器撰　清乾隆四十九年·1784年)

　　南汇为上海分治,建设创始数十年来,凡在祀典诸祠宇,亦既次第举而新之矣。独城隍庙因陋就简,尚从其朔,岂群力之尚有待欤,抑何宜新而久未之新也。夫城隍庙之神,岁莅邑厉坛者三,制有专祭,曰城、曰隍,此天子所命以相兹土也。亚乎社,秩视邦伯,礼俟堂,七尺壹门,则斯庙之不宜卑庳也明矣。有庙而不协于制,其何以妥神灵乎?癸卯岁,余来知邑事,将作而新之。会邑人士亦以愿新城隍庙请,余嘉其有同志也,首捐廉以倡,邑人士竞出朱提,勷其役。为筑土以高其基,砌石以广其址。即前所建之大殿,而恢扩其规模。仍其寝宫灯楼宅门,而内之两侧,厅则新建也。戏楼倾圮矣,重整焉。易两廊之廨宇为楼,俾与戏楼相称。始建头门、仪门,并新左右五路、土地二祠。起照墙,树辕栅,鼓吹有亭,旗纛有台。更添设两班房于头门之外。不期年而庙成,赫赫明神殆默相之矣。于是而邑之骏奔走于宇下者,咸得入庙告虔,仰荷神庥焉。邑人士请书其语于石,因作诗二章以遗之,使歌以祀神。首章曰:峨峨雄堞,东海之滨。建邑设牧,颁禄授民。布政有宰,昭鉴有神。彰善瘅恶,敕命谆谆。阴阳分理,奉职维均。洋洋如在,肃肃明禋。陈牲荐醴,神兮来歆。次章曰:风马云车,虹流电掣。瞻视庙堂,穆清渊默。官守何常,神司专壹。时若雨旸,降祥颂德。户比弦歌,境鲜盗贼。囹圄空虚,仓箱充实。于万斯年,惠此南国。

　　[按]该碑记由知县张大器撰于清乾隆四十九年(1784),记文录自光绪《南汇县志》第八卷《祠祀志·庙》。

新建川沙天后宫记碑

（黄楷撰　清乾隆五十年·1785年）

川沙营为沿海大洋水师。虽国家承平，海氛久息，而遵例轮巡，罔敢或懈。然当哨船出口，经小七、大七、小洋等山，至马迹、剑门几及千里，皆来巡察，与浙会哨，而兵弁安然，无倾复之患者何也。皆赖天后圣母元君圣灵之所佑也。夫海道至险。即水师熟练者，或遇飓风荡海，骇浪连山，舟掀翻而将沉，命呼号而智勇俱无所用。惟虔心叩首，乞怜天后。倏而风恬浪息。又舟行之际，或雨昏月黑，雾结烟迷，耳惊波浪之声，目眛水天之色，东西莫辨，进退无从，既复胆碎逢沙。此时圣母元君或现祥光于水面，或示灯影于樯端，导之出险，即安如履平地。一切鸿恩莫可殚述。予前在浙洋，素蒙母德，自临兹任，每岁出巡，复叨庇佑。且各兵弁满哨回营，亦莫不颂圣母拯危济险之恩同于天地，岂可量哉。夫宇内水陆灵神，其有功斯世被德生民者，皆应锡而庙食。以天后灵迹彰彰，加封历代。凡海舶停集之所，俱有琳宫宝殿，诚奉坤仪。沿海各营，亦无不巍峨庙貌。而川营独缺，无以展礼敬而达仁恩，非心之所能安也。予于去岁，即欲择地创建天后行宫。缘入觐未果，即于春哨初旋之日，本营中军沈鹏等呈请，通营兵目俱愿出资建立。予喜其敬神之意，捐俸成立。宫在城之西关内，邑庙之左，联宇焉。虽地狭，制度未洪，而每逢朔望，得率属行香。非以涓尘高厚，亦以致敬云尔，是为记。诰授武义大夫镇守江南川沙兼辖上海、南汇、宝山沿海等处地方水师参将候擢协镇加叁级带记录壹次黄。龙飞乾隆五十年岁次乙巳夏六月上浣。

一、绝买唐姓房屋一所,计拾间,后有随屋园地一方,价银三百五十两。坐落十二图内。东至贾姓地为界,南至大街为界,西至邑府为界,北至河为界。又后园东首墙角贾姓余地,价钱二千八百文。并塑像修葺添制备件共用料工银贰百。

一、助本庙住持膏火营田拾亩。其田坐落拾伍图。各佃户姓名等件,列入木牌交明该住持收管。

一、助武庙住持膏火营田拾亩。其田坐落拾伍图。各佃户姓名等件,列入木牌交明该住持收管。

［按］川沙天后宫旧址在浦东新区川沙镇原川沙县城西门内川沙城隍庙旁。1986年4月,该碑发现于川沙镇西市街120号东侧。该碑记文为川沙营黄楷撰于清乾隆五十年(1785)。

梓潼阴骘文碑

(钱大昕书 清乾隆五十三年·1788年)

勿破人之昏姻。勿为私仇使人兄弟不和；勿因小利使人父子不睦；勿倚权势而辱善良；勿恃豪富而欺穷困。善人则亲近之，助德行于身心；恶人则远避之，杜灾殃于眉睫。常须隐恶扬善，不可口是心非。剪碍道之荆棘，除当涂之瓦石。修数百年崎岖之路，造千万人往之桥。垂训以格人非，损赀以成人美。做事须循天理，出言要顺人心。见先哲于羹墙，慎独知于衾景。诸恶莫作，众善奉行。永无恶曜加临，常有吉神拥护。近报则在自己，远报则在子孙。百福骈臻，千祥云集。岂不从阴骘中得来哉？
乾隆五十三年岁在戊申四月朔日，竹汀居士钱大昕敬书。

予素爱《太上感应篇》，谓其有合于圣贤省身寡过之恉，且其文古朴，非魏晋以来人所能作。尝屡书，或为好事者携去。今春范抡上舍属予书《梓潼阴骘文》一通，此文虽出于宋已后而大恉则与《太上》垂训亦合符节。宣匿《易》亦云：积善之家必有余庆。或者谓古人为善，不当有计功利之心，此未喻圣人劝善之意者也。说此文无"唆"字，当是"嗾"字之伪嗾与唆，执相近而义亦正额也。大昕再题。

臣大昕印，文学侍讲。

［按］梓潼阴骘文碑，存嘉定区安亭镇安亭中学樊轩壁中，共三方，青石质，高均32厘米，宽分别为87、83、80厘米，钱大昕隶书阴

鹫文,28行,行8字。钱大昕题跋,17行,行8至10字不等。最后一段为行楷小字,7行,行20多字。碑文根据拓片抄录。字体除了汉隶之外,多用古字,个别字为生僻异体字。

梓潼阴骘文碑

厂头里社捐田记碑

(张为金撰　清乾隆五十四年·1789年)

厂头,以忠节师肇名也。其塔则无由考,或以为标渡者。夫韩瓶散伏土中,至今或得之,则初涨之迹可思也,标其然乎?南越百余武,踵事增华,而土归方外。夫侯之文节,李之贞孝,鼎立塔间,而荒凉墓碣,不如空门丽华,盖福田之说中之也。厥后祠以里社,土复归农,而住持不改。予兄振声,谋所以赡之者,其舅氏张君九成老而无子,慨然捐产若干,心臭如兰,与香风花雨同流矣。予侄奂洲道经于兹,休声贯耳,低徊留之不能去,谓振声曰:"此君建议于乡,种德于阴,虽祭社之可私,未敢许。而春秋改节,感物增思,住持之所以为报,必无艾也。如来大士,犹是庄梦,百岁之后,皈依其居,不亦乐乎?且自有兹土,主凡几更,置社之永,当不若传子之暂也。第恐世远言湮,或有不法,而莫之考者,因属记以征之。吹幽饮蜡之际,高山景行,心向往之,庶与厂头不朽焉。张为金记。"

［按］该碑记由张成九立于清乾隆五十四年(1789),张为金撰记文。记文录自清《厂头镇志》。

建奉贤文昌神祠记碑

（王桂怀撰 清乾隆五十四年·1789年）

举修县学之明年，工綦竣矣，太学生顾君累功以天下学宫多有祀文昌神者，奉贤独缺如，概然引为己任，于讲舍之一隅，甃石为基，设龛以祀，榱桷整饬，黝垩辉煌。不再月而工已竣，乞余记之。余韪其勇于为善，而虑祀名之或未正也，进而告之曰：《周官》太祝辨六号，一曰神号，太宗伯掌建邦之天神、人鬼、地祇之礼，则知迎神而飨之，宜先正名也必矣。《史记》"斗魁戴匡六星曰文昌"，"《文耀钩》曰：'文昌宫为天府。'《孝经援神契》曰：'文者，精所聚；昌者，辅拂并居，以成天象，故名。'"初不言其主文教也。迨后世始为司科名爵禄之神，且指其人以实之，曰梓潼，曰帝君。夫文昌，星名也，天神也；梓潼，山名也，地祇也。帝者，天一之名，凡紫微、太微、天市三垣之帝座，犹天子之内朝、外朝、行朝也。今以文昌星而称之为帝乎？乃浑天神、地祇之名而一之乎？其可乎？其不可乎？虽然，文昌星之果主乎文教、司科名爵禄与否，余何由证之？盖自神道设教之说著于《易》，后世儒者或乐假文昌名义而附会之，重神以福善祸淫之权，动人以崇德修慝之念，欲人人日跻圣贤之域，其存心也不可为不厚，固未尝达乎理而悖乎情也。然则今之祀文昌者，宜号曰文昌之神，比于农祀灵星，蚕祀天驷，则名正而祝顺矣。为士者借以束身修行，仰之如在上焉，陟之如在旁焉。累功之建此祀也，厥功可不谓伟哉！抑余闻顾之先世精歧黄术，以军功受职，登仕版。今与其子高文、从子高翔传无业，活人命，即日孜孜为善意也。予姑诺其请而为之记，且诤世之祀神而不知正名者,于是乎书。乾隆五十四年,知县王桂怀记。

[按]文昌祠在奉贤奉城学宫侧。该碑记由知县王桂怀撰于清乾隆五十四年(1789),记文录自光绪《重修奉贤县志》第六卷《祠祀志》。

重建嘉定城隍庙记碑

（姚学甲撰 清乾隆五十六年·1791年）

余去嘉定之十有一年而复宰是邑。邑故有城隍祠，门窗已毁于火。据邑乘，宋时设□□祠□□□禄□天顺九年三月朔八日□□甚，历三百余年，前后同日□□者，以为□□□，或然也。□□□言：（□□□复□□。）今则四壁仅存，如道旁□室□□□□□□□感进褚绅者而商谋兴□□，以岁歉民贫赀财□□□□。余曰：（□焉。）是在□□□三百□□□而□人士以余前之不得□于民，而谅余心之无他也，无不踊跃欣□，自绅士以逮妇人孺子，□心□□□□鸠工。经□□□□四月，□越月而告竣。属余为文以记。

余□□□□□于□□□□□以守其国。又《礼记》：（天子大腊八。）水庸居其七。庸，城也；水，隍也。盖城隍之名所由昉。彼之人建祠立像，创于柬吴赤乌二年，而北□慕容□□鄴□□兵来攻，祷于神名城隍者，遂以破□。《隋书·五行志》：（梁武陵王纪：王祭城隍神，蛇绕牛口。）是城隍之祀，六朝皆然。至唐祀□□□，李阳冰有《缙云城隍记》，张曲江有《洪州祭城隍文》，杜少陵有(十年遇父老，几处赛城隍)之句，杜牧亦有《祭城隍祷雨文》。宋则陆放翁《记宁德城隍》，元则吴□草庐作《江州城隍记》，明则神祠遍天下，至有公侯伯之封。盖一郡一邑莫不知祀□城隍矣。我国家和服百神，城隍之祀，舆山川社稷、风云雷雨同列祀典，而城隍特崇专。初凡水旱疾疫，俾民随时祈请，而海疆重地更以潮汐往来用资奠安，诚祭法所谓御大灾、捍大患有功德于民则祀之者也。至庙工告成，明神屡着灵异,此固福善祸淫之常理,余置不复道。惟纪兴修葳月,及诸绅耆之尽力董率任劳任怨,振起已废之工,助余有成,为不可没也。

时乾隆五十六年(1791年)辛亥十一月日记。

赐进士出身、文林郎、三知嘉定县事、己亥、庚子江南乡试同考官、加三级、记录二次、鉅野姚学甲撰文,赐进士出身、奉政大夫、吏部考功清吏司主事、督理道州□仓粮储事务、加三级、昭文姚左垣书丹。

［按］重建城隍庙记碑现存嘉定秋霞圃觅句廊,青石质,高192厘米,宽85厘米。碑文多漫漶不能辨识。碑记后原列有人名,凡三十余之多,今能勉强认出的有王鸣盛、钱大昕、朱春生、王嗣学、汪载良、时一松、周义□、朱鼎□数人。城隍庙,或作城隍祠,嘉定城隍庙始建于建县之初,原在城中南大街富安坊,明初移建于东大街今址。后屡有增修,信徒众多,凡遇庙会,热闹非凡。1983年修复后,划入秋霞圃公园。

周浦关帝庙记碑

(胡志熊撰 清乾隆五十七年·1792年)

关帝庙自京师达于天下几千所,其在外则行省尚书侍郎至州县之长吏,春秋率僚属以太牢致祭,朔望焚香九顿首。著于令甲,先师孔子同其尊崇之典。若是而殿庑门庭褊迫陋庳,不足以肃观瞻而严对越,岂非守土者之责乎。周浦镇距南汇五十里,民殷土沃,百货流衍,为一县甲。南汇岁漕六万余石,其输纳皆于周浦,长吏以时征敛。因即治文书听狱讼于其地,一岁中率三四月留,镇东旧有关帝庙,近市湫隘,妥侑有阙,灵爽弗凭。志熊来莅兹土,朔望展敬庙下,怛然唯不共是惧。暇日与三林巡司陈君度得永定寺东偏药师殿废址,乃即而新之。殿屋三楹,门屋五楹,东西步廊,左右序室。度木戒工以序营构,役不烦而既,财不费而足。废者以兴,陋者以华,嚻者以静,弛者以严;悦于民而惠于神。上称朝廷尊崇之典,下尽有司昭事之诚,胥于是乎在。爰记其事于石。

[按]该碑记文由南汇县知县胡志熊撰,碑文录自光绪《南汇县志·卷八》。

川沙城隍庙记碑

(黄孙灿撰　清嘉庆元年·1796年)

考邑志，川沙城隍庙不载建造年月，人亦莫知其由来。自昔地隶上海，为川沙堡，前明恒为倭寇扰累，上海观察熊公建议筑城，事在嘉靖三十六年，或者庙于是时建焉。乾隆五十三年，鹾使熊公来抚兹土，朔望谒祠，见颓垣败壁，风雨飘摇，心窃伤之，谋于缙绅祝君甘霖，首倡捐施，重整歌台，聿新庙貌。五十九年秋，遇风潮之灾，万灶田庐尽遭淹没，老弱哀鸣，将填沟壑。斯时也，熊云寝食靡宁，心焉如灼，乃默祷于神力，请太守许公发赈，公允转请上达。宸聪发帑，借给口粮，于是庙设公厂，计口授银，三日之间，僵者复苏，仆者复起，实发银二万一千七百四十余两，全活灾民十万数千余口。是圣主拯救之天恩，太守矜怜之盛德，鹾使呼吁之苦心，皆赖神灵默佑之鸿慈也。拟为重建，工费浩繁，且灾歉之后，民力未充。熊公捐俸助田二亩，岁为修葺，以展虔忱。观察熊公讳桴，鹾使熊公之族祖也。太守许公名兆椿，鹾使熊公名之垣。田坐落八团南二甲，岁收租若干，交结住持道士薛茂园收管，永禁盗卖。用勒于石，以冀后之乐善不倦。嘉庆元年十月望日，川沙营中军守备李景曾捐资勒石。

[按] 川沙城隍庙在川沙城西门内。明嘉靖三十六年(1557)建，清乾隆五十三年(1778)盐太使熊之垣重修，该碑文即记其事。嘉庆元年(1796)钱塘黄孙灿撰写碑文。碑文录自光绪《川沙厅志·卷五》。

重修江湾文昌阁记碑

（李赓芸撰　清嘉庆六年·1801年）

昨为张明经补庵先生撰淞南文昌宫碑，顷文学盛君砚巢介余中表杨君属记江湾重修文昌阁事。窃以淞之宫创也，江湾之阁，因也。然而因之难殆与创等。江湾距邑城将二舍，雍正二年析县分隶宝山，则距邑城只一舍余矣。前明有书院，后废。国初，辽阳查公首捐俸倡，里人士竞输金就其址建阁以祀文昌帝君。阁之下为式化堂，乃读法之所。饩羊既去，遂为不肖沙门所踞，至有万佛阁之称，则几无有其为奉帝君之地者矣。乾隆三十三年，青田韩侯行县，至江湾廉知之，罪僧而复之，颇加葺治。公暇来莅，与诸生讲习，迄今忽忽又三十有三年矣。风雨飘摇，漫漶剥落，渐有倾圮之虑。今仲春之朏祭辰，里之士萃焉，爰建重修之议，众咸踊跃，鸠工庀材，阅二百有奇日毕工，凡用钱百五十缗有奇。焕然一新，又还旧观。阁本五楹，中三楹奉帝君像，东西各一楹仿古夹室，左祀魁星，右奉当湖陆清献公木主，而以邑大夫之贤而有惠于民者祔焉。朔望日，以司月者一人输奉香火，并经理惜字之举。尝考帝君之神，上应戴筐，殆如宋苏文忠公之为奎宿无异。自晋以来胙歆不绝，而帝君之号，则仿于宋。嘉庆五年帝君曾于蜀之七曲山显神却贼，是以我皇上发帑建庙于地安门外，圣驾亲临荐香，编入祀典。太牢之飨，遍于郡邑，崇奉之隆，实迈前古。江湾虽海壖一隅，而都人士能修废举坠，为振兴文教之助，其功与淞南之创略同。行见横经之彦，文学蒸蒸日上而科名奋起，亦理之所可信者。赓芸既为之记其本末，又仿东汉碑阴之例，俾刊出钱者之姓名,庶后之人有所观感兴起,而与之持久于无穷也。

［按］该碑记由李赓芸撰于清嘉庆六年,记文录自民国《江湾里志》第四卷《礼俗志·寺庙》。民国《江湾里志》第十三卷《艺文志·金石》著录此碑。

移建南汇魁星阁记碑

（吴省钦撰　清嘉庆八年·1803年）

　　乡会试自第一至第五号五魁，魁之号多者至十六或十八而止。魁星之祀，顾氏炎武谓不知始何年。魁，北斗第一星。奎，北方玄武宿之一。奎为文章之府，乃改奎为魁，又不能像魁而取鬼字之形举足而起其斗二星，所主不同，字音亦异，说似辩矣，实未覈也。奎在西宫咸池，不在北宫玄武，宿为封豖，亦曰天豖，曰封豨，主沟渎，为天之武库，五星犯之主爽德。《律书》"奎毒螫杀物"，徐邈曰"奎，一作蚩"，蚩，即蚩，故星经以为白虎，赵宋以前未有称吉曜者。自乾道五年五星聚奎，占者为文明之兆，罗氏泌"仓颉观奎星圜曲之势制文字"，王氏应麟改为"观魁星圜曲之状"，皆由《援神契》"奎章"一语附会之。嗣是奎章有阁，《瀛奎律髓》有编，林灵素至称苏轼为奎宿奏事，不知五星凡聚处无不主太平者也。北斗魁四星，第一枢，二璇，三玑，四权，其形若圜若曲。奎十六星，两端锐若梭而阔，安在其圜曲者，以玉衡之三星合魁四星为中宫。北斗其体尊，其用广，至魁星之主科名，太学光齐之礼状元送镀金魁星怀盘一副，宋周密所识也。"金斗高跳鬼状狞，人言此象是魁星"，淳祐间番禺李昂英送魁星与李子先诗也。"举手高摘，万丈虹光"，文信国《代富丹醉魁星文》也。"手笔手金锭"，则明蒋一葵谓天顺癸未昆山陆容于会试前戏寓必定之意而图之也。我邑袤广百余里，进士科相望，我朝顺治、康熙间施清惠、叶忠节尤著，即雍正甲辰榜之唐教授班、朱少詹良裘、马大尹严，皆金邑人。今邑析自雍正四年丙午，丁未榜之叶教谕承，庚戌榜之顾成天虽邑人而一籍青浦，一籍娄。乾隆戊辰榜予季父乐昌尹世贤籍系奉贤，而太学题名碑录皆误作汉阳人。若壬辰榜之施教授润则又邑人而籍上海。癸未、戊戌榜予与弟省兰碑录始著籍南汇焉。当乾隆二十九年，灵寿杨侯宜论于学宫之东倡修三层阁高五丈五尺，围十三丈，上奉文昌神，中奉魁星，旋于阁之西、文庙之东建惠南书院，经营缔造，鬱焉改观。顾形家者言，阁与大成殿脊不相中，地脉又局促，创建以来科第寥落，屡议移建于隔水之太乙异宫，而地洼工钜，观望勿果。嘉庆七年冬，钱塘张侯昌运语予，借孙司训铨邑诸生庄显、王诚先后相度，酌中南北分金为阁，专祀魁星，与大成殿脊遥对，异乾一贯，甚得地利。侯与予兄弟各输钱以倡，筑基饬材，八年四月工兴，七月工藏，凡高下围径一如其旧，而地脉疏鬯，体势联络，邑人士欣欣喜色，谓灵秀清淑之气必有贯三才以昭响应者。至文昌帝君比奉旨祀与关圣帝君埒，侯克期议举，择地与阁相比，亦谓文昌之宫，以魁星旁侍为失序，魁更不可改为奎，故正其神号昭祀于阁之最上层，而予为之记。

[按] 该碑记由吴省钦撰写于清嘉庆八年（1803），记文录自嘉庆《松江府志》第三十二卷《学校志》。光绪《南汇县志》第十二卷《艺文志·金石》著录此碑。

六如庵火帝殿记碑

（李凤昌撰　清嘉庆八年·1803年）

　　吾镇去邑治二十四里,庐井桑麻,居民稠密,东南一大聚落也。中镇而巍峙者,曰云翔寺。迤而北金黄桥外有六如庵,庵之前殿奉火帝,创自前明天启四年。形家谓火者,阳之精,位于坎位,可以庇赖一方云。按周礼,夏官司爟四时,变国火以救时疾。季春出火,民咸从之,季秋内火,民亦如之。凡祭祀则□□报其明之功也。盖自火□□□□于五行,修于□府,甄陶品类则造化之□□济育群生,则天地之□□。国家重熙累洽,怀柔百神,凡有功德于民者,俾所在崇奉。矧合太阳之灵晖,体淳刚之正气,如帝者乎。乾隆（下缺20字）臘。四十一年,先大□□□之迄今二十余年,庵之僧三禅造余以殿将就圮。余为鸠工匠、具土木,栋之桡者易之,壁之薄者厚之,黝垩丹漆莫敢不良,非藉以自邀贶也。亦使吾镇万家睹庙貌之巍峨,凛声灵之赫濯,生其尊且敬之心,以尽其所以事神之道。而神固聪明正直,依人而行,于以大庇赖其一方。昔人所云,修火祀亦足祈求年丰,是则区区之意也。夫庵之前旧有井亭,泡庵先生尝书其缘起,今翼然尚存。殿后有堂供养佛像,意即泡庵所谓观音堂也,旁则为僧寮。余一一缮完而新之,外又缭以砖墙,俾住持此庵者讽呗安禅,不患旁风上雨并得晨夕虔奉帝之香火焉。落成之日,三禅请一言以记,余维前明歙人任君磐石解囊独任修云翔寺,娄东王司寇弇州为作记,记其所费不下二千金。余是役不及其半,故不欲以渎当代钜公也。遂自为记之如此。嘉庆八年岁在癸亥秋八月,桐园李凤昌记。

[按]该碑记由李凤昌撰于清嘉庆八年(1803),记文刻在三块长条形青石上,记文共54行,行10字。记文录自该碑。第一、第三块石高30.5厘米,宽79厘米;第二块石高31.5厘米,宽72厘米。

朱泾文帝宫记碑

（侯人康撰　清嘉庆十年·1805年）

皇帝御极之初，承列圣丕显之绪，重华协于帝，睿哲文明，光被四表上下，俊乂在官，百僚师师，亮采有邦，诞敷文德，光天之下，至于海隅，苍生罔不昭明于变，其惟帝臣，于是皇猷炳焕，帝载缉熙。并日月，抚五辰，观天文，稽天象，其司厥命与禄者，知有默宰于冥穆，以佑启我群生，特崇帝君鸿号，载入祀典。诏侯甸男邦伯下郡县所在建祠宇，春秋定日，其祀事惟谨。人康承天子命，用集邦之大夫士，宣布纶言，即首捐廉俸，邦人士咸拜手稽首，捐输恐后。相地厥既，得卜则经营，初卜朱水西，惟震方吉，又卜滩水南，亦震方吉，乃定地凤翔里东林禅寺之右。用白金若干两，建大殿五楹，东西各三楹，宫三门，门三涂，四周缭以垣，不侈不陋，期年而告成。按《礼·祭法》，七祀、五祀，皆先司命。《周礼·大宗伯》："以禋燎祀司中、司命。"《尚书》："禋于六宗。"《小宗伯》兆四类于郊。《月令》季冬之月，毕祀天之神祇。孟康、郑康成皆谓司中、司命与焉。《史记·天官书》：斗魁戴匡六星为文昌宫：曰上将、次将、贵相、司中、司命、司禄。《汉志》、《晋志》小有异同，皆指文昌之名也。文者精所聚，昌者杨天纪，惟天阴骘下民，相协厥居，首重彝伦攸序，故《洪范》陈九畴。自五行、五事以至向用五福，威用六极。惟皇极之敷言，是彝是训。于帝其训，凡厥庶民，亦惟皇极之敷言，是训是行，以近天子之光。此邦最号有风俗，不仅以文辞称，惟邦之人益淬厉于圣贤之途，图书之府，一以帝训祇承，用副圣天子作人雅化，伫见人文愈盛，髦士攸宜。愿与邦人敬承祀,以共天子尊天之休命,谨集诗三章,俾歌以侑神。其辞曰:维北有斗,明星煌煌。如日之升,休有烈光。矢其文德,以谨无良。秉文之德,自独俾臧。无日不显,示我周行。赫赫在上,雍雍在宫。春秋匪解,夙夜在公。各敬尔仪,神罔时恫。既愆尔止,鲜克有终。有如皦日,穆如清风。于荐广牡,自羊俎牛。其香始升,盲酒思柔。帝命不违,云何其忧。思皇多士,何天之休。上帝是祇,百禄是遒。

[按]该碑记由侯人康撰于清嘉庆十年(1805),记文录自清《朱泾志》第二卷《建置志·宫庙》。清《朱泾志》第三卷《艺文志·碑版》著录此碑。

重修陈王庙记碑

(曹湛恩撰 清嘉庆十二年·1807年)

凡同人协力,大观在上者,作而弗记,无以劝善传后也。吾乡陈王庙创建旧矣,而门道向系平檐。嘉庆七年,里人宋禹章、禹廷领袖捐金,改建重屋,功半中止。今其嗣咸成、炳成邀集董事曹鼎扬、王心一等绍葳厥业,兼以□修葺庙宇,估费虽繁而乐输良众,爰庀材鸠工,涓吉劝事间架之,已具者润色之,体制之未备者增葺之,凡整倾颓,更朽坏。涂塈丹垩,越三月而落成。庙凡三进,于是仰其门楼伉如,行其庭宇肃如,洵足壮观瞻,妥神灵矣。都人士趋事之诚,输将之挚,仰答神庥者,能无志乎?因琢石于庙庑,请记于余,予累世托居庙界,叨福庇者深,曷敢以不文辞,谨志其重修之略如是。捐赀董事诸君,并勒于左方云。

嘉庆拾有贰年,岁次丁卯,春王月谷旦。

恩进士候选儒学教谕里人曹湛恩撰,子文木书丹。

洞庭东山信人张大奎重书丹。

汇南信人陆景阶篆额。

汇南黄大川勒石。

董事:曹鼎扬、宋丹成、陶鹤书、庄鸣鹤、王心一、宋廷芳、徐永生、金书祥、宋咸成、曹德山、金凤来、宋国修、宋炳成、袁德甫、金圣林、金书成。

经办:蔡鹏九、陆国卿、曹庭柱、蔡德云、张庭元、张声闻、陆德明、曹赤山、叶庆云、王圣达、顾冠南、胡芳谷、曹俊英、叶静山、陶圣章、朱南荣、曹敬良、龚怀甫、薛瑞廷。

　　[按]陈王庙在浦东新区张桥镇金海路南,该碑即在庙大殿东壁间,现庙已修复开放。碑立于清嘉庆十二年(1807),碑身高134厘米,宽60厘米;碑座高20厘米,宽85厘米。碑身系青石质,碑座为花岗岩石。该碑行文17行,行37字。

重修奉贤武圣宫记碑

（张敏求撰　清嘉庆十四年·1809年）

奉贤之析自华亭也，在国朝雍正之四年，而自前明洪武十九年实始建城。于城之四隅各建一庙，西南隅其武圣宫也，至雍正三年，粤东温公元凤总戎青村，道经申浦，风起舟几覆，恍见草冠绿衣神救免。抵任，亲诣武圣宫致拜，见神像露处其冠服，一如向所见者，心异之，捐俸兴修。历今八十余年矣。甲子夏，西蜀艾侯荣松来治斯邑，而庙适再倾，爰及丙寅之春，捐廉重葺，其于榱桷瓴甓、丹漆黝垩之用既已粲然聿新矣。而圣容未焕，方思所以更修之，忽有香木自海浮来，木理宛肖如雕绘然，爰亟请工装治既成，虔妥以崇祀焉。当是时，戴子元勋实奉艾侯督修之命，而予自丁卯来莅此土，元勋尝为予言之。予窃惟古命祀之义，自郊坛、社稷、川岳、坊庸，既或有格于分，而不皆通祀。而上古五行之帝，若太皞、黄颛之配食，又不得为专享，且其典文仪制，自汉以后皆出于诸儒，亿度之言，盖世久亦浸微矣。而自春秋以来，世承俎豆，自京都以及郡邑无不通祀，逾久而弥隆者，则惟我孔子；至于生当汉季，阅世二千年而声灵愈赫，上追阙里而与之比隆者，则惟帝。岂非其刚大之气浩然天地之间，忠圣之猷奋乎百世之上，而兴起激发、奕祀犹新、足以振纲常于不坠哉？夫以帝之灵爽遍天下，因非私庇于一方，而庙貌所在巍然，人知尊仰，又岂必示象以显于邑。而先后神异之章章者，殆天之丕祐我民，使海宇之陬，得被神造于无穷。而所以眷祐我国家，使康乐其民人，而奠皇图于永固者，正于是乎在。是庙也，一修于温，再修于艾，而戴子襄赞勤劳之力，予亦有取焉。爰据所闻，而综其本末，具勒于石，且以使后之观者，咸知所以崇奉于不替云尔。嘉庆十四年，知县张敏求记。

　　［按］奉贤城关帝庙在奉贤县奉城镇原旧城内西南隅，建于明洪武十九年(1385)。此碑文所记为清嘉庆九年(1804)知县艾荣松重修之事。清嘉庆十四年(1809年)知县张敏求撰写此碑记文。碑文录自(光绪《重修奉贤县志》第六卷)。

奉贤县城隍神庙碑

（王芑孙撰　清嘉庆十四年·1809年）

奉贤县城隍神者,故松江府知府、恤赠太仆寺少卿周侯也。侯讳中鋐,字子振,浙江山阴县人,康熙中起家为崇明县丞,累权六合、宜兴、上海诸县事,咸有惠政。后九年迁知华亭县,民有被诬杀人久系,侯立出之,而论坐其实杀人者。提督标兵张某芘盗,前令莫敢问,侯至,捕治伏法,威爱信一时。后三年,秋霪,海水大上,漂数县,侯具衣糗屋庐材槥,救恤其民,又为请赈驰租,所全活甚众。明年以催科不及格,罢,县民无虑万数,遮言上官,闻于朝,以侯还县。于是高安朱公在左都御史莅修海塘一事付侯,塘成,侯以母忧当去,民吁留如故。而世宗宪皇帝先已擢侯知府,及是,予假治丧,还视府事。明年朝议浚淞娄诸水,当事谓非侯莫任,以侯摄太仓州,董其役。侯方筑堰,松江堰一再溃,昼夜凌崄,指麾仓卒,覆其舟,侯亡,而筑合,是为雍正六年之二月二十九日,时年四十有九。事闻,赐祭葬,赠荫如制。奉贤之为县,析自华亭,当侯为知县时,奉贤犹隶境内,其始析,又适当侯为知府,故弥久而民思其泽,奉侯为城隍之神,岁时祈报,孔虔勿懈。比者,县大夫、乡先生相与葺新神宇,以其事来言,请文勒石。芑孙谨案城隍于今为典祀。侯有功德于民,勤事而死,又应古法,义宜有述,乃为迎飨送神之辞,遗其县人畀歌以乐侯云。辞曰:侯之降兮乘云,飒回飙兮雨缤纷,憺弭节兮顾我民,民既寿兮物既蕃,稻登场兮盐纳垣,侯之来兮入庙,妥以侑兮欵且笑,飨簋馐兮炳薰燎,棉有纺兮鲈有钓,户不闭兮境无盗,侯之行兮夷犹,乐匏簧兮醉清讴,醉扬灵兮横桂舟,朝潮逝兮夜汐留,海不啸兮岁有秋。文林郎前华亭县校官、需次国子监典簿、长洲王芑孙撰文。嘉庆十四年己巳仲秋月。知县桐城张敏求立。

　　[按]奉贤城隍庙位于奉贤县奉城西门内,建于明代,清乾隆三十六年(1771)重建,嘉庆十年(1805)知县艾荣松修。嘉庆十四年(1809)知县张敏求重修,碑文录自光绪《重修奉贤县志·卷六》。

重修正阳道院记碑

(李林森撰　清嘉庆十六年·1811年)

正阳道院者,邑人所建以祀孚佑帝君吕祖仙师者也。殿始建宋景祐之四年。其成前后院者,元至正十一年里人潘守真也。明嘉靖四十五年重建者,以丁未毁故也。国朝康熙二十一年之修且改门南向为东向者,道士张尔宿也。继修者,李澂也。乾隆二十六年之修又名之为真一禅院者,僧息妄之所募也。嘉庆九年,今住持僧定修始以重修鸣于路凡五载,檀施稍稍聚,前松太道蒋公、今松太道钟公暨知县苏公王公先后捐俸若干,于是庀材饬工,若大殿若山门若文武圣神祠,听事有堂,憩息有轩,百废俱举,至十六年而工竣。顾未有记,考郡邑诸旧志,县南有水仙宫,祀茅竹水仙,今无考,士人率呼院为水仙宫。叶梵殊曰,向供水仙五圣,康熙初毁,奉天妃焉,今妃秩祀在顺济庙。此固可无庸一本或作水仙宫者,字之伪也。道院禅院缁黄妄生分别,而大道本无歧视,宜记一。嘉庆十五年,定制以仙师入祀典,有司即于院将事,则定修之募若有先期者,其宜记二。向之祀水仙也,以城市阛阓多郁攸灾,而院居东南偏,取女丁妇壬妃火厌胜之义。今仙师斟酌元化,顺布五行,呼护之倍,有灵益信,其宜记三也。正阳者,仙师所从受法钟离仙师道号,院以是称,所从出也。虽然其义不止此,今夫仙佛宗旨则曷有不出于正者乎。仙师尝言忠教外无神仙,又云阴一分不尽则不仙,则阳之义也。院相传仙师烧丹所,然于故籍无徵。今赤子之心发而中节则毗于阳,驯而熟之可以为圣贤、为仙佛、为大丈夫。蔽于欲,徇于习,则失节而于入阴为鬼,趣斯其为丹也,莫大乎是。仙师日揭甚丹于楹间以示人,而蛊蛊者未之悟也。悲夫,掘地及泉,固不可曰水专在是,然亦乌睹水之不在是也。如是则虽谓今之院为仙师烧丹所,亦宜院。固近道署前后两观察、两明府暨邑士之助义举者,定修之能勤其事者皆得书。且有望于后之人善成之,卑不坏。庶几永永无斁也,于是乎也。

[按]该碑记由李林森撰于清嘉庆十六年(1811),记文录自李林森的《易园集》。

淞南文昌帝君庙记碑

（李赓芸撰　清嘉庆十六年·1811年）

世之奉文昌帝君久矣。唐宋两朝，屡加封号，至元之延佑而尊为帝君。近三四十年来，帝君灵迹益着。今皇上即位之年，帝君显神，却贼于七曲山，疆臣入告。明年，特敕建庙于地安门外，天子亲临荐香，行九叩礼，命礼官增入祀典，春秋仲月，祀以太牢，遍隶于天下郡邑。其崇奉之典，超越于前古矣。而吾邑淞南之文昌庙，在纪王镇南三里。先是，形家者相傅雨水夹东西，双流汇南北，星体占斯中，文光辉林木之貌。乾隆庚戌，里中同志始舍其地为庙，又购得他姓业扩之，庙四距村落率皆千余步。蟠龙、嵩塘环其东南，虹江、俨浦绕其西北，中间支流曲溆，若钩若块，或拱或向，形家之言竟验。庙旁杂莳花竹，翁蔚成林。其外清池环绕，架梁以通往来。置香火田亩，守以戒僧。每当良辰令节，衣冠胜侣卫子弟，习礼其中，以涵泳圣涯，束身伦纪，乃次第举行恤婺狸骼、惜字放生诸善事，亦各有田，以供支度。乌乎，岂非一隅之无量功德也哉！顾儒者多疑戴匡六星，不应有人主之，遂诿为道家之依托，则又不然。夫嵩岳降神，生甫及申泳于雅什，宝沈主大夏傅说，托列星载在傅记。帝君生而为英，没而为灵，聪明正直而一，上应斗魁之精，显赫固有，在抑五经。孔孟之书，无不以阐发为惩勤。然而顽者昏焉不知，秀者习焉不察，惟帝君以殃庆感应之理，砭订人心，俾得涤虑濯躬，不至自外名教。则不特帝君辅世牖民之功，即揆诸神道设教之意，亦未尝少戾也。张明经补庵，为淞南人士祭酒，宝创斯举。适赓芸奉讳家居，属志其缘起,将勒诸瑉,自忖梼昧无文,言不足重,而重违先生之意,遂述其梗概如左。赐进士出身、诰授朝议大夫、前知嘉兴府加四级,邑人李赓芸撰。时在嘉庆十有六年岁次辛未孟秋之月。

［按］淞南文昌帝君庙在纪王镇南三里,《淞南文昌帝君庙碑》原碑已佚。该碑记文由李赓芸撰,碑文录自清光绪《纪王镇志》卷四《艺文》。

建川沙文昌宫记碑

（周垣建撰 清嘉庆十八年·1813年）

文昌之神,掌人间禄籍,为文学权衡。近代以来,海内皆立祠宇,虔奉俎豆。我皇上作人选士,治光华夏,爰通民情,用垂祭法。嘉庆六年,诏天下直、省、府、州、县立庙以祀,如关圣帝君,礼典至钜也。川沙介上海、南汇之间,嘉庆十五年分两地设抚民厅。神道载在典礼者,春秋享祀,惟文昌之神尚未立庙。垣承乏斯土,尝与同城蹉使伍君有庸,筹画创建而犹未得地。城之东南隅,半为绅衿沈君静之地,又半为某氏典质于沈君之地,沈君殷然乐捐,并将旧居别墅之栋梁椽楹瓦石移建正殿,余方欣得善地。而祝君孝廉甘霖,陆明经文耀暨诸绅士,佥欲大兴工作,廓其规模,请众捐以成之。余与伍君量捐薄俸为之倡,于是,审曲面势,鸠工庀材,祝、沈二君与孟上舍思恭固不辞其劳,而诸绅士咸各董其事,恪恭不懈,经始于辛未岁嘉平月,越癸酉嘉平月告成。基地宏廓,栋宇峻起,杰阁高敞,殿庑辉彩,川沙人士所以仰迓神灵,相与奋志青云者,其意可谓诚矣。夫古今硕辅名卿、醇儒博士,蕴德行而发事业,本经术而著文章,故能燮理阴阳。经纬天地,绍承道统,阐发微言,至其幽思之绚道德,摛藻之揿天庭,类皆蔚为国华,垂诸不朽。是科名为进取之基,而德业定爵禄之券。然则神之默佑乎人者在此。而圣天子之光,祀典而脯斯民者正在此,其可弗思乎。垣数载于兹,自维训率无具,更愧言之无文,谨略叙原委,将董事捐金者,序次如左,以冀海隅文运之日盛云。尔时在嘉庆十八年嘉平月。

[按]川沙文昌宫旧址在浦东新区川沙镇原川沙县城内东南隅,清嘉庆十五年(1810)冬,同知周垣建,并由其于嘉庆十八年(1813)撰写碑文。碑文即记建宫之事。碑文录自光绪《川沙厅志·卷五》。

松江府城隍制诰刻石

（董其昌书　嘉庆二十年·1815年）

奉天承运,皇帝制曰,帝王受天明命,行正教于天下。必有生圣之瑞,受命之符。此天示不言之教,而人见闻所及者也,神司淑慝为天降祥,亦必受天之命。所谓明月礼乐,幽有鬼神,天理人心,其致一也。朕君四方,虽明智弗类,代天理物之道,实馨于衷,思应天命,此神所鉴,而简在帝心者。君道之大,惟典神,天有其举之承事。唯谨松江府城隍聪明正直,圣不可知,固有超于高城深池之表者,世之崇于神者,则然神受于天者,益不可知也。兹以临御之初,与天下更始,凡城隍之神皆将其命。睠此郡城,明祇所司,宜封曰：鉴察司民城隍威灵公。威则照临有赫,灵则感通无方。此固神之德,而亦天之命也。司于吾民,鉴于郡政,享兹祀典,悠久无疆,主者施行。洪武二年正月。

[按]据《松江镇志》(1990年5月版)记载：明洪武二年(1369),太祖朱元璋初定天下,凡城隍之神,皆新其命。松江府城隍因其聪明正直,圣不可知,有超于高城深池之表,特谘命赐封为"鉴察司民城隍威灵公",并颁此制书。岁久,此制书佚去。崇祯元年(1632)五月,礼部尚书董其昌重书,董书写此制书时,已78岁高龄,书法艺术已达到炉火纯青的地步。被书法家们视为神品。

董其昌所书的松江府城隍神制书一直藏府城隍庙内,至嘉庆二十年(1815),由沈慈、周以忠重新装裱珍藏,并摹勒上石,藏于庙内。后,历任知府在离任前皆往庙中,在《神制》后题跋,先后有跋文19

篇。1919年,松江知事李恩露出资由商务印书馆翻印《神制》400份,将200份分赠当地绅士,余200份携回吉林老家。

现《神制》真迹藏于南京博物院。清嘉庆年间的《神制》刻石今已无存。《神制》翻印本也藏者无几。

上海城隍庙西园萃秀堂记碑

(叶维庚撰　清嘉庆二十一年·1816年)

上海邑庙有二园,东园即内园,所谓"小灵台"也;外园即西园,前明潘方伯豫园故址。楼台峰石,影浸池塘,揽胜之处,载入《志》者,三十余景。居园之中曰"三穗堂",堂东折北,由石径纡曲而进,有堂曰"萃秀",盖取一园山光水色,竹坞花栏,吐纳深藏,别成妙界。其右,山石荦明,隆然岭起,陟其颠,东北可望海口,极浦风帆,淼茫无际。登览之胜,又萃于斯矣。溯自乾隆庚辰戊子间,次第落成,迄今垂五十余年,董其事者,益恢廓新葺之,缭以粉垣。峰回路转,亭阁缥缈,蔚然深秀。维去夏来游此园,有"鱼薰花影醉,树拥碧云凉"之句,一时清景,记实也。今秋复客沪城,重集斯堂,同人属为之记,因掇其略如此。嘉庆丙子仲秋,秀水叶维庚撰;乙卯九秋,邑人曹洪志书,司事毛鸿鉴。

[按]萃秀堂是上海城隍庙豫园内景色最幽雅的地方,该记碑也是园内最早的石刻碑。碑记由秀水叶维庚撰于清嘉庆二十一年(1816)。记文录自《文以兴游——豫园匾对、碑文赏析》(薛理勇著,同济大学出版社1987年版)。

陈王庙斋田记碑

（王家玉撰 清嘉庆二十二年·1817年）

　　本庙自创建以来，并无田产，故滋息俭薄。凡神前香供，常住斋粮，以及小小缮修，总须募化，甚非所以妥侑神灵之至意也。自嘉庆二十有年，董事曹鼎扬、王心一等创议抄募田亩，以为庙中公产，缘有绅士沈静领袖捐输，复有里中诸信人节次捐田，随缘助愿，甫越三载，积有田亩银两如干数。开载左方，除声明本州衙门注册外，合勒石以垂永久。用是宣其戒约，列其条例，刊具姓氏，详其捐数并田，其余地以俟续捐者补填，嗣是以后将见，稷翼黍与明禋有赖，厨充庖实托钵无须也。非敢记功，爰为志其缘起云尔。嘉庆二十有二年，岁次丁丑巧月。里人王家玉谨记。洞庭东山张大奎书丹。汇南陆景阶篆额。里人曹大经谨勒。

　　一、是田永为庙中产业，不得变卖回赎，如若私相变易，定当鸣官追究。一、住持道士掌管其田，或耕种或出租，佃能堆积赢余以办庙中公事者，当铭勒记功，倘颓废不守清规，定即驱逐。一、董事经手办理，务必矢公矢慎，如有侵涣，察出信罚。一、众信所捐之田，不必近庙，就近有田可买，务须更换，以便耕种，如无，常年租入积贮公所起利。一、众信所捐银两，原为买田而设，有田可买，则必置买，如无，亦积存公所起利。经办：曹鼎扬、王心一、宋咸成、宋炳成、宋丹成、宋策勋、金殿扬。

　　嘉庆拾贰年改建戏楼，曹鼎扬捐钱壹佰两正、念二保二图金粟堂捐田贰亩；九图惟善堂顾捐田伍亩，宝善堂宋捐田壹亩，宋国修捐田壹亩;拾九图顾启丰捐田壹亩;十图曹士冲捐田壹亩;贰图包桂一捐田贰亩;九图孙华山捐田壹亩;拾图王汉山、王廷宰同捐田壹亩;九图曹德成、曹德山、徐安仁、曹鼎扬同捐田壹亩;拾图曹鼎策捐钱壹千文,曹士冲捐钱贰千一百文;九图曹象龙捐助轩下地平一堂。

[按]该碑现在浦东新区张桥镇金海路南老陈王庙大殿东壁间。清嘉庆二十二年(1817)立碑。碑身高134厘米,宽66厘米,碑座高20厘米,宽85厘米。碑身系青石质,碑座为花岗岩石,雕有花纹。该碑行文18行,网格刻文,每行46格。1998年2月1日据碑录此记文。

重修嘉定真武殿记碑

(袁文炤撰 清嘉庆二十三年·1818年)

吾邑北城隅之有真武殿,自万历己亥年。杭城净慈寺少峰和尚飞锡驻此,购地创建祝圣禅院,即今之小殿。因其时邑中多火患,御史朱公讳口弼,嘉定县韩公讳浚,发仓粟建庙于壬癸之地,即今之大殿。

迨后,住持僧悟真和尚募建殿前山门、两楼。乾隆庚寅岁,□邑遭大风雨,大殿及门楼俱圮。时僧学文及达三,□(壬)辰年发志,叩募重建大殿,颇竭诚。欸自壬辰年,□将近五十载。而小殿,则万历至今已有百年。梁□□□莫可小修。达三之徒鹤松和尚慨然引为已□,□□其力,刻苦十余年,积资千金。丙子春,举大□□□□新之,焕然改观,厥功大矣。夫邑之有庙,为地□御灾捍患,随时修葺,我民之责也。今鹤公出一己之力,积千金之资,悉公之于。自殿堂及客堂、卧室,厨房一切匾额书画,靡不布置精雅,井井有条。以视俗僧之不肯自修庙宇者,相悬奚啻倍徙哉,及置买官田十二亩,永为住持者收租应用。则修庙宇置家业,鹤公兼而有之。鹤公性恬雅,喜与文士交,得禅门宗旨。受济正第三十九世法传衣钵,高僧之见,果为不谬。今观其经营庙宇,置办田产,志量才干,更有以过人者,是不可不为之志焉。

嘉庆岁次戊寅清和月
庚午科副贡生、法弟朗济袁文炤拜草

[按] 此碑由袁文炤撰于清嘉庆二十三年(1818),碑文录自嘉

定博物馆提供重修真武殿碑拓片。碑青石质,正楷竖书,22行,行20字。现存嘉怡花园内。

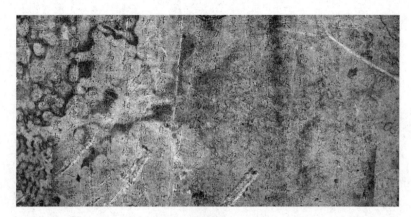

重修嘉定真武殿记碑

邑庙寝宫外新驳石堤记碑

(钱东垣撰 嘉庆二十四年·1819年)

城隍之神,载在祀典。封授伯爵,所治置域,与古百里。诸侯相并,故奉神土。大堂得称大殿,后室得称寝宫。寝宫者,即古诸侯之燕寝也。名曰校籍堂。庑宇宏敞,其旁楹敬奉神与夫人之像。寝宫火毁,后修建几及七十年。东墙外不数武即临周姓池塘。每遇黄霉水涨,墙岸日渐坍削,墙身裂缝易致圮侧,邑人忧已!今岁住持同司事多年,募众善捐资。于东墙外池边,建筑南北石塘,并将墙垣及寝宫补葺。然后池水可无浸溢,墙垣得以永固,故记。其事如此,若夫!岁修久,计则重,有望于后之君子矣。

司事黄鹏飞、徐国敏、沈宗赞、严琳、曹臣仪、周溥、侯庆云、裘奉尧、周若梁、严炳,库司科年李志洪、柏兆熊、徐南金、张铉军、杨家骐等。住持平濬、同徒高峻。

大清嘉庆二十四年(1819)仲冬朔,邑人钱东垣敬撰并书。

[按]邑庙寝宫外新驳石堤小记碑,高323厘米,宽198厘米,碑文隶书,共15行,满行20字,共278字。嘉庆二十四年(1819)钱东垣撰文并书丹。现在嘉定孔庙(嘉定博物馆)。

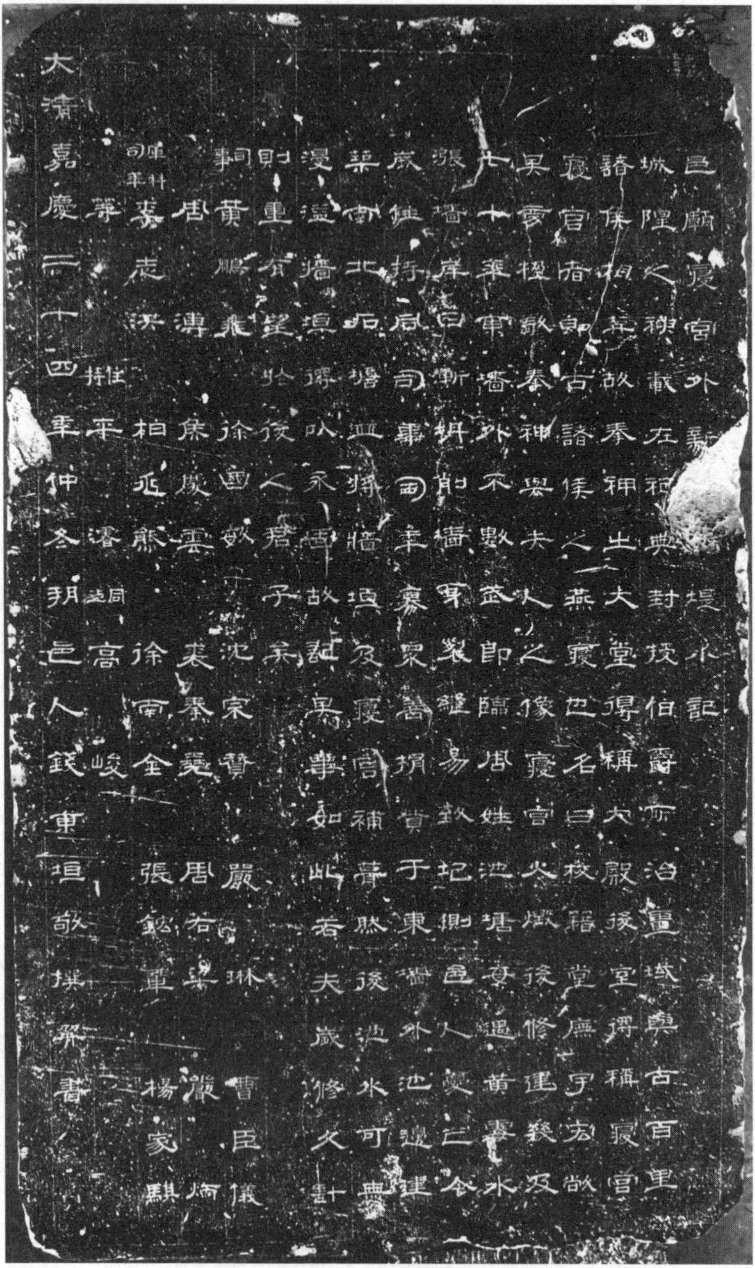

邑庙寝宫外新驳石堤记碑

重建川沙东岳庙记碑

(伍有庸撰 清嘉庆二十四年·1819年)

东方泰山,虞书尊为岱宗。岱,昭也;宗,长也。万物之始,阴阳之交,故独长群岳。考《礼记》祇言五岳视三公,《管子》、《韩诗》、《封禅》诸书俱不详其称。自《风俗通》有四岳皆王同礼之文,其后或称天帝孙或称天齐圣或称天帝,散见于《博物志》、《郊祀志》、《封禅颂》诸书。至明洪武三年,诏谓畏不敢亵,可知以礼祀神原不在尊名显号也。然进香已见于《盐铁论》,笃命请命已见于《后汉书》,况我朝祭告特隆,民间之被神庥者,立庙所以昭敬。夫岂惑于谶纬百家与长人土伯烂土雷渊之变相哉。铁沙之东岳庙,向在小演武场西北隅,雍正壬子,潮飓突至,荡然无存。癸丑之秋,里中故老劝捐绝买延陵旧宅,量加整顿,妥帝像于正殿,附妥忠显王明封忠显公刘公于左殿。六七十年中,虽有修葺,不少倾敧。嘉庆丁卯,衿耆孟有仁偕同志诸君,劝捐鸠工,正殿方竣,而有仁弃世,其哲嗣思恭随于壬申癸酉间,创建左殿之后殿,重建左殿之中殿,于是巍乎焕乎,都非曩日之旧观矣。维正殿宫门以乙亥停捐,为住持衲慧明募建。予承乏川沙时,思恭曾请为文勒石未果。兹已卯夏,思恭长嗣兆奎寓书于予云,将独建左宫门三间以成一例完美,并请践先人之请。予惟读礼家居。方以未获观厥成为憾,然念向者与思恭为忘年交,今虽云散风流,可负夙诺乎,不辞固陋为志,始末如此。时在嘉庆二十四年月日。

[按]川沙东岳庙旧址在浦东新区川沙镇原川沙县城内小演武

场青草园侧,清雍正十年(1732)被海潮所没毁,次年里人捐资移建于四明桥之西南。嘉庆十二年(1807)孟有仁等重建,该碑文即记其事,碑文由伍有庸于嘉庆二十四年(1819)撰写。碑文录自光绪《川沙厅志·卷五》。

祖师堂捐田记碑

(李士荣立　清嘉庆后期·1815—1820年)

乡俗凡数村落，必立一土地祠，为岁时报赛之所。中槎浦有祠，神春秋时秦穆公，习俗相沿，由来旧矣。祠中向有羽士主之，第岁无所出，往往不久驻却去。乾隆间，里人朱君国范捐资数金，俾司事者小权子母。积人置田若干亩，稍稍具饘粥，然尚未能给也。余先墓隶神界中，嘉庆乙亥冬，卜葬先朝议桐园府君，数往来其间。羽士孙亮月以续捐请，余念神庇祐及一方，有祠不可无主斯祠者，遂应其请，捐田七亩。夫力田为生之本，凡在学者，以治生为急，羽士何独不然？得此数亩，俾后来者习其业，安其居，固以虔奉神之香火，是乃所以妥神灵也。有良田，无晚岁，继自今传守勿失，以为恒产也可，即以为福田也亦无不可。是为记。

[按] 该记碑由李士荣立于清嘉庆年间后期(1815—1820)，夏学礼书碑文。记文录自清《厂头镇志》第七卷《碑记》。

重建除虐庙记碑

(荣机撰　清道光元年・1821年)

礼有功于民以死勤事并□，祀典万古为昭。松江府知府周郡侯祠在上海县吴淞江陈家渡口，雍正六年建，邑志载之。别祠在浦东十三图者，先建于雍正四年，则志略焉。按侯姓周氏，讳中铉，康熙初莅治松郡乡，德政十年，浚吴淞江，没于水，有功勤事，二者兼之。庙食于兹土也固宜，余窃怪假以除虐庙祠之，亟不依制。询其故，相传十三图民黄依敬□□□□时，适虐作，语颠覆侯□□□之病良已，讼就理。今黄依敬子孙犹有存者，非诬也。侯虽神矣哉，别祠之建，治职比之。由嘉庆戊寅，复浚吴淞，乡之人范超工者，咸祷于侯，愿无徭而已。而果然不□，而工遂竣。前此之祷者，纷前然□□□来踵相接于道牲醴□□祠堂无□□□□□□，是不足以报吾侯也。请即祠宇而或廊之，庶有以妥神灵，崇庙貌传诸久远不衰。经董事等募捐人悉踊跃，爰新前祠三楹，复增傍屋三楹，颜其门为除瘥庙，昭敬也，亦以假也。祠重建于己卯十月，落成于庚辰十年一月。董其事者、工其措者、募捐输之者姓氏数目书之于版。余更为记以泐石，谨述其颠末如右。道光元年仲春谷旦。知上海县事荣机拜撰敬书。董事严华章、蔡似山，司事黄兰谷、严镒万、仲廷□、严廷三、沈蓝田同敬立。祠基坐落十三图，蔡善信捐。

〔按〕该碑在浦东三元宫坤道院，访文由上海县知事荣机撰于清道光元年(1821)，碑高208厘米，其中碑额高45厘米，宽60厘米;碑身高130厘米,宽60厘米;碑座高33厘米,宽74厘米;碑系青石质。碑文13行,每行31字,碑文字体系行书,部分文字模糊难识。2005年8月7日,从碑上录抄碑文。

重修漕河庙城隍行祠记碑

（张惇训撰　清道光二年·1822年）

　　城隍之名，见于《易》；城隍之有庙，不知所自治。考吴赤乌二年建芜湖城，(下缺，此碑下截漫漶，仅上部可辨)具言之，李阳冰谓止于吴越；然按昌黎之于潮，信陵之于舒，杜牧之于(缺)，谓□于《礼》八蜡之水庸，未免附会。盖古者设城郭沟池，谓别有神焉为主，(缺)封爵。迄明洪武初，首正群祀，遂著令甲，曰：庙必视其郡之厅事高广，府(缺)典。凡天下郡邑，皆立城隍庙，所以□四境，固封疆，庇民人，别彰瘅也。司牧者(缺)倦怠焉。乃近世东南城隍之盛，尤遍于乡，一里市，一村落，有数百家群萃之(缺)以筑城浚池言之也，既无城，何有隍，其亦沿袭无稽，大失顾名思义之意，不几(缺)。神道设教，天下斯服。俗曰敝无益偷，内不遵父兄之教，外不畏官府之法，试惕(缺)，洗心而革而焉。然则生小民忌惮之心者，胥于斯乎！在城而隍之，神而明之，水旱疾(缺)，实不等淫昏厉鬼于非所祭而祭者同日而道也。况庙之别立者，亦自宋已然，如(缺)城隍庙外又有县城隍庙，负城之邑，往往与郡两立。则今一乡一村之庙，不得为创(缺)能尽来，不得不就所聚别立一庙，以为祈祷之所，乌得不过而存之。上海之(缺)曰漕河庙，乾隆五十一年释圣安募修之，时城中副宪陆耳山先生为(缺)所庇焉。兹附勒石以垂永久，而余又述城隍之所(缺)。

　　[按] 漕河庙在漕河泾。此碑系一石两记，该记刻于碑阳，为张惇训撰并书。清道光二年(1822)勒石，碑高100厘米，宽66厘米，碑已残，原立于漕河庙东岳殿前，今移于龙华中学操场内。记文录自《龙华镇志》。

漕河庙事略记碑

（清道光二年·1822年）

（前缺55字）其创始殆不可考。万历年间张道用遗碣□□葺修岁月,盖三百年于兹矣。乾隆四十八年,龙华寺归云山房释广洲命其徒圣安为之住持。圣安戒行精严,智通圆妙,谓此廊庑湫隘,非所以妥神灵而壮观瞻,慨然有志于振兴,见庙之□偏有隙地数弓,足以构精舍,于是叩好善诸公领袖集捐,经之营之,至丙午冬而告成厅事,奉城隍神于中。乡先达陆耳山先生之记详矣。嘉庆元年,建大门及两庑,乃家少府香溪公倡捐,偕同志董其事。六年秋,建寝宫,塑五路于大门之东,彩（下缺24字）尊。十年冬,圣安率其徒信禅募建酌雅堂于东岳庙侧,为宾客游息之地;庆有余赀,重造庙前石梁,名曰"余庆"。十九年,圣安又募万人缘,修饰殿宇。二十二年,建楼于大门之上,为演剧奏乐所。三十余年间,僧徒劝募,善信乐输,得以大起宏观,金碧交焕,苟不著其始末,昭其芳名,曷以永垂观瞻。圣安乞比部张耕梅先生撰《重修庙记》,寿诸贞珉;因叙事略于碑阴,示我维桑,后之同志者嗣而葺之,庶斯庙之不朽也。道光二年岁在壬午仲春之吉,王台老人潘宜鉴述。同邑陆旦华书。

［按］漕河庙在漕河泾。斯碑为一石两记,此事略刻于碑阴,由潘宜鉴述,陆旦华书。清道光二年(1822)勒石,碑阳刻有《重修漕河庙城隍行祠记》。碑高100厘米,宽66厘米,碑已残,原立于漕河庙东岳殿前,今移于龙华中学操场内。碑文录自《龙华镇志》。

漕河庙义冢告示碑

(清道光二年・1822年)

呈求为给示事：据文生潘宜鉴、监生陈世铨、杨存鹿、民人计振廷、张廷相等禀称：切据监生潘基振将绝习沈德□田四亩，捐作漕河庙义冢，禀□前廉票传生等董事，会同潘基振指交收管等因。伏查漕河庙内，向供关帝、文昌、东岳诸神，两偏城隍神行祠，并供高昌司，敕封永宁侯，威灵显奕，保障□□，□民诚敬。三巡普济览乏祀魂。兹据捐田作为义冢，掩埋无主棺木，此实善举。但该地四址应立界石，□□义冢尚须加土高厚，一切工程，非求告示难以举行。为敢环叩恩赐给示，并着该地保督同立界，俾免□□□□，得垂永久。并求赐给契单立户等情到县。据此，除将契单给发该董事等立户承粮，并饬该保□□□石外，合行示晓，为此，示仰该地保邻人等知悉，自示之后，所捐地亩，应行加土高厚，以作义冢，钉□□□工程毋许阻挠，如敢故违，许该董事指名禀县以凭拿，□□□故其名，赁遵毋违，特示。

道光贰年贰月　日示。

经承户房沛霖、唐秀和。

［按］碑文录自《龙华镇志》，清道光二年(1822)勒石。据镇志记载，碑曾被砌入漕河庙1号的居民家墙基内，发现时已断为两截。

龙王庙祈雨灵验记碑

(淡春台撰　清道光七年·1827年)

　　龙王祀典始自雍正年,庙在西隐寺右,仿常熟县阳山遗迹,塑龙母龙王神像。是年六月七月旱,徒步往祷,至第四日而东北得雨,第五日而西南亦雨。

　　[按] 碑在西隐寺。碑文录自清光绪《嘉定县志》第二十九卷《金石志》,清道光七年(1827)淡春台撰,吴绾书。

上海县新建黄婆专祠碑

(清道光初年·1820—1829年)

道光六年,沙船在上海受雇,载江苏布政使司属额漕百五十余万石,由海运抵天津兑交官。拨驶鲸波,五千余里,不两月蒇事,米数无所损失。而质坚色洁,为都下所未见。中外庆悦,于是上海士民相与谋曰:"黄婆诞降,至正之初,自崖州附舶至吾沪乌泥泾,教民纺织,棉始为布。化行若神,法流松太。近世秦、陇、幽、并,转传治法,悉产棉布。然松太所产,卒为天下甲,而吾沪所产,又甲于松太。山梯海航,贸迁南北。黄婆之殁也,乡里酾葬而祠之,递迁递毁。乐利在人,肸蚃无所,有功则祀之,谓何常用为慁。今兹幸以沙船运运漕,懋著成绩,而沙船之集上海,实缘布市。海壖产布,厥本黄婆,饮水思源,不仅生养吾民人已也。合词吁闻,宜必得请。"则皆曰:"诺。"有司稽诸载籍,则有征信,以转请于上官。士民闻黄婆之得建专祠也,争舍资财,不劝而集。隆榱桷之制,极轮奂之饰,趋事孔亟,不日落成。附近郡邑,欢呼感慕:捧腥熟,挈香楮,伛偻踊跃,泥首阶下者,肩踵相摩。嗣以公牍有海运功臣之语,近涉牵附,上官指驳,格于入告。沪人以未列祀典,不足称成功盛德,征言于予,以讯将来。余应之曰:"显晦有时,神人一致。夫以棉布之利,百蚕丝而无主祀之神,异日秩及无文,举先棉之祀,舍黄婆其谁与归?诸君子推本海运,归美黄婆,固非无说。然国家承平二百年,徒以河事多故,偶举海运著绩也犹暂。至于松太两属,方壤不过二百里,岁供编银百余万两,额漕六十余万石,而因缘耗羡,以求利者称是。其地土高水下,风潮日至,沙松不保泽。虽得木棉,种于闽广,差宜土性,而车弓未作,莫利民用,农不偿本,久必罢废。追呼急迫,驯致流亡,则虑财赋之邦,鞠为瓯脱矣。而今数百年来,红粟入太仓者,几当岁会十二,朱提输司农者,当岁会亦且二十而一。而土民仍得各安生业,称东南乐土。其以宦游至者,又皆絜驾齿肥,以长育子孙,凡所取给,悉出机杼,以此程黄婆之功,其仰关国计盈虚者,较之海运,奚啻什伯而已哉!"沪人以为然,故为之铭,其辞曰:

天怜沪民,乃遣黄婆,浮海来臻。沪非谷土,不得治法,棉种空树。惟婆先知,制为奇器,教民治之。踏车去核,继以椎弓,花茸条滑。乃引纺车,以足助手,一引三纱。错纱为织,粲如文绮,风行郡国。昔苦饥寒,今乐腹果,租赋早完。昔苦逋负,今乐盈止,以安子妇。我衣我食,五百年所,远矣明德。谁忍忽诸,享祀不闻,墓没祠芜。无隐不彰,新庙奕奕,沪民奉尝。神飨具醉,降福吾民,自今有岁。岁有民足,居足思匮,敢告司牧。

[按] 该碑石立于清道光初年。记文录自《上海碑刻资料选辑》(上海博物馆图书资料编,上海人民出版社1980年版)

重修景德观记碑

(盛大镛撰 清道光九年·1829年)

江湾市东古景德观建自宋靖康二年,而正殿右刘学士殿即古龙神庙,尤在靖康前一二百年。观祀东岳泰山神,袝祀唐之张、许双忠,宋之帝昺、李公若水、刘公锜等神。而人心所属,若专重刘学士者,其故何哉?考学士讳韐,字仲偃,由进士官至延康殿学士、两河宣抚副使。靖康间,以河东割地使至金营,不屈,酌卮酒自缢死。八十日殓,颜色如生,此气之至大至刚塞乎天地者也。建炎元年,诏赠资政殿学士,谥曰"忠显"。朝臣绘生像,奉若神明,而韩忠武为江湾驻中军地,携像悬龙神庙中,士民焚香顶礼之恐后,遂留像于此,是即天心默启呵护兹土,宜乎数百年来,水旱丰凶、疾病灾禊之必祷于是也。其为古龙神庙奈何,江湾宋以前故濒海,宜祀龙神,望海立庙,故东向。今观壁砌断碑乃建炎三年诏封龙神庙碑,上刊敕书,下有细字半就泐,尚有令平江府支钱二百贯增建庙宇等字可辨,以是知庙之先于观也。迨沙涨成陆,去海渐远,土人之敬龙神者渐弛,而学士之灵愈显,又以忠武携像礼奉,人心愈属,即以其庙为学士殿。相传殿中法相即龙神像,洵不诬也。不然,学士闽之崇安人,江湾非生长地,亦非宦游地,曷为而士蔗倾心,油然不容自己哉。明神宗朝,太仓王文肃官东阁大学士上其事,封学士为东岳左丞相晋阶忠显王,至今土人浑呼为郡王,殆昉于此欤。庙中增祀学士子讳子羽,讳子翚者,推其敬以及之也。观基址计十四亩,自正殿至照墙约深四十弓,规制宏敞,皆原于宋学士殿北寝宫及观门。左邑神祠,右社神祠，皆起于国初。按，观明宣德二年里人李均瑞修，邑志有之。国初里中巨姓兴修添建，不复可考。乾隆间，里衿沈秉铎、程洛、耆赵世俊先后督修。自后工大力绵，咸惮经理。欲以三月二十八日为岳诞，郡王代巡，谓能驱疫降祥，乡民报赛蚁聚，乐输香愿，向为庙祝黠者侵渔。嘉庆间，众议以此充公，量入为出，以渐兴修。里衿陆爻等请邑廉给示，并检举诚悫者司之。十余年来不劳劝募，庙日增新，嗣而葺之，式昭轮奂亦何难哉。镛嘉其议之善而著有成效也。因考前人纪载，益以故老传闻，叙其缘起。附记与事者姓氏于后，略仿东汉碑阴之例云。

［按］景德观在江湾镇东殷六图，建于宋靖康二年（1127），亦名东岳行宫。该碑记由盛大镛撰于清道光九年（1829年），记文录自民国《江湾里志》第四卷《礼俗志·寺庙》。

重修白沙庙记碑

（阮逢道撰　清道光十一年·1831年）

奉贤白沙乡者,东南一胜区也。乡有镇海侯庙,亦号白沙庙,以乡称。盖是庙创始以来,已极久远,于纪载徵信无从。唯我国朝明修礼乐,幽敬鬼神,士庶向风,捐资乐助,一修于雍正年间,再修于乾隆年间。至嘉庆十六年,比丘护成师自九华来,将朝礼普陀,路由东海,而乡之士庶以住持请,遂卓锡焉。庙中香火亦从兹益盛。然师之甫至也,庙貌尘积,雨晦风凄,爰自出钵资,经始西厅,继营前殿,亦既美哉奂矣。第独力难支,未竣其事。叠逢欺岁,鸠集维艰。师设法多方,广劝善信,大堂正殿以次落成,更置田存案。厥功之伟为何如哉!夫方外而能自出其资,难;自出其资而又久历辛勤,劝募葳事,则难之尤难。惟其难也,乡人士佥曰:"不为之勒诸贞珉,以垂永久,不几掩没其苦心乎?"予韪其言,遂不辞芜拙,而为之记。道光辛卯,时年七十有六。

　　[按] 白沙庙在奉贤益村坝东北,亦称镇海侯庙。该碑记由阮逢道撰于清道光十一年(1831),记文录自光绪《重修奉贤县志》第六卷。

红衣二班快手重修改造班房记碑

(张懋德书 清道光十三年·1833年)

伯府

敕封显佑伯加封护海公案下红衣二班快手重修改造班房碑记

启者：吾会班房，自前修理至今廿余年矣。历久失修，墙壁坍塌，梁柱歪斜。每遇霪雨，则先辈之像，如在泞□□□□。会经办之人，岂忍坐视倾弃？于道光十三年八月间，邀集会友，催缴前捐公用，重修改造班房，及重添先辈大像。□工事浩繁，收前存公用不敷，重议每友装一大像，捐助钱拾仟文，添凑工费，以垫前亏。今将用去水木工料费及收公用会友芳名，开列于右：

水木工料，计钱贰佰柒拾壹仟柒佰文；

计开

重添先辈大像三十四位□听班房，计钱贰拾壹仟文；碑石工料，计钱贰拾捌仟文，收土一切零用大像捐开销

五囤卯首：袁庆、□□、徐开、张□、周振、□□、倪照、唐□、孙裕、诸□

经办会友芳名：李文(大像捐乙千文)、高秀、孙裕、贾景、唐金、袁德(大像)、倪照、周玉(大像)、陈元、周源、周振、蒋锡

会友芳名：周振(大像)、张凤、姚□、张德、蒋锡、夏德、徐胜、翁茂、陈廷、诸海、傅倬、龚明(捐乙千文)、徐开、吕成、□廷、诸永、王凤、杨耀、王金、汤太(大像)、朱□(大像捐千文)、姚廷、张六(捐乙千文)、姚希(大像捐乙千文)、龚大(捐千文)、韩大、陈玉(捐七千文)、

张祥、吴振、张士、李成、何敬、周源、周炳、顾成、张敬、陆鸣、沈廷、陈景(捐乙千文)、费廷(捐乙千文)、沈洪(捐六百文)、顾秀、汤文(捐乙千文)、瞿万、郭大(捐乙千文)、徐成、高锦、沈荣(捐五百文)、姚桂(捐乙千文)、张胜、王裕(捐文百文)、吴念(捐七百文)、高德、陆德、刘昌、陆象、邵文、陈元(捐贰千文)、曹际(大像)、邓明、许炳、张瑞、朱纪、腾秀(捐五百文)、李德、奚敬、陈炳、林锦、李钟、姚生(捐六百文)、范廷、陈瑞(捐乙千文)、陈俊(大像)、王殿、钱茂、梁圣、王德、曹景、汪承、蔡南、董国、刘永(捐贰千文)、陈德、戴坤、沈文、张德(捐乙千文)、甘廷、包廷、唐茂、徐廷、徐祥(捐乙千文)、沈昌(大像)、钱炳、杨汉、张宏(捐乙千文)、张元(捐乙千文)、朱国、许大、范坤、唐会、梁秀、许金、陆文(捐乙千文)、唐贵(合乙千文)、梁增、汤福、张广、任海、徐茂、薛汝、邱玉、倪景、陆驾、陈九(大像)、周胜、姜凤、曹宗、吴凤、程锦、陈焕、徐谷、计凤、卞炳(捐七百文)、林振、蔡秃(捐七百文)、许朝、凌海、王廷、王御、庄庆、吴廷、陆绍、周茂(捐乙千文)、王敬、钱林、徐殿(大像)、张德(捐乙千文)、李明、陆殿、戴亮(捐乙千文)、胡文、钱茂、陈玉、杜成(捐七百文)、王大、朱成、谈秀、庄庭、包立、陈茂、邱永、陆廷、陈遇(大像捐乙千文)、朱德(大像)、陈焕、张瑞、汪懋、杨顺、朱秀(捐贰千文)、侯敬、蔡大、秦景(捐乙千文)、蔡桂(捐乙千文)、沈芳、许天、陆华、王福、谈文(捐乙千文)、王炳、周焕、蔡俊、陆元、张惠、黄明(捐乙千文)、金洪、王玉、陈盛、沈明、王□、张云、张成(捐五百文)、杨炳、龚□、陆士、王凤、章明、钱锦、陆廷、庄锡、陈庆、蔡筠、陆戊、朱文、俞金、陈元、毛士(大像)、薛廷、邹廷(捐八百文)、张傅、陆圣、蔡万、金凤、叶凤、徐茂、姚茂、赵嘉、包胜、陈永、周尚、周玉、费天、赵震、张宅(捐二千八百文)、孙德、张文、秦胜、陆德、沈成、□□、宋文、曹福、□□、陆洪、徐瑞、□□、周凤、蔡炳、陈焕、莫玉

先会：吴华(捐六百八十文)、沈吉(捐乙千二百文)、李□(捐七百文)、姚□(捐六百文)、孙殿(捐二千文)、□明(大像)

以上会友投充捐公用乙千一百五十文，后会投充应捐公用□□五百□□文

道光拾叁年九月　日立
张懋德敬书
赵□□镌
重造班房司事费

［按］该碑石立于清道光十三年(1833)。碑文由张懋德书,记文录自《上海碑刻资料选辑》(上海博物馆图书资料室编,上海人民出版社1980年版)。

重建仰德祠记碑

(何士祁撰 清道光十四年·1834年)

　　川沙故有仰德祠,祀明潞安同知乔公讳镗,而以其子福建参政公讳木者附,创于明万历间。盖公以太学生建奇策御倭,开濠筑城,历著劳勋,而参政公克绍先志,归田后,浚川沙渠二十里,里人德之,故祠之,而附祀之。阅世寥远,基阯陊剥,废不复修,士祁下车之初,于榛莽中得明人所撰仰德祠碑,询之乡者,至不能识其处。呜呼!祭法不云乎,能御大灾、能捍大患,则祀之。公浚海塘外濠为备倭计,既成,而大浦之水由诸港达濠,溉田数万,无旱潦之虞。非所谓能御大灾者乎!当倭难炽时,发练兵,议部署,徒众胾,贼无竿,筑川沙城堡,不以蜚语中怠,身殒而城屹然,倭舶东西行海中,不再扰川沙尺寸地,非所谓能捍大患者乎!则公之有祀于川沙甚宜。而川沙之人所以答灵贶者,仅仅春一盂,秋一粟,而犹或有所废焉,甚非报本追源之义矣,参政公居官有政声,崇祀上海乡贤祠。浚渠之役,为德乡里尤力。公既有祠,不别立祠,则固非一家之俎豆,而一境之所尸祝也。我国家定鼎以来,百九十年于兹矣,声灵光被,迄于遐迩,薄海内外,罔不震詟。而川沙百里间,户口日繁,财赋所自出,粳稻木棉之利,与他县等。于是大府建议于朝,分上海、南汇两县所辖,改设抚民同知官,亦几三十年矣。士祁承乏于固垒,保其人民生聚,总总林林。至于今日得同受圣天子休养蕃息之恩者,非公父子之功而谁功,祠废不修,何以为治,乃择旧天后宫基地,使绅士庄行忠等董其事,鸠工庀材,复公旧祀、移明人所撰之碑立厅事之壁,而置天后宫旧碑于庑后,仍题曰仲德祠,川沙之民之志也。落成之日,与乔氏后裔、境之父老子弟,执爵奠斝而侑以乐章。其辞曰:睇高城之嵯峨兮,畴筑之以御倭;历太平之蕃庶兮,错廛舍以星罗;俯濠水之澄波兮,堤屹障而徙鲸鼍;溉良田以万顷兮,宜木棉兮宜稻禾。城之岿岿,倚公之力;海之不溢,氓食公泽。公之灵兮在天,飒下降兮有几筵;有子从公兮两旆,福我惠我兮屡丰年!

　　[按]仰德祠在浦东新区川沙镇原川沙县城西门内,城隍庙东,祀明代乔镗、乔木父子,建于明万历年间(1573—1620)。清道光十四年(1834)同知何士祁在天后宫旧基上重建,并移立明人所撰的仰德祠碑和清乾隆五十年(1785)的天后宫碑。该记文由何士祁撰写。碑文录自《光绪川沙厅志·卷五》。

重建上海县城隍神庙戏台征信纪略碑

(清道光十七年·1837年)

道光十六年八月初八日,邑庙戏台火。业等募捐同志,即于是年九月初三日,祀土重建,明年三月初七日台成。是举也,出入金钱者,为郁君竹泉;往来募捐者,为汪君平泉;常住工所者,为周君友槎;指引匠作者,为孙氏南来。其邑之士大夫,咸助贤劳不敢赘。所有收用金钱实数,刊略于后,以征信来者。

计用

木料,足钱壹仟柒佰七十六千壹佰二十文;砖料,足钱伍佰拾捌千零零九文;石料,足钱陆佰拾柒千陆佰五十文;杂料(黄泥粗纸油煤铁等),足钱壹佰陆拾陆千壹佰七十七文;漆料,足钱贰佰拾壹千捌佰文;匠工(六千柒佰五十工、每工一百四十文),足钱捌佰捌拾九千文;杂用(破土收土通沟、伙食等用),足钱壹佰柒拾陆千壹佰六十文;塑(伞夫、马夫)像,足钱贰拾叁千文;

共结用足钱肆仟叁佰柒拾柒千九佰拾陆文,俱有细帐存豆业司月处。

计收

朱和盛号,捐足钱壹仟千文;郁森盛号,捐足钱柒佰千文;沈(生义、德记)号,捐足钱伍佰千文;王(利川、公和、如川)号,捐足钱伍佰千文;马永和号,捐足钱壹佰肆拾千文;毛恒和号,捐足钱壹佰千文;蒋(仁和、宏泰)号,捐足钱壹佰柒拾千文;华鼎盛号,捐足钱柒拾千文;朱元利号,捐足钱伍拾千文;丁合隆号,捐足钱伍拾千文;陈裕成号,捐足钱肆拾千文。

以上共收各号捐足钱叁仟叁佰贰拾千文。

丰泰行,捐洋钱壹佰拾贰元五角;元吉行,捐洋钱壹佰拾贰元五角;义兴行,捐洋钱柒拾伍元;恒顺行,捐洋钱柒拾伍元;咸顺行,捐洋钱柒拾伍元;德隆行,捐洋钱柒拾伍元;信大行,捐洋钱柒拾伍元;同顺行,捐洋钱伍拾元;长泰行,捐洋钱伍拾元;德春行,捐洋钱伍拾元;洪裕行,捐洋钱伍拾元;悦来行,捐洋钱叁拾元;福昌行,捐洋钱叁拾元;同丰行,捐洋钱叁拾元;信隆行,捐洋钱念壹元四角;义泰行,捐洋钱念壹元四角;万兴行,捐洋钱念壹元四角;仁元行,捐洋钱念壹元四角;悦盛行,捐洋钱念壹元四角;义昌行,捐洋钱念壹元四角;大裕行,捐洋钱念壹元四角;万盛行,捐洋钱拾伍元;祥瑞行,捐洋钱拾伍元;天顺行,捐洋钱拾伍元;益顺行,捐洋钱拾伍元;泰兴行,捐洋钱拾伍元;恒春行,捐洋钱拾伍元;恒德行,捐洋钱拾伍元;益泰行,捐洋钱拾壹元。

以上共结收饼豆业捐洋钱壹仟壹佰伍十伍元八角作足钱壹仟贰佰柒拾千三佰八十文,内除义仓捐足钱叁佰千文,实收足钱玖佰柒拾壹千三佰八十文,统共计收足钱肆仟贰佰玖拾壹千三佰八十文,除收净用短足钱捌拾陆千伍佰三十六文,郁森盛号垫付。

道光拾柒年四月　日　　豆业同人谨记

[按]该碑石立于清道光十七年(1837)。记文录自《上海碑刻资料选辑》(上海博物馆图书资料室编,1980年上海人民出版社)。

张家浜分中庙记碑

(王承基撰 清道光二十一年·1841年)

庙曷以分中名也？胜国隆庆二年，巡抚林奏请设宫丈田清粮。三年，湖广按察司佥事郑允韶奏敕履亩，清丈我邑，自黄浦东至海盖六十里，而庙中界之，故曰分中，免庙基之科，庙由是得名。又曰庙在张家浜上，浜东连大海，西受歇浦潮汐，都台浦、马家浜诸水于此汇而中分焉，故曰分中。其祀土地何也？爵之侯封曰"福德"，为其能福有德之人也。是祠旧隶吾邑，今分南汇，实跨两邑之中。自国朝以来，屡有修葺。嘉庆庚申九月二十八日，一山太夫子之尊人午亭公卒于庙西倪氏馆舍。时夜将半，庙侧居人闻音乐作，渐近，又见灯光中若有旌幢舆状，至庙而息。庙中亦终夜有声。继亦公归殡路出于庙，人于是神公。公姓张，讳兆炎，字仲华，籍上海，补增广生员。性谨愨，敦孝友，博学工楷书。载《上海县志》。公之门下士赵君起渊，偕堂弟洪振倡助于庙，善信等倾银置膏腴田又若干亩。康君士元经理有年，将集募兴工，重新庙貌，请余为文记其事。余稔知午亭公之德足以庇赖群生，尤幸其里乐其岁物之丰盛而勤于报赛也，于是乎书。时道光二十一年。

［按］分中庙在二十保二十二图，建于明隆庆初年。该碑记由王承基撰于清道光二十一年（1841），记文录自民国《南汇县续志》第八卷《祠祀志》。民国《南汇县续志》第十二卷《艺文志·金石》著录此碑。

重修上海城隍庙神尺堂记碑

(黄安涛撰 清道光二十三年·1843年)

道光二十三年,岁在癸卯十月,余来游上海,龙人沈君梅坡,暨诸同人招饮于邑庙旁之萃秀堂。堂东偏新筑小园,为万花楼故址。南向有堂,上置楼;四檐齐高树,中设城隍神小像,若燕寝然。眺远则申浦帆樯,出树杪雉堞间,历历可数。下为诸同人岁时飨祀,易服视涤,及集议公事所。其前后左右,向有细水,则浚之为池;废石则叠之为山;其隙地则辟之为圃。凡亭榭轩廊庖湢毕具,足以补萃秀堂所未备。是日也,目极所指,足随所引,靡不遍历。辄欣然曰:"美哉,此游观也!"酒既半,沈君揖而前曰:"是役也,疏芜剔秽,葺旧增新,皆诸同人合钱与力而兴者。经始于道光壬寅秋八月,迄癸卯十月竣工。而堂未有名,且非勒贞石以识建置之由,不足以垂久远。敢以为请。"余闻言,瞿然兴,喟然叹曰:"斯堂之成也,岂徒为游观设哉!以之事神,象设而仪肃,礼也;以之议事,物平而志和,义也。有礼有义,则可以垂之千百载而无敝,世固有穷土木、拓园池以夸胜赏者。彼但润屋而已,有若兹之敬事明神,礼存而义行于其间者乎?虽扩而充之,犹以为小也。或谓庙之旁既有萃秀堂,足以事神而议事矣,而顾巫亟焉,重构复建,毋乃邻于侈大乎!余不谓然。夫礼义生于富足,苟时势逼侧,物力疲恭,斯堂又曷由而兴。此正觇世运者,所乐观其成也。"爰署其堂曰"神尺",取咫尺明神之义,以勉事神之勿怠,戒议事之或欺焉。繁维上海为阜通货贿之区,其最饶衍者莫如豆。由沙船运诸辽左山东,江南北之民倚以生活。磨之为油,压之为饼,屑之为菽乳,用宏而利溥,率取给于上海。其积贮贩卖之所,名之曰行,诸同人皆良贾□业于豆者也。方今天子柔远以德,海甸乂安,廛市日富。诸同人能世守其业,以礼义事神明、谐众志,冥冥中之阴相,宜何如哉!则斯堂与邑庙当并垂久远。余既辱沈君之请,且以章诸同人之志,俾后之人勿懈,益虔以继前人之绪,岂徒曰游观而已哉!是为记。赐进士出身诰授朝议大夫、广东潮州府知府、署理惠潮嘉兵备道、前翰林院编修、嘉善黄安涛撰。钱塘孙元培书。

[按]碑记由嘉善黄安涛撰于清道光二十三年(1843)。记文录自《文以兴游——豫园匾对、碑文赏析》(薛理勇著,同济大学出版社1987年版)。

乌泥泾庙重塑黄婆像碑

(清道光二十五年·1845年)

敬启者：乌泥泾庙，向在宾贤里乌泥泾镇，中有社神佛祖，乃黄婆原像在焉。明万历间，镇毁于倭，而庙迁滨浦。本朝康熙间，复因潮患，而里甲孙姓创迁于今所。惜无碑记，故年月姓氏失传。厥后随损随修，仅蔽风雨。迩来墙垣圮坏，风雨难蔽矣。以致游观者顿无生色，而奉神者坐视不安，乃集里人，俱各行善，或解橐布施，或募捐工料，从心所发，□庙焕然一新。岂特一方所庇祐哉！至黄婆像已失真，□重而塑之，即吾乡纺织为生者，知祖述而酬答也。是以吾里善人徐凤岗、徐鸣岗与宝善王□、本庙上人广达，及诸善人随缘乐助，福愿同登。工程告竣，故勒碑以志。世世善人，感且不朽，须知碑记者。

道光二十五年岁次乙巳仲春　谷旦立

四五图劝捐董事

徐凤岗、徐鸣岗、王宝善、薛元彩、叶胜成、王茂功、薛胜兰、徐万祥、薛岐周、沈武英

各图捐款，共结足钱五百念四千五百零五

浦西十八千二百、五图二百千零七千七百四十、四图二百七十六千八百四十五、东五图念一千六百念、钉十四千三百九、砖瓦九十四千三百三十、木料二百六十千四百九十、石灰卅九千三百六十、牌跳廿二千六百卅、九物卅七千八百零三、九钱十八千二百十二、水木作八十四千、小工十九千四百四十、伙食八十四千五百七、外捐五十

千文用在内,共结用五百八十六千五百七十六文。

四图

徐凤岗、徐鸣岗念九两四钱、沈武英三十一两、徐万祥九千、徐茂林四两九钱、徐陈氏一两、徐德叶、徐德兴共三千一百五十(下缺)、四图

王瑞春九千、凌庆荣六千、殷焕如五千四百、凌德万三千、王丙□一千、陈克昌四千五百、陈介眉二千、张丙岐三百(下缺)、王敬贻四千二百、丁成叙五千六百四十、叶得荣三两、叶进修六千四百六十、王士元二千、叶国明三百、万成观四百、徐圣文二两(下缺)

[按]该碑石立于清道光二十五年(1845)。记文录自《上海碑刻资料选辑》(上海博物馆图书资料室编,上海人民出版社1980年版)。

乌泥泾庙迁移浦东缘始记碑

(清道光二十五年・1845年)

乌泥泾庙向在宾贤里乌泥泾镇,中有社神、佛祖及黄婆原像焉。明万历间,镇毁于倭,而庙迁滨浦。本朝康熙间,复因潮患,而里甲孙姓创迁于今所,惜无碑记,故年月姓氏失传。厥后随修,仅蔽风雨。迩来墙垣圮坏,风雨难蔽矣。以致游观者顿无生色,而奉神者坐视不安。乃集里人俱各行善,或解囊布施,或募捐工料,从心所发。俾庙焕然一新,岂特一方所庇荫哉。至黄婆像已失真,今日重而塑之,使吾乡纺织为生者,知祖述而酬答也。是以吾里善人徐盛岗、鸣岗与宝善王□、本庙上人广达及诸善人,随缘乐助,福愿同登。工程告竣,故勒碑以志。世世善人,感且不朽,须知碑记者。道光二十五年岁次乙巳三月吉日刻石。

[按] 乌泥泾庙原在浦西乌泥泾镇,清康熙年间迁移于浦东三林紫竹庵旁。该碑记撰于清道光二十五年(1845),记文录自民国《三林乡志残稿》第六卷《古迹》。

黄渡章雍王庙记碑

(章树福撰 清道光二十六年·1846年)

由青浦城而东北四十里,吴淞江之阴有章雍王庙,在张浦庵侧,村人奉为土谷之神。庵创自元至正间,而奉神袝祀时日不可考。旧传吴淞近海口,岁有霸王潮为患,故沿江所建神祠以保障田庐者多系炎汉功臣,以刘能克项也。雍王不能诛项而復事项,其得以庙食兹土也,于义无徵。余读《史记·项羽本纪》,知羽特匹夫之勇耳,其争雄一时,假号西楚者,得季父项梁之力居多。梁世为楚将,授羽兵法而又深沈有善识,能折羽刚暴之气而善用之,以范增请立楚后,以得民望,以是诸侯争附之。梁不死,则定天下事者,非项而谁当。是时天之亡秦孔亟矣。雍王犹能摄离叛之人心,振孱弱之兵气,一战于栗,而项之别将死,再战定陶,而梁亦死,梁一死,而沛公兴,此其势之自然者。彼羽也,虽有扛鼎之雄,拔山之力,亦何足道哉。然则雍王之破楚军也,挫项之锋也,汉诸臣之围垓下也,承项之敝也。洹水之约,亦其运数之穷且尽,坐使英雄气短耳。而要其灭项之功,二十万降卒之坑不足以报一项梁之死也,不然安有偾军之将、亡国之大夫而英灵不灭,犹能为民御灾捍患,而使食报之长且久邪。以是知项之兴,不兴于羽而兴于梁,而项之灭,不灭于汉而灭于秦。而区区村氓报祀之诚,隐然使当日见嫉赵高、受责二世,郁郁不得志之苦衷,犹能见谅于千百世后之人心也,岂不快哉。道光丙午春,余友蒋汝枚会钱復新其庙,庙之前旧有卧碑而没字,枚属余重文其石,因论其事而系之诗,俾春秋歌以侑祀。其辞曰:濒海地瘠氓蚩蚩,菽麦禾棉利所资。渤澥一倒势莫支,昏垫顽洞民其咨。木饥金穰天无私,楚氛之恶或有之。嗟王智勇不逢时,百世俎豆馨如斯。神之视听民是依,灵德于赫能扶持。愤王之祠一炬隳,淞水庙貌犹巍巍。丹漆版干岁修治,幽宫神寝与朱扉。豚蹄报赛何不宜,灵之格兮尚鉴兹。

[按]该碑记由章树福撰于清道光二十六年(1846),记文录自清《黄渡镇志》第九卷《杂类上·神祠》。

重修大境关帝庙记碑

（诸锦涛立　咸丰三年·1853年）

　　西城大境向与丹凤楼、振武台、观音阁鼎峙，女墙竞誇名胜。而大境王殿供奉关圣帝君、华大祖师、城隍大神灵应尤著，香光因缘四方而来。嘉庆二十三年师高高祖春台朱公，募□□□同彩□宗捷倡建三层楼，□□□□□乾徐公缘之至。道光四年告竣。□道光十二年□，师曾祖卧云朱公募化□建城堵，作□□□。蒙前两江总督陶文毅公以□□□□□之，表于城堵外。至道光十七年。募建牌坊、石路、构集园地、开挖河池。蒙前两江总督陈芝楣公又以"大千胜境"表其坊，诚大观也。及道光二十五年，师叔祖静涵杨公募化重建西春台，一庆师父湘州胡公、师叔甫堂张公相继住持。及道光二十九年秋间，锦涛接管见墙垣破坏榱桷侵欹剥坯丹青黯然无色而神像亦久未添光亟思募捐修整仰叨灵佑，一年之间，诸护法解囊佽助，计千有余金，得以重修宝殿，再整金容。来观者咸谓："三十年来，缮完称始。"岂锦涛之力哉，皆护法之功也！工竣后，因哀乐善芳名勒石□壁，以垂不朽云。咸丰三年春三月之中浣，住持诸锦涛敬立。

　　[按] 本碑碑文录自上海道教协会所在地大境关帝庙内，原上海县城城墙上大境阁，位于现黄浦区大境街。石碑青石质，共四块，嵌在大境阁原老上海县城墙上。有碑记正文的一块，高32厘米，宽82厘米，共37行，前24行为碑记，正文24行，行16字，正楷竖书；

后13行为捐资人姓名数目,每行书5个姓名。其他三块分别高30厘米,宽74.5厘米;高29.5厘米,宽70厘米;高29,宽65厘米;均是捐资人姓名数目共千余户、人,全部从略。

重建水仙庙正殿记碑

(清咸丰年间·1851—1861年)

县治西南三十里,与嘉邑分壤处为新泾桥。由泾南折里许,有仙水庙在焉。先是有水涌田间,士人咸惊讶之,谓是必有神异,或取以疗疾□愈。于是远近士女焚香捐资,愿为立庙。而里人张公□□捐其基址,哀木石,庀徒众,塑金像,不数日而庙成矣。公素慷慨不羁,兼嗜音器,花晨月夕,未尝不携佳客挟丝竹,造其中而肆焉。其地虽无幽崖绝壑,奇花异草之观,而竹隖千竿耸于后,柳塘一曲环于前,野草杂树,映带左右,后人往往游览其间,盖亦一时之盛也。自咸丰三年癸丑,发军拔南说,吾乡匪类聚党百余人于庙中,红巾为号,希逆长发以济凶恶,事未就,被嘉邑令丁国思所剿歼其魁,散其党,火其庙,迁佛于耳庙,而正殿由是遂毁,入门瞻拜者莫之如何也。公□世孙雨亭者慨然曰:"此非吾责乎!"出其私囊,协以檀施,庀材鸠工,仿前规模,遂兴土木,凡倾圮者革易之,黯昧者丹碧之,而庙貌于是乎焕然重新矣。嗟乎! 发军之祸,几半天下,而我邑之被灾,较上邑稍浅,然公私庐舍,其为颓垣废址而生荆棘者,已十将五六矣。迄今贼众甫退,民房官廨,尚未猝办,势不能不顾身家谋衣食,而急急为浮屠绀宇之助也。乃附近毁庙,若主司堂、威灵行宫,皆渐次修理,而四方檀越,无不努力,甚矣! 世人之佞佛也。夫盛衰兴废之数,虽佛法无边,亦有不能自脱者,吾不知其果司祸福之柄,而能裨益于世否也。雨亭矫矫自好,不为流俗所眩,顾不以异端? 沙门而亦为之,亟图其事,其殆志在承先也乎。工既竣,乞余一言。余才劣学浅,固辞不得,乃著其始末而为之记。

[按]该记文撰者佚名,记文录自民国《真如里志》,撰文时间在清咸丰年间(1851—1861)。

重修长寿里秦公墓祠记碑

(沈秉成撰　清同治三年·1864年)

癸酉秋,长寿里秦公祠落成,门下士秦端奉公事实求为记,余既应之矣,嗣来谒谢拜。述公墓之在长寿里,与公祠之所以建者甚详,复求补叙始末,以示将来。谨按,公墓在上海之二十一保二十八图,中祔公弟亨伯,为公上辞聘书者也,公子世隆又于其侧另葬焉。前《上海县志》误以西门外淡井庙后故元中书省㕘直使、公祖父知柔墓为公墓,而长寿寺之墓自明迄今未有议修之者。幸未秋,端偕族人以修墓请于前署上海县知县陈君其元。陈君甚甚之,拜许倡捐,建祠以守墓。时余奉命观察斯土,方下车,陈君亦为之请,比其去任,叶君廷眷继之。乃葳事计构祠宇三楹,益以门房厨厩八楹,中奉公位。左侧追奉公父、祔公弟、公子。墓前立神道、墓阡,复得旧翁仲像于土中,并建制如例。公墓田二亩四分,明嘉靖间免科,今增置祠田二十七亩八分,东西界路,南北界河,凡糜金钱六千余缗。上海自官及绅商皆踊跃捐助,创建有陈、叶两令也。总理者邑乡绅贾履上、江承桂、叶茂春、梅益奎也。始而请修,继而督工者,端率族人国佐、梁及诵莪、秀彝、荣光、乃歌也。例得具书捐翰姓氏,备载他石,是役也。非两令之慕古好义则未必,应端之请非绅商之协力则未必,能速成事,固有相得益彰者,端不肯隐人之赐,诚不可无记,故复叙之如此。同治有三年三月谷旦,苏松太兵备道归安沈秉成补记,娄县沈铦顿首拜书。

[按]秦裕伯在明代,被朱元璋封为上海县城隍,其墓、祠在原

上海县二十一保二十八图(现属闵行区镇),碑文录自《上海陈行秦氏支谱》,见《秦裕伯研究》,苏松太兵备道归安沈秉成撰于同治三年(1864),沈铦书。

重建南汇水火神庙记碑

（徐本立撰 清同治五年·1866年）

水火之神，有功于民，奉载祀典。余以同治二年九月来任县事，县人士因庙被匪毁，祀祭无所，乃于三年七月鸠工重建，迄五年四月工竣，而余已于四年调任去，因以书来乞碑文示来者。噫！余岂有造于斯邑哉！江苏州县自遭匪扰，民力已竭，民气未舒，有牧民之责者，求副其实，盖戛戛乎难之。今岁幸有秋，民皆乐业，固由圣人轸念民生，感召祥和所致，抑兹水火之神实嘉赖焉。记曰：有功德于民，则报之水火神，为功已久。以余任事才二年，县人士犹不余咎。余其敢没神贶。谨列于石，以永保障之灵，俾无水旱。将小民之受福，方自今始。

［按］南汇水火神庙亦称丁壬宫，在东门靖海桥西北向，建于清乾隆十一年（1746）。同治三年（1864），知县徐本立重建。该碑记由徐本立撰于同治五年（1866），记文录自光绪《南汇县志》第八卷《祠祀志·庙》。

重修月浦土谷寺记碑

（陈观圻撰　清同治五年·1866年）

夫古今沧桑之变，城市改易。惟上世之功臣烈士，勋名彪炳，享俎豆于千秋者，不与世运同隆替。即历经兵火，亦必有人焉起而复之，不至煨烬于荒残灭没之途。吾邑邑治北，向有土谷寺，祀南宋岳鄂王神像。庙在月浦东北三里余，地滨海。嘉庆十三年海溢庙毁，迁于庙浜北，因名"庙浜庙"。同治二年岁癸亥，粤匪炽，庙又毁于火。烟荒草蔓，行路伤之。越三年丁卯，岁稍稔，里耆邱俊彦、王森然等集居民而告之曰："我曹托庇于神，而今也庙貌无存。便忍而与之终古，安乎哉！"曰："否。""然则兵燹虽经，肯踊跃倾囊，共襄善举手？"曰："诺。"于是敛资鸠工，刻日兴役。四月中，西侧室告竣。越五月复起益寝殿与东侧室，并行修整，十二月竣工。堂阶门庑，黝垩丹漆，视前制尤闳壮。庙成，嘱予为记。予曰，惟神建熙天耀日之勋，保障江淮，俾海隅咸得安堵无恙。使当日非艰难百战以抗之，则小朝廷且不能保。而濒海百万生灵，将不可问。此吾民之所以薰蒿凄怆，饮食必祝。虽屡经浩劫，而必欲奉庙食于万年者乎？则今之记之也，非徒记土木之功也。所以赖神之功，沐神之德，颂神之荫佑呵护，见馨香之自有不没于人心者在耳。予不文，不敢滥贞石之责，幸众善士不以予言为河汉，遂书以为之记。

[按]该碑记由里人陈观圻撰于清同治五年（1866），记文录自清光绪《月浦志》第七卷《艺文志·碑志》。民国《月浦里志》第十三卷《艺文志·金石》著录此碑。

重建黄渡嘉邑城隍行祠记碑

(章光旦撰　清同治六年·1867年)

唐李阳冰《缙云县城隍祠碑》称：神不载祀典，而吴越风俗，水旱疾疫必祷。赵与时辨之，以芜湖城隍祠建于赤乌二年，其祀且不始于唐说，具《春明梦余录》，大抵自宋以来，立庙遍天下。国朝沿明制，行省郡邑皆有庙，有司以时秩祀，而乡里不必有。吾镇跨淞南北，分隶于青浦、嘉定，故有行祠各一。其在北镇者，适居东西两桥间，朔望之香火、岁时之祈报、三节出巡之仪卫，如子趋父事、民属官谣、卒听将令，莫或召之，若或使之。凡吾民之所以事神者不懈益虔，其来有素。夫黄渡，特区区一镇耳，然而地当孔道，扼苏沪之亢，为兵家形势所必争。以故，曩者粤匪之难，被蹢尤剧。贼之始至也，在咸丰十年六月，犹未甚猖獗也，燔祠之前廊。迨同治元年壬戌四月，邑城复，余偕里中诸人治团练于此。会剧寇蜂拥至，邑复陷，乡团瓦解不可支。未几，淮军壁南镇，与贼相持久之，镇赭为墟，而祠亦全毁。癸亥匪乱平，民稍稍还乡，趁墟于镇西之中村。明年甲子，乃于祠址上草创公屋五椽，有归自流亡者，皆托以居。已而日辟月广，浸以成市。仰托神庇，年谷屡稔，报赛之礼阙如，民方以为憾。光旦等集众，建议抽各业捐。积三年，规复大堂。又三年而头门立，两旁缭以垣。又三年，辟宅门、建川堂，西偏建厅事。其东偏，则别筹经费，亦建厅事，以为存仁堂施棺之所。川堂后有燕寝故址，事可得已即止焉。夫人情厌常而喜暂，暂则奋于趋事，输资辄踊跃，若常常取之，怨声作矣。庙捐筹于市，不及于野。顾北镇市廛，昔盛时不过三百余户,动后元气未尽复,兼无巨商硕贾贸迁于其间。既逐日敛之,而不为烦,又间岁休之,而不为困。都收捐钱若干缗,罄其所有而讫工。至于戏台,则里中人踵事为之,余不与焉。所与共事者,为松涛吴君奉尧,伊声复君锦书云。

[按]该记文由章光旦撰于清同治六年(1867),记文录自《黄渡镇续志》。

上海县为城隍庙庙园基地归各业公所各自承粮告示碑

(清同治七年·1868年)

奉宪勒石

钦加府衔即补同知署理江苏松江府上海县正堂加十级纪录十次朱,为勒石晓谕事。据庙园各业公所萃秀堂、钱粮厅、凝辉阁、船舫厅、董事厅、龙船厅、飞丹阁、怀回楼、清芬堂、映水楼、得月楼、香雪堂、游廊羊肉业、铜锡店、银楼、挹爽楼、世春堂、点春堂、可乐轩、湖心亭、花神楼等禀称:业等在治生理,各有公所,附建庙园,共计基地三十六亩八分九厘二毫。缘庙园公产向来列入官字图捐纳粮赋,现办清漕,业等理应各归各业,分户承粮。请饬亭耆画匠,各照公所地址查丈,分立户名。于同治七年起,各自承粮等情。当饬亭者,按址查丈,即据该业等邀集各业,按址丈明,共计二十一行业。丈见基地三十六亩八分九厘二毫,与田单额数相符。惟各业中人众不一,深恐久后不知底蕴,或起异议,应请勒石晓谕。至前给总额田单,未便宜存留在外,并请注销,分户给谕执守,开呈的户,求赐给示勒石,并求谕饬册书,分别收除承粮,按业给谕收执等情。又经开单分谕官字图及二十五保五图册书,分别收除去后。兹据该册书等覆称:遵谕分晰收除,现立萃秀堂等各户承粮,已于册内注明,求赐分谕各业遵照等情,具禀前来。除将庙园基地田单注销,一面按户给谕执业外,合行给示勒石晓谕。为此示仰后开各该行业人等知悉:所有向列官字图之庙园基地,户粮共计三十六亩八分九厘二毫,现已分立的户。各该业即照后开丈见亩数，于同治七年分起，各自永远承粮。倘有无知之徒，借端抗阻情事，许即指名禀县，以凭究惩。各宜凛遵毋违！特示。

计开：

萃秀堂豆业：丈见共地壹拾亩柒分伍厘叁毫

钱粮厅总房：捌亩捌厘贰毫

凝辉阁鞋业：伍分肆厘捌毫

船舫厅船厂：伍分捌厘叁毫

董事厅红班：玖分柒厘伍毫

龙船行行口：肆分叁厘

清芬堂旧花业：壹亩柒分捌厘玖毫

怀回楼西房羽士：丈见共地叁分玖厘叁毫

飞舟阁帽业：柒分捌毫

映水楼酒馆：捌分伍厘

得月楼布业：壹亩伍分陆厘捌毫

香雪堂肉庄：壹亩伍分玖厘肆毫

游廊羊肉店：壹分伍毫

游廊铜锡器业：壹分叁厘叁毫

游廊银楼：丈见共地壹分壹厘肆毫

挹爽楼乡柴行：肆分壹厘伍毫

世春堂铁钻业：伍分柒厘肆毫

点春堂花糖行：贰亩捌分玖厘壹毫

可乐轩沙柴业：叁亩肆厘肆毫

湖心亭青蓝布业：壹亩柒毫

花神楼丐头：叁分叁厘陆毫

同治柒年拾壹月　日示

［按］该碑告示由上海县正堂朱颁发于清同治七年（1868）。告示文录自《清代工商行业碑文集粹》（彭泽益选编，中州古籍出版社1997年版）。

大境关帝庙旗杆石刻

（清同治七年·1868年）

　　同治柒年戊辰九月　日立,广东潮州府潮阳县郑世泽敬立。陆善祥、王谦记、袁悠润、张才仪、励文高、王瑞高、陈明福、陈厚福、金泳记。

　　民国六年季秋重建,甬商弟子敬助。郑信德、王才运、王渭卿、戴晋昌、侯松龄、丁菊生。

　　[按]旗杆石花岗石质,在大境阁原上海县老城墙"制胜台"上。两块(地面以上部分)高83厘米,宽36厘米,厚14厘米的花岗石夹住旗杆,四面刻字。刻字2012年12月6日录自旗杆石。

重修景德观记碑

(严锡三撰 清同治八年·1869年)

吾里古景德观,正祀东岳,傍祀刘忠显王,为里人岁时报赛之地。南宋迄今七百余年,香火日盛。庚辛寇扰,栋宇倾颓。今春,同人募资修葺,一呼而众应之,未期月而工竣。夫粤寇蔓延数省,丛祠、古刹之废而不兴者,何可胜数。即欲兴举,而或迫以官吏,迟以岁月,通都大邑间往往如此。江湾僻处海隅,民风朴俭,户鲜中人产,醵钱宴会且不常有,独是庙之修也,费逾二千贯,解橐输囊无不踊跃,乃知东岳出雨兴云,功施宇内,无庸赘述,而刘王之浩然正气,不与澌然俱泯者,自有在也。乾嘉以来,乡先辈屡次修葺,具载里志,惟重修在兵燹后,费愈钜而事愈难,乃事有困难见易者。爰书与事者姓名于石,并述其大略云。

[按]该碑记由严锡三撰于清同治八年(1869),记文录自民国《江湾里志》第四卷《礼俗志·寺庙》。

钱门塘城隍行宫记碑

（童以谦撰　清同治八年·1869年）

　　吾里西偏向有城隍行宫，为农事祈报之所。乾隆时里人廓而新之，王光禄西庄先生撰记，勒碑于宫之前，乃得以考其所自。咸丰庚申、辛酉间，兵火炽东南，庙旋被毁。岁己巳，徐丈心田徇里人之请。醵资重建，其明年属余以记颠末。余以事关桑梓，有不敢辞者，因记其略云。斯庙之建也，经始于同治七年冬十月，落成于八年秋八月。资出自众姓，而鸠工庀材，则徐丈一人任之。徐丈为里中长者，里中有疑难事，每赖剖析排解。当贼氛甫靖之时，污莱遍野，疮痍满目。徐丈谋诸当道，兴办善后事宜，偕余经理其间。越六年，农事稍裕，乃谋葺斯庙，以妥神灵。既成，徐丈昌言于众曰：吾里介邑西北隅，地形洼下。道光癸未、己酉，两次水灾，西望汪洋，若巨浸然。迨粤匪之乱，又当驻营之所，蹂躏尤惨，以至辍耕转徙，半作饥莩。我与若得免于难，复我邦族者，非神明呵护之灵不至此。继自今布衣蔬食，其愈于流离琐尾时多难矣。吾侪永戒奢华，务从节俭，共享承平之乐，无忘患难之年，庶几哉神之听之，介尔景福乎。余闻之悚然起，肃然立。退而记其言，以贻来者。

　　[按]该碑记由童以谦撰于清同治八年（1869），童以彰书。记文录自民国《钱门塘乡志》第三卷《营建志·庙宇》。民国《钱门塘乡志》第十一卷《艺文志下·金石碑目》著录此碑。

重建火神庙记碑

(陆诒谷撰·清同治十三年·1874年)

　　吾里火神庙向为六如庵前殿,建自明天启间。国朝乾隆三十二年,云庄李公募筑庙前围墙,植榆木数株。嘉庆七年,桐园李公出资重修,自为记,勒石犹存。旧有庙田十亩在重号四十一图鳞字圩,为庙僧卖去。嘉庆九年,桐园公先后出资回赎捐庙常住,载在镇志,今又失之。里中素敬神明,每逢季夏六月,香火甚盛。咸丰十年,粤匪扰境,是庙废为丘墟。同治元年,嘉城收复,余自癸亥出都为当道敦迫举办善后,一时元气未复,民事不遑,未能致力于神。休养六七年,里中善举渐次修振,民居日复,烟火日繁,里之人咸思修火祀焉。夫吾侪既幸脱刀兵之劫,戒惧之心怵于水火,即非里之人共知修德以自免,何患不浸成风俗。余遂约同志数人集议文昌阁,于四月间共相劝募,不数日而愿集,犹恐有妨民力,俟秋成收愿,农毕兴工,是岁果大稔,其即所谓修大祀,以祈年丰者乎。因量度基址,庀饬材料,十月兴作,至十二月落成。殿宇墙垣视从前益崇隆焉。庙之头门旧为井亭,即侯忠节豫瞻先生所放生亭也,李长蘅先生记其缘起今皆失去,重建是亭亦翼然而高,庙制悉复旧观。是庙旧名火帝庙,考神农以火德王,故曰炎帝。火正曰祝融,月令纪其帝。炎帝其神祝融,然五帝之礼惟天子得行之,民间所祀宜神。凡载在祀典者得立庙,因题其主曰火正之神,庙曰火神庙。若道家所谓炎天、丹天者吾不得而知之也。是役也,众善姓共捐钱柒百廿余千文,又东林庵毁余水木料禀于官,以公济公,作见钱二百四十余千,统计已不下千金。际此物力维艰,而踊跃集事,可知敬畏之心犹昨也。同募者陈君少樵、程君讯梅、朱君勤斋、朱君娱庭、顾君晓楼暨余姪乃勋,帐籍收支石君淡如,匠头徐正,工既竣,同人乞一言以记其事,爰叙而记之。同治九年庚午冬十二月,里人陆诒谷谨撰。

庚午岁,庙工告竣,已逼岁除,越明年正月九日,焚香设供,用妥神灵。于是日,将收支开贴。事毕,叔父应礼部试,就大挑得二等。归即奉檄摄金坛学官篆。瓜代卸事已壬申八月下旬矣。甫一日,以脚腫感时邪而殁,乡党咸痛惜之。此稿文藏行箧;容如弟检出,因书之付手民锓石焉。叔父吐属原本,经术并于正教。有关观题主曰火正之神及炎天丹天道家语不得而知之数语亦可概见其所学矣。同治十三年六月,乃勋识。

[按]该碑记由陆诒谷撰于清同治九年(1870),由其侄陆乃勋刻碑于同治十三年(1874)六月。碑文共42行,其中陆诒谷所撰记文共33行,行20字;陆乃勋所撰识文共9行,行18字,字体略小。碑文字体正楷。记文录自该碑石。碑长方形,长88厘米,宽34厘米。

重建火神庙记碑

南汇文昌宫记碑

（金福曾撰　清同治十三年·1874年）

《太史公书》文昌宫有六星,而《周官·大宗伯》司中、司命独预禋燎之祀,天府所掌则有司禄焉。今世崇祀文昌,谓主人科名禄命,赏善罚恶,是即司中、司命、司禄之职,而魁星每附焉,则奉为戴匡之星明甚。道书乃有十七世化身始末,儒者释之,则比于维岳降神及五人帝为帝坐星之类,幽明之理难以臆决,有其举之,不可废矣。国朝嘉庆六年,文昌之神列于群祀,咸丰六年升中祀,有加礼焉。南邑文昌宫,创自乾隆二十九年,在惠南书院之左。道光九年,徙置水东。咸丰末,毁于寇。越十三年,福曾既承乏兹土,咨于邑诸君子,榷工二百六十万余钱,爰倡蠲廉率钱五之一,都人士皆踊跃出资。经始是冬,不三月而竣。大门内前听事中殿皆有东西厢,殿左右廊各五,后殿奉神先世。上有楼,东西有房,如故制,其魁星阁则将以继事焉。岁二月,与诸君子行礼于此,福曾举灵皋方氏之言曰:人受天地之中以生,既生而有形气,又必有制其死生修短之数者。王者相协,生民之中,欲登之于仁寿而消其疵厉、夭札,故特立神号以祀之。大哉言乎！惟神赏善罚恶,与国家崇德右文之典,实相表里。然则凡承祀于庭者,当体司中、司命之旨,以修身立命,斯学焉而禄在其中。《传》曰:礼不虚行,固非徒饩牲酒醴之备、衣冠跪拜之节云尔。此福曾所急欲与都人士讲明而共勉之者也。诸君子皆以为然,请勒诸石。乃不辞而为之记。同治十三年夏五月。

［按］该碑记由知县金福曾撰于清同治十三年(1874),记文录自光绪《南汇县志》第八卷《祠祀志·庙》。

金泽改建文昌宫记碑

（熊其英撰　清光绪三年·1877年）

盱台汪侯治青浦之五年,岁丁丑三月八日,焚淫祀金泽陈王姑壻像,拘僧某,至还其发。越月十七日,载具丹垩,躬督匠氏,改厥庙宇为文昌宫,额厅事曰"经正堂"。阴霾扫除,民志不忒,文治光辉,炳烛牛斗。于是,侯秩满且去。西门豹治行,百里歌舞。其英方承侯命,修县志,职司文字,父老皆曰:"子宜为记。"乃备书岁月,刻于石。侯名祖绶,丙辰进士。光绪三年夏四月邑人记。周英书。

［按］清光绪三年(1877),青浦知县汪祖绶就金泽某祠改建为文昌宫请熊其英撰记文。该碑长84厘米,宽30厘米,碑文楷书,21行,每行8字。该碑现存于金泽镇颐浩寺内。

珠溪水仙庙放生会捐田碑

(沈福荣撰　清光绪十一年·1885年)

原夫天地之大,生气弥纶,所以仁民爱物,德宗圣贤。戒杀放生。功成征佛,其迹虽殊,其理一也。人能以此心为心,即能以天地之心为心。语小即胎生、卵生、湿生、化生,无物不在胞与运会中。语大即为圣、为贤、为仙、为佛,无不由此入手。珠溪漕港,跨昆、青以为界,引泖、淀之长流,其东有放生桥雄峙中流。前明慈门寺僧放水族于其下,乾隆嘉庆间王少司寇昶重举放生社,禁止渔捕,其后举废无常。至光绪二年,里中乐善绅士,顾名思义就滨河水仙庙中重建放生会,使住持沈福荣经理其事,历事奉行勿替。但既有始基,贵收后效。爰议劝募,绅商乐善诸君捐置田产,诸善姓慷慨解囊,每亩约计价值,集资购买昆邑田二十五亩。又以捐资余款,择庙前临流隙地建立一亭。禀请昆青两邑宪示,泐诸贞珉。其捐田善姓、名衔及区图亩号,亦逐细募石,俾垂永久。田产所入,除办赋公费外,尽数归入放生正用。倘稍有积储,随时增置良田。善善相因,讵有限量,谨当濡笔以待。

光绪十一年十一月。

放生会同人谨识。

盖闻天之所生,惟人最灵。物虽无知,有生皆乐。是以仁人有所戒杀、放生之原,而奉以永守终身者。上以广天地生成之德,下以法圣贤胞舆之仁,其举弥简,其功甚伟也。福荣乡东鄙人也,不明大义,无识无知,承诸善士嘱托之命,奉行放生事十余载。出则劝募,入则收放,日夜维勤,未尝稍倦。计每年所募,所放不过四五百千之数。又恐年久废弛,復募钱若干,建亭玉碑,置田若干亩,名曰放生田。岁收生息,亦作放生之需,用垂永久。今工已告竣,聊识数语于末,以为附骥云。

光绪十一年,岁次乙酉一阳月穀旦,住持沈福荣谨跋。席云山镌。

[按]碑长95厘米,高32厘米,原存朱家角镇水仙庙前,六十年代后失传。碑文分记和跋两部分,记为放生会同人所撰,共358字,行书。跋为水仙庙住持沈福荣所撰,共204字,小楷。碑文录自青浦博物馆编《青浦碑刻》。

真如镇城隍庙义勇堪嘉记碑

(张潜撰　清光绪十四年·1888年)

光绪甲申孟秋之夜,梦见先严呼潜前,指列旁八人曰:"汝识之,是皆当年死义者。"瞿然顿觉。因忆咸丰癸丑贼踞上海,四出骚扰,真如亦奉檄练团。冬间镇中王氏被劫,乡团力拒,死事者八人。时长黄荷汀观察芳方宰宝山,题"义勇堪嘉"额,悬诸本镇邑庙之庑以表。潜甫成童,尚约略记其事。迨庚申秋七月,粤匪窜扰真如,庙毁于火,额亦烬焉。先严竟于是日殉难,先姊亦临急投江,先大父终以骂贼被害,当道以三世殉难,胪举上闻,蒙恩赐恤,载入邑乘,而八人者徒以庙毁额亡,至里中不能复举其氏。或亦先严心窃怜之,而特于梦中指示之乎?潜即无似,亦无敢不以先严之心为心,思有以永其传,爰为摹勒上石,而附赘数语于后。戊子仲春,同里张潜谨识。

[按]该碑记由张潜撰于清光绪十四年(1888),记文录自民国《真如里志·人物志》。民国《真如里志·艺文志·金石》著录此碑。

川沙城隍庙额题跋

(朱源绍题 清光绪十七年·1891年)

西园自兵燹后日就倾圮,额曰"日鉴在兹",为先辈陆公筠溪书。光绪八年,归安陈君竹坪,悯念潮灾,筹集巨款来川筑塘,假居此间,因以狡力修建。邱君卿实董厥役。迄今十载,陈君往矣,爰为重题,以铭其功。时光绪十七年二月也。邑人朱源绍题跋

[按]川沙城隍庙,在本城西门内,明嘉靖三十六年始建,屡经修葺。文字录自民国《川沙县志》,邑人朱源绍题于光绪十七年(1891)。

重修青浦城隍庙曲水园
并凿放生池记碑

(熊祖诒撰 清光绪十八年·1892年)

上智之士,心有天游,虽日与湫溢嚣尘之境接,而胸中怡然廓然,六凿退听。其次神明不胜,则必借崇山大林、幽区邃宇,以洗濯其耳目,涵泳其性情。故一丘一壑,君子每乐道焉。吾邑城隍庙旧有园,曰灵园。杨邑侯东屏觞刘云房学使于此,易其名曲水。地势夷旷,一溪贯之。其间垒石为山,架水为梁,为亭、为台、为复道者,度地所宜无不备。每春秋佳日,士女之搋裳联袂至者,踵相接、肩相摩。庚申之乱,烬焉。犹忆髫龀下塾归,偕内外群从嬉戏其中,所凭依而观鱼者某槛也,所攀缘而窥雀者某树也,当时情景历历在目,而地杳不可复得矣。城中士商向有庙捐。乱平,吴书卿太夫子议:亩敛米升一,又请于地丁项下,每钱加纳钱一。创建头门、大堂、演台、库楼。自后,经理不得其人,中止者数年。光绪九年,前石门吴侯慎简董事,得宋丈思勉等数人。及今钱侯之来,事神益虔。丈承命惟谨,续成头门外左右旗令厅、舍人厅;头门内左六气司堂、右五方司堂,及塑诸神像;内建花厅、寝宫、上下楼房、御书楼、有觉堂、得月轩、左右上下走廊、旱舫、孝子堂等处,自溪以西悉复旧观。东则重建喜雨桥、坡仙阁、涌翠、玉字二亭,旱桥廊、荷花厅即恍对飞来;后园门正间进出之所,左为财帛司堂,右为咒诅司堂,缭以崇垣,杂植卉木。园旧无放生池,徐君景云、张君心镜、宋君思勉客省募敛银四百九十八两六钱,在园之东南隅购王姓地二亩又四分;池之一凿而成之,涵演卵育、生趣洋溢,是又寓仁心、仁术于游观之中,呜呼,尚已! 今年冬,丈介汪君锡涛属记颠末。余十年作吏,性情耳目日锢,蔽于抗尘走俗之中,方欲游逸荡姿,虽转徙之涂,而洗濯之,而涵泳之。而是园适成,乃乐得而为之记。其捐助善姓例得备书于阴,光绪十八年嘉平月。赐进士出身、安徽候补直隶州知州、前翰林院庶吉士、邑人熊祖诒谨撰,邑人文生朱昌燕谨书。

[按] 该碑现存青浦博物馆,碑高35厘米,宽100厘米,青石质。碑文38行,满行18字,金文小楷。该碑记由熊祖诒撰于清光绪十八年(1892),记文录自该碑拓片。

重建上海城隍庙得月楼绮藻堂记碑

（王萃龢撰　清光绪二十年·1894年）

大易八卦，坤为布；乾外坤为坎，坎为月。唐杜子美有句云："织女机丝虚月夜。"推乎此而知养女红，寒灯向尽，固有以得月为快者。吾邑豫园，为前明潘恭定公别业，入国朝康熙年，园归邑庙，庙后得月楼，属之布业。堂在楼之下，前人颜之曰绮藻，岂不以楼台近水，水面风来，绮交脉注，藻采纷披，为眼前真景耶？布业以此为议事办公之所，无事时有入焉，司启闭供、洒扫而已。自道光三十年庚戌，承办供布，奉宪设协和公局。咸丰三年癸丑，遭会匪之乱，一炬仅余片石。事定后，僦居他所。咸丰八九年间，构前楼一所。迨同治十二年甲戌，供布统归官办，事简人稀，乃移而栖止于此，迁延者数载。光绪九年癸未春，磊石北浒，筑环垣。又逾五载，会城隍神诞，佥谓吾业旧址未圆，园林无色，爰议捐资重建。经始于十七年辛卯三月，至二十年甲午三月落成。上为得月楼，下为绮藻堂，复旧观也；庭列峰石五，存旧物也；植槐二，仿旧迹也。西南隅构一亭，曰跂织。东廊为月洞，洞之中于墙壁嵌月府，雕镂出奇，为前此所未有。堂之上供城隍神座，添建后楼三楹，设斋厨一，曰还缘居，供先辈栗主。两傍则庖湢咸备，筑垣于水之隈，架石梁为环周第五桥，于是层楼耸翠，轮奂一新。经此地者，望而指之曰："此布业公所也"，吾邑布业，近数年来稍稍疲矣，论者谓自泰西布入内地，相率为利，故土布梗于市，而生计艰。理固然也，而亦不尽然也。传之言，丰财也先之以和众，盖财之力，出于众和，则意见可以互证，计议得以从长。勿存嫉忌之私，勿诡懋迁之术，彼此和衷，相与裨益，而财以丰。自今以往，遵斯道也。人谋善而天运亨，胥于是堂乎基之，正不独水木清华，亭台爽垲，流连风景已也，爰乐得而为之记。

国史馆议叙选用内阁中书加四级五品封职庚午并补壬戌恩科举人邑西乡蒲江王萃龢谨撰，丹徒殷宝龢敬书

［按］该碑记由王萃龢撰，殷宝龢书。碑刻于清光绪二十年（1894）。记文录自《文以兴游——豫园匾对、碑文赏析》（薛理勇著，同济大学出版社1987年版）。

重建崇福道院大殿记碑

（曹骧撰　清光绪二十二年·1896年）

光绪甲申岁,中东启□,余当金陵、台湾等处探报之役。某夕,梦至浦东杨师桥地方,见有一庙,旁人曰:此前代倭寇来时所建。比入庙,阗无神像。醒而异之。越数日,有该镇戚来。余告所梦,曰异哉,何神之灵也。镇南里许有庙,曰崇福道院。中奉真武帝像,前明颇著灵应,相传倭寇不近此庙,地方赖以安谧。读明奚廉访良辅记,有云:倭人作变,戕害海民,特兹一方,保障安宁,其明徵也。今者大殿倾圮,神像已在淋炙中。子梦见庙中无像,殆神已舍此圮庙而去乎?余曰:有是哉,何梦之适相值于此时也。今北方有警,帝为北方神,必有默为呵护,以遏敌氛者。是庙之修,盖不容缓。次年春,和议成。于是邀集城乡诸董,陆续募得捐款四千余金,择十月初二日开工。前一日,匠首运木八百株,由浦江入杨师桥港。桥以内,蜿蜒二三里至庙。久淤不通,因雇夫五六十名,候庙浜备搬取。讵木到时,潮忽盛涨数尺,由是顺流直至庙壖。远近传为异事。越明年,工竣。泰明经荣光撰聊,云:三百年庙貌聿新,海上灵潮,竟运到千章神木;一再劫兵灾独免,云间福地,弥羡兹四野黎民。盖纪实也。时光绪二十二年十月。

［按］该记文由曹骧撰清光绪二十二年(1896)十二月,访文录自民国《三林乡志》(残稿)。

重修松江东岳行祠记碑

(沈祥龙撰 清光绪二十三年·1897年)

泰山为五岳之长,尊曰岱宗,维岳有神,□宗百代。有唐初,封曰:天齐□□□□□□□□□天齐大生仁圣帝,至明,始称东岳泰山之神。自古帝王巡狩封禅,柴望祭告,咸首东□□□□。凡在士民罔敢僭祀。然考宋时江淮郡邑皆有东岳行祠,殆以东岳亭毒万物,萌柢群生,表仁育于春令,展灵施于东土,而遐迩咸得祈报与!松江城西东岳行祠肇基宋初,朱谔扩其规制,许尚著于篇咏。自宋元至今,代加修建,殿宇壮丽,轮奂宏美,甲于一乡,神威肃穆,灵贶毕臻,遇水旱疾疠,奔走祈祷者,立时应感,盖灵气所宅,福佑松城民也。年岁于兹矣,值粤寇逼城,市廛灰烬,独此岳祠密迩阛阓,岿然无恙,仅毁门□堕虎像,殆有神呵护焉。然而岁月积久,垣宇日剥,呆桷渐蠹,上雨旁风,时虞□圮。于是周君桓、王君曾玮、陈君□翘、夏君衔、邱君景浩、杨君朴及住持杨道人巨外集郡人相与咨□谓,不修废举坠,何以整庙貌,而□神庥。时年谷丰登,民气和乐,好善之士均愿输刀布、辇木石,朴斫丹膮,次第振兴,葺正殿,缮内宫,建二门,曾楼完,十王旁宇,倾欹悉整,残破毕营,经始于光绪十有三年,越数载而工讫。鸠合金钱计縻巨万,宏观重起,旧观尽复。俾云间士庶益虔,香火肃观瞻,盛哉斯役也,近日大秦景教炽焰震旦,祆祠丛错,诬或民俗,有识心忧。洪惟东岳之神昭列祀典,捍御灾患,赞理阴阳,赫赫行宇,万众敬礼,葺而新之,亦足维人心之正,挽世风之诡,岂徒仰邀福祚,永永无涯已哉,爰铭勒斯石,垂示后代。其辞曰:

岩岩泰岳,作镇东方。触石吐云,雨润禾桑。神灵赫濯,是秩是望。分立行宫,规基谷阳。创自宋代,建设庙堂。历千百载,灵应夙彰。岁久失缮,矧厄红羊。青渪丹落,霖落飙飏,将摧栋宇,渐坏墉廥,经之营之,期復旧□。鸠工庀材,醵资集粮。崇祠华殿,日新晖光。灵爽显著,福荫一乡。惟神泽宏,百欲丰穰。惟神德盛,万民乐□。岁时礼祀,肃肃礼将。荐陈俎豆,敬恭坛场。明德惟馨,长降嘉祥。大清光绪二十有三年己亥仲秋,郡人沈祥龙撰并书,耿葆淦篆额。住持杨巨外立石

　　[按]该碑记由沈祥龙撰于清光绪二十三年(1897),碑文共19行,行40字,字体隶书。碑额和碑座缺失,现碑藏于松江博物馆。记文录自该碑,碑体右下残缺一块,部分实体不清。

重修松江东岳行祠记碑

南汇县城隍庙东屋记碑

(于邕撰 清光绪三十二年·1906年)

南邑城中,佳景推香光楼。楼在城隍庙右,而庙之左旧有余地,共东北临水,南为轩,曰问心处。咸丰初,有人建屋于其北,屋东以长廊通诸轩,亦游息地也。发逆窜踞,轩屋悉毁,庙仅存,存者方待修整,毁者不遑及矣。逮光绪庚子,司其事者始议兴复,乃光于水上砌石岸,南向建一厅事,次营斋室,后缭以垣,左右为两亭翼对,周接以廊,又筑方平台。北向与厅事相照为宴神奏乐之所,即问心处也。阅数年,功始竣。盖不外募钱,仅支钱漕辛工存公款,以庙岁入租积补不足,故其成不能速如此。然位置得宜,庭宇宽敞,四围通转,点缀尤工,视向之轩屋盖过之矣。于是,岁时享祀之外,远客来者寓于斯,宴饮于斯,歌咏于斯,议邑事者集于斯。冠盖恒去来其间,一时群目为胜地,几几驾香光楼而上之。岁己亥,邕因事至城,陈望三胆经偕予游,时初落成,明经尝请为记辞之,因赠柱铭曰:小游四面亭台浑不辨东西南北;大好一年风月更何论春夏秋冬。至于今又首尾八年矣。沈君颖叔介予子昱以节略来复乞文记诸石,且曰,盛云屏翁遗意也。始诺其请,尝试论之。香光楼者如离骚,而此其汉赋也,香光楼者如太白古风而此其杜律也。香光楼托名董文敏,而沈君来节略称烟霞阁黄氏读书处,若然,岂黄承司与,又谓楼外荷坞为沈万芳旧业,并志书所不及,当附以备参考,使昱叩所本于沈曰盛翁云。

初,是屋未有名也,予记既成,有请名于顾禄天茂才者,茂才名其堂曰"海镜",书来报我曰,取环海镜清与照胆镜之义也。且谓香光楼先属于董,董鬻入黄,如此则两说可通,而黄必非承司,盖其裔矣。又谓黄病剧,卜获罪于神,遂纳楼于庙。问所自来亦不能答,则仍闻疑载疑而已。又今之议复是屋,顾左廉、盛嘉昆、夏绍虞、唐廷槐四人皆司庙事者,合并补书之,嘉昆即云屏翁也。

[按]该碑记由南汇于鬯撰于清光绪年间,记文录自《香草文钞》。

漕河泾城隍庙源流记碑

(唐锡瑞撰　清光绪三十四年·1908年)

　　窃思城隍之祀,《北史》慕容俨镇守郢城之中立祠,俗号"城隍神",见于始。其后隋唐朝都省立庙,而州县无之。至宋代又盛于前。自明洪武间从礼臣之请,加城隍神封号,诏令各直省州县立祀,守土者主祭,而祀典通于天下也。后世乡保之立,副宫揆情,里民祷祀,最便捷之意耳。我漕河泾镇始于明代,而城隍庙即邑之副也。向祀梵寿庵由来久矣。国朝乾隆五十八年二月二十四日清明令节,有镇东二里之漕河庙神典祭,绕道经镇。未设奠茶,互相龃龉。越三日,有十并十三、十四图好事者俞明立、陈友生、计彦心、石土、沈秀等众来镇寻衅,我镇社人不免拘执,以致亵神伤命毁庙等祸讼案。五年,审经府道,伤财劳民,不堪问闻矣。惟庵在东偏,时遭阴损,无可理喻。乡先达虑祸议迁,当有张君春舲倡捐房基四亩有奇,作为庙址之地。至嘉庆十六年辛未,里人沈良浩、杨存思、唐云峰、陈寿铨、杨存德、唐坤明辈集资创建头门、戏台五楹,续建大堂及东西夹室,以妥神明,即今址之地也。道光乙酉,唐坤明晜弟辈集米捐建班房,楼上下十间。己酉水灾,庚戌饥馑,我先祖讳坤德公偕杨存忠、沈良浩、杨存德、吴达、唐坤戴、唐大铨、先父唐心柏、先叔心田辈,假庙施粥,以活饥民。同治壬戌,沈霖、杨忠、唐锡荣、吴融辈设团练局,训练里民,以御粤匪。戊辰,先父心柏偕先叔心田及乡先生辈集各商货捐,创建庙前石桥,工料三千二百余缗,三年竣事。光绪丙子,庙宇失修,锡瑞集资募葺之。丁丑,复砌天井、头门、石版。是年，唐锡荣辈公置民田，开竣镇后宅河，立石"城隍河"字样。戊子，杨晋昌、唐祖法、何福篯募捐三修之。癸卯，锡瑞设乡约采访公所。丙午，设蒙义小学堂，以训里中子弟。惟大堂素无窗格平门，今始置焉。盖庙为里人敬神瞻礼而设，今则听事有堂，憩自有轩。足叨乡先达劳瘁心力，不吝资财，历数寒暑经营创修，何其难也。然而寄棺堆物，未免作践。以肃清之庙宇为拉杂之栈房，逞藏纳之私心，昧式凭之大义，亵神违禁于心安乎。务祈后人善为保护俾勿壤，庶几永永无斁也。特叙源流，勒石以备稽考云尔。

　　[按]该记文由唐锡瑞撰于清光绪三十四年（1908），记文录自清《二十六保志》。

秦公庙捐田记碑

(严贻钟撰 清代·1644—1911年)

去邑治西南四十里许,有秦公浦。上有秦公祠,祀唐徐州都督胡壮公秦琼。浦以神名,祠亦以神著,则神之祐庇斯工也久矣。后里中奉为社司,改祠称庙,加封王爵,俗又分塑老大王、二大王、三大王、四大王,盖因庙界之分,故异其称以别之,其实一神耳。庙有住持供香火,素藉檀越赡施,然无恒产,往往不给。信士裘永安思为久长计,敬捐田两则八亩有奇,于老大王殿下,作千秋神明之业,即委住持耕种,毋许荒废及典卖等因。住持欲铭其德,为之立碑于庙,以矢不忘,又愿每岁清明,为裘氏礼忏一日,永以为例。其善其田,并垂不朽。前来问记于余,余固辞不获,即渠所述,而特为之记。

[按]秦公庙在桃浦厂头,元时在张家浜南,明代移建于秦公浦。该碑记由严贻钟撰,记文录自清《厂头镇志》第七卷《碑记》。

白沙庙记碑

(宋苍霖撰 清代·1644—1911年)

古者,邑有乡,乡有蜡,所以报土神、重民事也。自佛法入中国,而民靡然从风,宋元以来,寺观遍天下,削发为浮屠氏者,几与居民等,而蜡祭之礼遂废。我家南渡后,世居华亭之白沙乡,有兰若曰白沙庙,其创建年月不可考。或曰宋氏先世有白沙公者,读书于此,故名。或曰以乡名白沙,故庙亦名白沙。然皆不得其实。独是斯庙之建,历有年所。宋氏有岩居者,祝发于此,苍霖幼时曾一再过从。庙之左,白沙庙诸神;庙之右,志公庵诸佛。每当朔望,里之赛神而祈谷者从左,里之茹斋而诵佛者从右,由是香火日盛,僧众日集,不知几何年矣。迩来税役繁兴,闾闾萧瑟,居民求室家饱暖且不可得,安能以余资润僧众哉?于是,岩居之法孙曰性觉者,谋于其从,募为千人缘,每缘助银三分,凡得银若干两,置田若干亩,每岁师与徒耕而食之,其所取者微,其所利者溥,桔槔声与钟磬声交相唱和,无私毫科扰于民间。而此中人可以优游自得,虽曰浮屠,实农家矣。性觉年五旬余,齿日就衰,又恐其徒之不克遵其志也,复谋于苍霖为不朽计。苍霖嘉其志之苦,而事之可以久也,为叙述如左。

[按]白沙庙在奉贤十三保三十二图,供城隍神。该碑记由宋苍霖撰于清。记文录自清光绪《重修奉贤县志》第六卷。

唐玄宗老子像御赞刻石

（清代·1644—1911年）

玄宗皇帝老子像赞刻石

玄宗皇帝御赞

爰有上德，生而长年；白发垂相，紫气浮天。含光默默，永却绵绵。东训尼父，西化金仙。百王取则，洁圣攸传。万教之主，先天地焉。函谷关右，传经五年。道之常道，玄之又玄。颜真卿书。

［按］该石长40厘米，宽15厘米，厚6厘米。竖向刻，上方为唐玄宗御赞，下方为老子像。无刻石时间。该石另一面为观音像刻石。现石藏于松江博物馆。

重建集仙宫玉皇殿记碑

(钱大昕撰 清乾隆十九年至四十年间·1754—1775年)

圣人之道，敬天而已矣。天处高而听卑，福善祸淫，盈亏益谦，皆视其人之自取。圣人知性之本善，而去私而复于善。其自处也，常若高高者之日鉴在兹，故能独行不愧影，独寝不愧衾，而为内省不疚之君子。《诗》云："胡不相畏，不畏于天。"畏之，斯敬之矣。二氏之教，其宗旨与吾儒异，其与人迁善而远罪则同。惧人之放纵而不自检也，则为像设以临之。顾释氏奉佛为天人师，而诸天乃在护法之列，其言诞而难信。唯道家以玉皇上帝为天神之至贵者，玉以言乎德之至纯，皇以言乎道之至大，与《书》称"惟皇上帝"、《诗》称"有皇上帝"者若合符节。而复选高敞清幽之地，筑室而事之，巍巍峨峨，昭布森列，使人有所敬畏，以谨其修而寡其过，则与吾儒敬天之学相资而不相悖焉。

集仙宫者，在县治东一里而遥。宋嘉定中，道士叶子琬奏请移安吉州旧额于此。元时，有卢真佑与其徒孙应元先后住持，皆授大师之号，而明有胡浩然者，亦尝授为真人，有金印玉带之赐。宫之四周，有水环之，而正殿奉玉皇上帝者，尤庄严靓深，耸出城隅，望之如蓬莱、赤城示现人世。历岁滋久，土木之工废而不修。岁□□大风，栋折，屋宇尽颓，独玉皇像宛然无恙，佥谓旭卉之应昭著不诬。于是，邑中耆宿询谋协同，或出其资，或效其力，乐事劝功，迄用有成，经营于□□之日，断手于□□之□□。凡靡白金以镒计者若干。栋宇输奂，垣墉致密，晬容伊穆，金碧有辉，上穹陟降，俨乎如在。紫坛黄箓,晨夕熏修,用以祝圣而佑民,以迓简禳之禧,以答信顺之助,斯所谓礼以养气起者与!

吾闻"天道远,人道迩",求福于天不若求福于己,作善者不求福而福来,作不善者不求殃而殃至。瞻礼膜拜,乃致敬之末节,非所以格天也。然三洞立教,为平等说法,崇奉有所,斋醮有仪,使人知天之可敬而从事于善,使人知天之可畏而预远于不善,则上可以入圣,下可以保身,而广之可以善俗,此玉皇殿之所以由创,而重建之不可以已也。家君与董斯役,邮书命大昕为文以记岁月。其在事出钱诸人姓名,则俱书于它石。

[按]该碑已佚,碑文录自钱大昕《潜研堂文集》(《钱大昕全集》(江苏古籍出版社1997年版)第9册)

新修纪王庙记碑

(张叶炯撰　清代·1644—1911年)

庙枕于吴淞江之阳,宋、元迄今,数百岁矣。炯家居,宅与庙咫尺,髫年尝与诸昆季遨游嬉戏,去来庙席中,仰瞻神像,赫然也。长读史,至项羽围汉王,纪将军赴难焚死,辄慷慨歔虚,奋欲亲至荥阳,求当年殉节故地,一庙见闻。顾以年少不偶,未得驰骋天下为恨然。入王之庙,想王之灵,宛若黄屋左纛,诳楚出降时也。

数十年来,庙貌就圮,里之人皆以为忧。岁在辛巳,严德侯、任克昌、陆又蒙等集父老子弟,亟议修饬,鸠工庀材,栋楹摧折者更之,版瓦残鳖者易之,墙垣倾坏者增筑之。广其前楹,以象听事之房,关其后宫,以象憩息之所。或革或因,蔚然改观。恍若王之云旗风马,复自天而降也。

夫庙貌日益以宏,仪观日益以肃,则我乡人之洁尔笾豆,正尔衣冠,起舞拜跪,观欣爱戴。使其天资仁淑者,封之而加畏,即失于检束者,亦悚然以生敬。于以张四维而兴仁让,去浇薄而返敦庞。新王之庙,所以新吾民之志,岂特春秋祈报,枧为故常而已哉!工既竣,而又蒙尤俊雅好古、能赋和平之音邈神听,爰录名人题高咏若干首梓,以与庙并垂不朽,属记于炯。

窃惟炯自少知敬慕王,今虽壮无所成,但目击里中人士事神之诚,遂不辞而述之。他日倘获过荥阳,尚欲为王吊之。里人张叶炯宝贤氏撰。

［按］该碑原在纪王镇纪王庙内,今庙废碑佚。纪王庙当重修于清代早期,该碑记文由张叶炯撰,碑文录自《纪王镇志》卷四《艺文》。

民 国

重修大境关帝庙正殿记碑

(民国六年·1917年)

谨启者：窃自西城大境,建自大明万历年间(1573—1620),正□殿供奉圣华佗,并诸法相。灵应十方,祈祷无虚。维光绪十八年(1892),住持蒋庆荣将大殿唱台翻建以来,历经修葺,均蒙绅商善助之功。住持煞费苦心,又去秋,被风灾吹坍正殿屋脊全部,破漏甚多,若不急求修理,恐成坍坏之虞。为此,仍由住持恳请各会柱首公,同集议劝募修葺。承各柱首等各热心慈善,共襄斯举。兹由敬义会领袖朱绅鉴塘经理收支,命石福记代办工料,将正殿三层楼等修筑一新。现届工已竣,所有收支一切,理合勒碑众鉴,而垂久远。民国六年秋八月　日立。

谨收各善信捐款台衔于右,敬义会经理朱鉴堂经募。朱鉴堂君捐助洋壹佰元整。朱馥棠、杨叔英、元海别墅、崇庆堂,以上诸君均捐助洋伍拾元整。朱霭堂、瑞昌公、张云江,以上诸君各捐助洋叁拾元整。久成绸庄、聚星成绸庄,以上诸君各捐助洋贰拾元整。罗绅祥、许秉荣、邬复基、罗春泉、袁树棠、魏廷元、陆桂卿、黄骏生、宋金生、冯应祥、周茂生、陆桂山、葛长怀、黄金荣、韩邦达,以上诸君各捐助洋壹拾元整。

谨将修建三层楼各捐户数目列明于后:(略)。以上共计念陆户,共捐助洋叁佰廿七元整。以上各会姓等共收捐助洋贰仟叁佰九十一元整。

[按]碑记石四块,青石质,在大境关帝庙二楼城墙内壁。原无碑名,据第三块碑的首列捐建事项暂定名。第一块有碑文,小楷楷书竖书,高31厘米,宽81.5厘米。第二、三、四块碑,均高31厘米,宽度依次为82厘米、82厘米、78厘米。第二、三块碑全部是捐款人姓名用助银元的数目。恕从略。第四块碑是修建工程所耗工料、人工等费用明细。

重修上海城隍庙内园记碑

（况周颐撰　民国十年·1921年）

　　昔荀卿子始言合群，盖言乎士，即商亦然。管子谓处士必于闲燕，处商必就市井。注谓处士闲燕，则谋议审。夫商何尝无谋议。自商学商战之说兴，其关系钜且亟矣。上海滨江带海，为东南奥区，史公所云，绾毂海通已还，百业鳞萃乎是。钱业实枢钥喉襟之大，合群而处之闲燕之区，而附属之严敬之地，则情谊洽，信义立，先民之所图始，其盛事也。县治北城隍庙，祀元待制秦公讳裕伯。明季以来，公之灵尝御灾捍患，祀之礼也。庙有东西二园，"西园"即明潘恭定"豫园"。中更芜废，而玉玲珑三峰仅存者；"东园"一名内园，广袤不逮西园，而幽邃过之。乾隆间，钱业同人醵资购置为南北市总公所，以时会集，寓乐群之雅，事涉闳恉，辄就谋议。庙故轮奂整饬，道光壬寅、咸丰癸丑，两经兵燹，旋修葺，复旧观。庚申、辛酉间，发寇披猖，外兵助剿，屯两园逾四载，多所毁伤。东园修复，仍钱业任之。合平昔岁修糜资如干，载在县志，斑斑可考。辛亥国变，复援案呈请有司，给证营业，计占地二亩一分八厘六毫，按年纳税。盖自乾隆至今垂二百年，斯园阅世沧桑，而隶属钱业如故。比年建议重修，因循其所旧有，而崇丽增饰之，经始庚申八月，讫工辛酉九月，鸠僝所需，乃至二万有奇；凡庭楹台榭，水石卉木。匪直以为观美，结构之与丘壑，精神之与襟袍，其所贯澈运量，要有大过乎人者。园有门，北向，仍以"内园"颜之；有堂三楹，秦公像设在焉，钱业岁时享祀，不敢忘附属之旧也；斯堂之作，丹楹刻桷，润色有加，则慎重其事也。概夫商政不修,币制靡定,上海一隅,百业皆窳,唯钱业尚能振厉,南北两市操赢制余,各有挟持。而斯园实为集思广益,出谋发虑之地。奚啻管子之言,商群萃而州处,相语以利,相示以时,相陈以知贾云尔。以情谊合群策,以信义答神庥。园之一土一石,一草一木,皆有坚固发荣之概,以谓地灵人杰,其殆庶几,因于重修落成,乐为之序。若夫斯园建筑之精,游览之胜,天工人巧,城市山林,昔之人有述焉,兹不赘。临桂况周颐撰。归安朱祖谋书。辛酉孟秋中澣汀州伊立勋篆额。吴县周梅谷刻。

[按]该碑记由况周颐撰于1921年,朱祖谋书,伊立勋篆额。该文录自《文以兴游——豫园匾对、碑文赏析》(薛理勇著,同济大学出版社1987年版)。

重修圣堂记碑

（朱天梵撰　民国三十五年·1946年）

　　直上海市南,渡浦三里而近,有琳宇巍然楎蠹,侔古宫苑,红墙盘猛,黝纠龙游,飞檐轩翥,翼如鸟舒,鸱尾拒鹊,矫出霄汉,崴嵬峭寔,赫赫负具瞻之象者,则圣堂是已。堂之建殊古,西东有银杏二,相传植自赵宋,中奉北极真武之像,旁列张、邓二将暨卅六天神、怪伟楙丽,笑嘻怒瞋,无不生动奕奕,具拿攫飞展之势。他城隍、社神、阎摩罗、观自在、雷部诸神咸奉别官。而崇福道院殿焉。中经层劫,旋圮旋复,一修于明嘉靖卅八年,再修于清光绪廿四年,迄今余五十载,塑绘凋蚀,栋宇垂倾,属倭寇内扰我乡,遂被伊川之痛,倭固视我为俎上肉,而叛吏土猾又假其焰以贼民,民不堪命,则佥疑庙祀之失修,神之勿假易,以及此酷也。乃议鸠赀重葺,凡颓者起之,废者易之,户墙则垩漆以泽之,像设则藻绘以渲之,后楼五楹圮久勿克复,则遴其瓴础之完者,筑女垣以环之。始三十二年六月,迄明年三月毕工,都为费三百二十八万八千有奇。越一载,倭败,国土重光,民用安乂,乃砻石征文记其事。或谓神权之说,早为科学所绌,今乃嘘死灰而燃之,复踵事以赠之华,损货财而耗醴牲,得不为方闻懋学之所诟病欤？不知圜与战劫,荏苒八年,伏尸数千万,流血溢大瀛,迹其所恃以酿此恶者,胥资科学,无假神权,审是,则二者之得失,固未易遽加以定论矣。抑陆鲁望之碑野庙也,谓缨弁言语之土木,解民悬,清民喝,未尝贮于胸,民之当奉者,一日懈则发吏肆刑,政之以就事,较神之祸福,孰为轻重,噫,鲁望之彦悲矣！顾以今较昔,则尤有甚者,不观今日缨弁言语之土木乎,平居吮民膏,剔民髓,惟恐不及,一旦疆场有警,则国亡种灭之不恤,乃媚敌为城社之凭,转资以自贼同胞,而图厌其欲者,比比然也。则区区酒牲,神之饫也,亦孰云其非哉!予故不辞而为之记,俾后之人视吾之碑,知有甚于鲁望氏之悲。若夫是堂构筑之瑰伟,造像之奇古,为我乡有数之剧迹,允宜时时维护而保存之者,《北山》之什曰:"子子孙孙勿替引之。"是尤所望于审美笃古之君子。是役也奔走募赀督工始终其事者为里人任兆千,例得附书。邑人朱天梵撰并书。中华民国三十五年岁次丙戌十月　日立石。海盐蒋士英镌字,里人孙迪同镌。

[按]该碑记由朱天梵撰于民国三十五年(1946),记文录自该碑拓片。

重修圣堂碑记

重建乌泥泾庙记碑

(陆受昌撰　民国十一年·1922年)

明朝年间,上海浦西,有一乌泥泾庙。曾经敕赐,载在县志。地名乌泥泾镇,造一城隍庙,称谓乌泥泾庙者。香烟缭绕,殿宇崇宏,有感斯通,无诚不格。释迦济世情深,恩同救蚁;猛将利民志切,绩著驱蝗。延龄素仰三官,却病全凭大士。刘升任功高一邑,施正神泽被群黎。惜乎代远年湮,榱崩栋折。嗣有浦东地保,名孙明海者,见此庙荒芜,心甚悯焉;私将该县钱粮,扣不而解,移建是庙于浦东紫竹庵傍,甘受囹圄之苦。既而屡显神灵,香火极盛,足以见该地保之虔信,有以致此焉。迄今已逾数百载,历久失修,不堪目睹,独力重建,将紫竹庵合而为一。内有城隍、东岳、关帝以及天妃、财神、法护等佛,从此佛力超升,永登仁寿。民国十一年夏历九月上浣立石。壬戌秋长洲陆受昌撰,林钺书。

[按]该碑记由陆受昌撰于民国十一年(1922),记文录自民国《三林乡志残稿》第六卷《古迹》。

祝吕绍宾道士六十寿贺诗刻石

（罗鸿铨撰　民国十二年·1923年）

　　炼师系是纯阳裔，生有善根具夙慧。皈依正一自童年，《道德》五千参妙谛。玉华观里岁月长，严参戒律异寻常。朱邵二师仙去后，主持道法名益彰。昔有杨君具眼力，宦海归来便赏识。交游大半是名流，论道谭玄意相得。洎乎辛亥政体更，布新除旧多纷争。宗教凌夷慨日甚，保障独力功非轻。爰请龙虎真人至，宣扬正法明奥义。宠荷仙家十赉文，秘受上清蝌蚪字。道高山暇无尘冗，余闲惟把奇花壅。菽兰莳菊满庭階，花时香霭氤氲重。修真养性春复秋，于今花甲适初周。题糕节后才二日，连袂欣添海屋筹。劝师□饮一尊酒，长生妙诀师自有。他年耄耋永仙龄，再采蟠桃来上寿。

　　绍宾炼师俗姓吕，自幼出家为道士，拜邵月亭为师，月亭者邑庙玉华道院住持朱桂云之入室弟子焉。惟月亭向居无锡惠山，不常来嘉，以故炼师于道法薪传悉受之于其师祖桂云。桂云通文墨精绘事，为人高雅，无尘俗气。炼师能恪守师法，杨月如前辈常刮目视之，邑人士咸乐与之游。自朱邵二师谢世，炼师遂继为住持，人无闲言。今中华民国十有二年岁次癸亥九月十一日，适值炼师六十初度，同人等携尊酒为寿并撰七古一章以志鸿雪。同祝者戴思恭、黄同礼、汤兆桂、汤兆祥、张廷爵、张尔延。罗鸿铨初稿，宣文彝润色，赵鼎奎书。

　　[按]民国十二年（1923），嘉定县城隍庙玉华道院住持吕绍宾六十寿辰，道友们携酒献诗为贺，该诗由罗鸿铨撰初稿，宣文彝修改

润色,再由赵鼎奎书写。刻石文31行,其中诗文15行,行15字;诗后跋文16行,行14字;字体正楷。诗文录自该刻石。

祝吕绍宾道士六十寿贺诗刻石

上海县城隍庙重修记碑

(秦锡田撰 民国十六年·1927年)

殿高四丈八尺,广四丈一尺,深六丈三尺三寸,以钢铁为骨干,以水泥为材料,不用一砖一木,而采椽画栋、翠瓦朱檐仍沿古庙之仪制。盖黄君等慨掷巨金,久记营造厂暨公利营造师以科学之精神运美术之思想,迎合社会之心理,故能峥嵘璀璨,式壮观瞻。工历十七月而竣,糜银币五万圆。民国十六年十一月,上海县地方款产管理处处长秦锡田记,青浦李然昌书。

[按]该碑记由秦锡田撰于民国十六年(1927)11月,李然昌书写。碑文16行,行9字,正楷书写。2012年1月,从记碑上录下记文。

修城隍庙营造碑

练塘南栅武圣宫重建记碑

(李维翰撰　民国二十六年·1937年)

　　练塘南栅武圣宫，初甚湫隘，庑仅数椽，且位在尾闾，殊为里人忽视。而四周隙地，或为蔓草丛生，荒凉满目，成为淮扬阁民结庐所占，以致粪秽杂倾，触人欲哕。适孙传晖先生出长三区，而壮缪公禀异千秋，显示孙区长于梦中。比寤而瞿然起曰：“此我国历史上伟大典型人物，乌可亵渎！”乃取缔秽物，刈除蔓草。复纠合同人，醵资兴建前殿，颜其额曰武圣宫。前植花木，一时观瞻顿易。当此国势凌夷，非帷藉伸景仰，亦所以策励来兹也。是为记。中华民国二十六年五月　日。发起人孙传晖、龚仰之、高尔栋、仲子美、吴锡笙、朱心涵、张君卿、许栽甫、高鸿福谨立。经募人蔡颂鲁、张振邦。

　　[按] 练塘南栅武圣宫创建于清道光二十六年(1846)，同治八年(1869)重建。民国二十六年(1937)，孙传晖等捐资重建，并由李维翰撰碑记，记文录自民国《章练续志》第三卷《祠庙》。

重修川沙魁星阁记碑

（余绍宋撰　民国三十六年·1947年）

　　川沙城东南有文昌宫之隅□魁星阁，清道光二十九年所建者也。其右有观澜书院，光绪季年改为小学。民国初元，复将文昌宫充作校舍。十四年，拆城以校舍故，仅留东南一角未毁，故魁星阁遗制犹存。顾岁久失修，又经八年战乱。栋折榱崩，□□□胜览，校长□君□□与张君文魁，幼时同肄业斯校，为高材生。今张君德建名立，有声于时。而其名又适与斯阁相合，张君因商请其葺治，张君慨然承之，无所吝。复得教育局长张君志鹤之赞助，而其尊人应麟先生□躬亲监修之役，不辞辛劳，尤足称道。夫文昌魁星之说，讫始于《史记·天官书》，而其不足据。□□□顾氏《日知録》不必论，在昔以为主人问禄籍，固不必信，而亦□□□非□□□胜迹。春秋佳日，足以游目骋怀，又乌废而不治耶。是役也，经始于三十六年六月，阅五十日而工竣。予虽未履其地，而与张君文魁时相□□□，闻其事，嘉其慷慨，爰为记之。

　　中华民国三十有六年季秋之日勒石。

　　龙游余绍宋。

　　吴县刘钧仲刻。

　　[按] 该碑在浦东新区川沙镇城厢小学内原川沙城东南角城墙上魁星阁旁。碑身高112厘米，宽52厘米，厚17厘米，系青石质；碑座高20厘米，宽83厘米，厚36厘米，系花岗岩石；碑文共15行，行27字。碑文由龙游余绍宋撰于民国三十六年(1947)。1998年9月14日。据碑石录下碑文。

修建浦左十泽庙记碑

(民国三十七年·1948年)

夫一地之盛衰,端视其建筑之兴废为定焉。故入其乡而可知其民之臧否,何则人仁而后公益举矣。十泽庙位于浦东六里桥南,乃二百年前之古刹也。昔者梵宇琳琅,佛殿辉煌。鼎茸以还,灾难濒临,同历尘劫,风雨侵蚀,庭院凋敝,柜梁摧折,圣像残剥。同人等目击此景怒焉忧之,不胜沧桑,遂发愿募修。赖诸大护法、十方信士发菩提心,输金输粟,得于民国二十六年八月,兴土修筑,至三十七年六月竣事。于是,宝殿重光,法身常住,焕美庄严,功德圆满。当路复建此重衣亭,以为肩负担荷跋涉于途者休息之所,夏祛烈日设茶水以解渴,冬避风雨可驻足以驱寒。体佛普济之旨,力行方便。匪特肇地方之兴象,实亦谋行人之福也。功成之日,爰刻碑谨偈其始末以示后之人能继之而无废焉。庶同人等之本愿永垂不灭,意在斯耳。发起人杨季鹿、孙国卿、沈秀芳、严有义、黄守常、俞一培、朱文元、奚杏生、赵梓琴、陈琴声、张耀卿、徐秉元、罗守贤、吴福生、□□□、杨伟钦。中华民国三十七年六月穀旦敬立。

[按] 该碑现在十泽庙道观,碑高166厘米,宽56厘米,厚33厘米。碑记由无名氏撰于1948年6月,记文于2007年1月8日从碑上抄录。

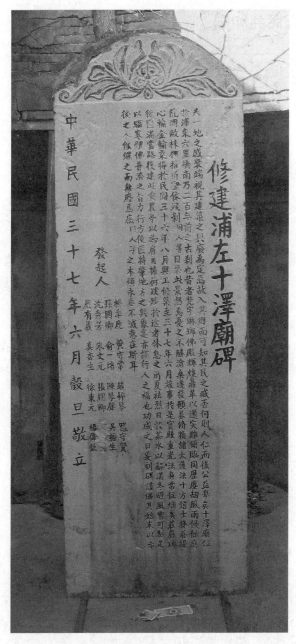

修建浦左十泽庙记碑

中华人民共和国

松江府城隍庙遗址简介碑

(20世纪末)

　　明洪武三年(1370),在荒废多年的兴圣教寺兴圣殿遗址上,新建了规制轩宏的松江府城隍庙,祠祀威灵公之神。其后此庙历经修葺遂趋完善,有门枋、照壁、正殿、庑楼、寝宫等。清初,松江百姓为了纪念抗清捐躯的知府李诗问,遂尊他为城隍,塑像为祭。每逢他的诞辰七月十四举办庙会,热闹异常。至今,松江居民仍保留在此日喝豆浆吃油条的习俗。抗战初庙被敌机炸毁。

　　［按］松江府城隍庙遗址在松江方塔园内,该碑立在府城隍庙遗址上,立碑时间在20世纪末。

松江府城隍庙照壁简介碑

(20世纪末)

照壁,建于明洪武三年(1370),原为明松江府城隍庙门前的屏风墙,是国内留存最古老、最精致、最完好的大型砖雕艺术作品之一,为上海市文物保护单位。壁宽6.1米,高4.7米,约30平方米,由近百块细泥青砖精雕拼接而成。居中神兽,龙头、狮属、鱼麟、牛蹄,民间俗称四不像。传说此兽贪婪,吃尽人间山珍海味,奇珍异宝,还想吞食太阳,故葬身东海。松江人称之为㹨。据史书记载,明清时期到松江任职的官员,必到此地祭拜,以示廉洁奉公,不贪赃枉法,松江人称其为警示壁。

[按] 松江府城隍庙照壁在松江方塔园内,该碑立在照壁旁,立碑时间在20世纪末。

松江府城隍庙照壁记碑

松江方塔园天妃宫简介碑

（20世纪末）

  天妃宫,清代建筑,供奉神灵天妃娘娘。由上海市市区河南桥堍迁来,传说在宋代福建有个渔家姑娘林六娘,因父亲出海遇难未归,她天天到海边哭喊企盼亲人归乡。年复一年感动了上苍,使她变成出海之人的保护神。后来,皇帝也封她为天妃。东南沿海一带都立庙祭祀,祈求平安。庙名亦有称天后庙、妈祖庙等。

  ［按］天妃宫原在上海市市区,20世纪70年代末,天妃宫大殿建筑移建于松江方塔园内,立碑时间在20世纪末。

松江方塔园天妃宫记碑

(2002年)

上海方塔园天妃宫,前身为顺济庙,原位于上海小东门十六铺一带。咸丰三年(1853)遭毁,光绪九年(1883),易地上海北苏州路河南路建,改名天后宫。20世纪70年代末,因上海市政建设需要,天后宫移至上海松江方塔园内,名天妃宫。天妃宫是现今上海市地区唯一幸存的妈祖庙遗迹,大殿俊秀,飞檐翼角,基座坦荡,台阶开阔,举架高耸,面宽五楹,廊道萦回,梁柱粗硕,轩昂伟岸,气势恢宏,存庙堂肃穆之气。面积330平方米,高17米,砖木结构,雕刻精致华丽,体现晚清建筑特色。殿内悬有当代书法家吴建贤、陈佩秋、周慧珺等书写的匾额、楹联。1993年10月,天妃宫被公布为松江区文物保护单位。2001年,天妃宫进行了大修。2002年,天妃宫浦江妈祖文化内涵及其设施得恢复,并于同年9月28日举行了浦江妈祖开光仪式和上海天妃宫开放仪式。壬午中秋立。

[按]该碑立于松江方塔公园天妃宫前西侧,花岗岩石质,立碑时间为2002年9月。

松江方塔园天妃宫妈祖记碑

（2002年）

宋太祖建隆元年（960）农历三月廿三，妈祖这位神奇女子降生在湄洲岛。妈祖是福建望族林氏后裔。祖父林孚，官居福建总管，父林愿（推悫），宋初官任都巡检。妈祖也称默娘、娘妈，自幼聪颖灵悟，成人后识天文、董医理，相传可乘席渡海，预知人休咎事，又急公好义，助人为乐，做了很多好事，深受人们的爱戴和崇敬。北宋雍熙四年（987）农历九月初九，年仅28岁的妈祖在一次抢救海难中不幸遇难，相传羽化升天，从此以后，妈祖多次显灵求助苦难。据历史资料记载，北宋宣和五年（1123）路允迪出使高丽（朝鲜）途吉，船遇大风世浪，八舟七溺，唯有路允迪祈求妈祖保佑而平安脱险。路允迪返朝后奏明圣上，宋徽宗下诏赐顺济匾额。此后历代皇帝对妈祖进行了30多次的褒封，其爵位从夫人、妃、天妃、天后，直至天上圣母。同时，皇帝还颁诏天下行春秋谕祭，编入国家祀典。松江区新桥乡潘家浜村丁国芳等众信徒捐赠，壬午中秋立。

［按］该碑立于松江方塔公园天妃宫前西侧，花岗岩石质，立碑时间为2002年9月。

天妃宫妈祖记碑

重建嘉定城隍庙大殿记碑

(2003年)

重建城隍庙大殿之善举,得到了嘉定区人民政府、市、区管理部门的关注,拨款上百万元,以全面修缮。社会贤士闻讯慷慨捐资,乐善好施。

为继承中华慈善美德,弘扬乐善好施的精神,特勒此碑,永志芳名,以资纪念。

2003年元月立

捐资芳名录:(按捐资年月先后排列)

蔡智慧 叁万元,吴凤娥 伍仟元,顾海滨 叁仟伍佰元,王素英 贰仟伍佰元,陈桂香 贰仟伍佰元。

[按] 碑在嘉定城隍庙大殿外。

张大昶道长修复钦赐仰殿功德碑

(丁常云撰 2003年)

钦赐仰殿,又名东岳行宫,地处上海浦东,传建于三国,史见于明。旧时占地二十余亩,殿堂恢宏,信众鼎盛。近百年来,叠经兴废。十年动乱,移作他用。张公文希,应改革开放之时,自癸亥年起,总摄道侣,奔走复庙。二十年间,尽心竭力,重振东岳行宫之香火,立山门,置钟鼓,兴修大殿,筹建经楼,兴废补缺,其绩大成,名弘浦东。张公出身道门,本名文熙,生于1923年(癸亥),幼年习道法,号大昶。钦赐仰殿恢复开放后,出任主持,历任上海市道教协会第一、二、三届副会长,中国道教协会第四、五届理事,川沙县道教协会会长、浦东新区道教协会筹委会主任。1999年(己卯)羽化。道经曰,法由圣显,道寄人弘。今日之钦赐仰殿金碧相辉,楼阁崔巍,庙貌焕发,香火旺盛,实赖张公文希及前辈前长之努力,矢志弘道。值此钦赐仰殿恢复开放二十周年之际,泐此碑文,永志纪念。中国道教协会副会长、上海市道教协会副会长丁常云敬撰。蒲溪道人王贵荣恭书。公元2003年(癸未)11月吉日。上海市浦东新区道教协会、上海钦赐仰殿道观立。

[按]该碑在钦赐仰殿碑廊内,碑记由丁常云撰于2003年11月,王贵荣书。记文录自该碑。

張大昶道長修復欽賜仰殿功德碑

欽賜仰殿又名東嶽行宮地處上海浦東傳建于三國史見於明舊時占地二十余畝殿堂恢宏信眾鼎盛近百年來疊經興廢十年動亂移作他用張公文希應改革開放之時自癸亥年起總攝道侶奔走複廟二十年間盡心竭力重振東嶽行宮之香火立山門置鐘鼓籌建樓與廡補闕其績大成名弘浦東張公出身道門本名文熙生於一九二三年（癸亥）幼年習道法號大昶欽賜仰殿恢復開放後出任住持歷任上海市道教協會第一二三屆副會長中國道教協會第四五屆理事川沙縣道教協會會長浦東新區道教協會籌委會主任一九九九年（己卯）羽化道經曰法由聖顯道寄人弘今日之欽賜仰殿金碧相輝樓閣崔巍廟貌煥發香火壯盛實賴張公文希及前輩道長之努力矢志弘道值此欽賜仰殿恢復開放二十周年之際泐此碑文永志紀念

中國道教協會副會長上海市道教協會副會長丁常雲 敬撰
蒲溪道人王貴第 恭書
公元二〇〇三年（癸未）十一月 吉日
上海市浦東新區道教協會 立
上海欽賜仰殿道觀

张大昶道长修复钦赐仰殿功德碑

浦东钦赐仰殿建碑廊记碑

(王贵荣书　2003年)

钦赐仰殿古无碑廊,公元二〇〇三年癸未,恢复开放二十年际,仰道门内外之鼎力,依善信孙贴成、高国良等襄助,得以傍侧壮丽,毕新廊宇。镌勒灵章,期成规模。玉笈金箱,文存载道。俾存金石,以永增崇。上海钦赐仰殿道观立。王贵荣书,黄玉芬镌。

[按] 该记碑在钦赐仰殿碑廊内,由王贵荣书。记文录自该碑,2003年立碑。

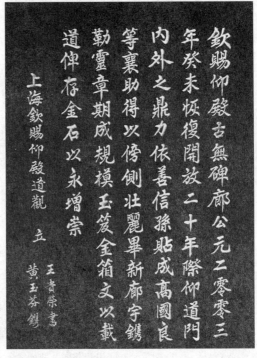

浦东钦赐仰殿建碑廊记碑

钦赐仰殿图及跋语刻石

(陈星平题书 2003年)

钦赐仰殿道观,又名东岳行宫。地处上海浦东。相传始建于三国,唐时太宗敕建,遂更名钦赐仰殿。宋代扩建,明崇祯时毁于兵燹,清乾隆庚寅年重建,主供东岳。有东岳殿、十王殿、三清殿、藏经楼等主体建筑,占地三十余亩,当为时申江胜景之一。近百年来,屡遭人祸,十年动乱,移作他用。二十世纪八十年代初,重新修复,千年古观再现生机。殿堂宏敞,楼阁崔巍,香火鼎盛,为全国著名道观。今适钦赐仰殿修建并立碑廊,蒙丁常云会长厚爱,委我根据清末申江胜景之一钦赐仰殿小幅木刻本放大作刻石稿。因原稿甚小,人物神像等尤其模糊不清,吾不得不搜寻资料,在吴氏小木刻本稿基础上重新放大创作而成此图也。二〇〇三年岁在癸未冬末时上海黄浦江畔,陈星平题书并画。

[按]该刻石在钦赐仰殿碑廊内,由陈显平题书并画于2003年。跋语录自该刻石。

钦赐仰殿图及跋语刻石

上海大境关帝庙记碑

(2006年)

道教宫观,始建于明万历年间(1573—1620)。明嘉靖三十二年上海筑城墙,其规模沿现之中华路、人民路环围。周长九华里,北城设有万军、制胜、振武、大境四座箭台,后废台改建四庙,大境关帝庙即其中之一。内主供关圣帝君,两侧供财神、月老。明崇祯七年(1634),以及清雍正、乾隆年间,均加整修。清嘉庆二十年(1815)。改建三层高阁。道光十六年(1836),东首增树牌坊,苏、松、太道,总督陈銮题额"大千胜境"。道光二十五年(1845),增建熙春台。咸丰三年(1853),毁于战火。道士诸锦涛募道士学位重建。咸丰十年(1860),英、法军驻军该庙,肆意破坏。同治四年(1865),洋药捐局局董郭学玩修建。光绪十八年(1892),道士蒋庆荣得到同仁辅以助重修。宣统元年(1909年)三月,自治公所再修,改牌坊额为"大境"。民国元年(1912),上海拆城,为保留该庙,该段城其未拆,幸存近五十米的城墙。大境庙朱栏高阁,高踞城墙。城下小涧平桥,迂回回始达。旷土数亩,间植桃柳,暮春花开,朱碧相映,时当被禊,士女如云。诗称:"尺楼压城坳,雉堞屹环堵。下临竹千竿,风来飞舞。"以"江皋霁雪",被沪渎八景之一。庙由景兴,是时香火旺盛。二十世纪四十年代,香火渐趋冷落。二十世纪六十年代,改作他用。一九九零年,上海市文物管理委员会、南市区人民政府对大境关帝庙和古城墙进行大修。一九九五年十月,庙与城墙修复一新,并作为旅游景点开放。今作为上海市道教协会会址。公元二零零六年七月。

［按］碑文录自黄浦区大境路大境关帝庙旧址,现上海市道教协会会址,原上海县城墙,唯一保存下来的城墙上。大理石质,宋体竖书,22行,满行25字。

重建松江东岳庙功德记碑

(2007年)

岳庙旧称东岳行宫，所祀乃道教所崇奉之泰山神。民间俗称东岳大帝是也。旧时皇帝多祭祀泰山。相传泰山神掌管人间生死。《云笈七签·五岳真形图序》称："东岳泰山君领群神五千九百人，主治死生。百鬼之主帅也。"泰山神于唐玄宗时被封为"天齐王"，元世祖至元二十八年尊泰山神为"东岳天齐大生仁皇帝"，此乃匾曰"位与天齐"之由来。

吾松岳庙建于何年失考，史书最早记载宋徽宗大观年间(1107—1110)，时任尚书相关右丞之朱谔（秀州华亭籍）曾将岳庙"大而新之"，即以首次扩建修缮时计，迄今已近千年。

吾松岳庙正殿原奉祀东岳大帝、炳灵公、碧霞元君。正殿之西侧为杨候殿（俗称杨爷庙）。相传杨候杨姓讳文圣，曾任华亭（松江）县典狱，奋力扑火，补尊为东岳大帝掌刑神，故杨候神面容黝黑。信众祈求庇佑，甚为灵验，故岳庙自古香火甚盛，岳庙周遭，亦士女如云，民国时期，吾松岳庙与"上海之城隍庙、苏州之玄妙观、南京之夫子庙"并称于世，声名远披。

而今恭逢盛世，岳庙得以重建。一期工程于二零零四年三月竣工；二期工程二零零五年启动，今亦竣工，上海道教学院也设班于此；三期工程一旦告成，岳庙必将重光，佑吾民人。

岳庙三期工程耗费亦大，故祈各方善信助建，共襄盛举。助建信众芳名亦将勒石以志，流芳百世。是为记。

沪上沈敖大敬撰
上海市松江东岳庙
丁亥年(2007年)季冬立

敬助东岳庙功德芳名
万元以上芳名

阮　震　拾贰万元(供养炳灵公)
阮　晨　李亚芳　封碗花　陆万元
周清煌　张景惠　林义逃　黄菊秀　伍万捌仟元(供养观音)
薛志海　叁万元(助东岳殿主梁)
陆保英　肆万伍仟元(助东岳殿匾额、杨爷殿抱对)
金品华　孙宝根　孙　权　叁万元(助东岳殿横梁)
方　强　贰万元(助昭天候殿匾额)
顾　英　贰万元(助东岳殿横梁)
封碗花　陆洪泉　黄美芳　贰万元(助杨大神供台)
项金明　顾根弟　陆万元
徐菁榕　沈国仙　敬助壹万元(助东岳殿横梁)
俞志华　壹万元(助东岳殿横梁)　庄铜云　壹万元(助东岳殿横梁)
葛　斌　吴　群　壹万元(供养财神)
葛未尧　陆吉芳　壹万元(供养杨大神夫人)
吴真权　葛　嫣　壹万元(供养财神)
陈德明　姚新贤　壹万元(供养财神)
施杏娟　壹万伍仟元(助东岳殿抱对)
黄熙令　壹万元(助东岳殿横梁)
孙宝根　壹万元(助东岳殿横梁)
尹清理　壹万零陆佰元
黄惠莉　叁万陆仟元
谢文章　谢旭东　谢旭辉　壹万贰仟元
周爱英　叁万贰仟元

葛 斌	葛 嫣	贰万元		
石元珍	张 杰	张 伟	金春群	贰万元
姚新贤	姚 毅	壹万元		
张玉琴	张瑞凤	张美观	叁万元	
尹士耀	倪天华	壹万肆仟元		

叁仟元以上芳名

陆保英	金品华	郭锦火	张斌赋	陈桂英	顾方余
蒋文辉	祝志良	郑忠欢	潘雪华	杨美芳	朱福观
李福宝	朱红芳	徐杏娟	谢旭辉	葛德平	张纪春
尹 兰	丁菊妹	郑卫东	孙正英	倪天华	尹士耀
赵连发	丁国芳	张伯仁	宋金英	王成娟	徐顺贤
殷访林	殷龙祺	殷仁龙	殷栋鑫	杨大建	

壹仟元以上芳名

蒋春珍	冯正岳	姚维华	赵品娟	胡秀英	宋凤星
王月华	张桃英	张巧英	封婉花	沈伯新	周红珍
戚金通	周红发	姚则义	蔡纬云	朱翠莲	蔡妙新
赵文彬	陈翠林	罗 佳	严兰珍	朱雷明	吴光林
邹文兰	江定基	孙建刚	于建堂	曹虎根	朱志兴
沈丽芳	陈春林	车书英	周福南	潘梦仙	仇福生
陆秀珍	钱光明	金雅芳	周桂英	王锦湘	陈雪芳
童月芳	尤巧妹	朱雅明	朱银妹	储小红	田光辉
俞金章	朱秀芳	陈照云	夏良生	彭木生	陈全明
张取娥	陈 凤	张明光	计大昌	张美桂	李金芳
陆保英	李金弟	李云芳	李金云	朱春妹	钟达翠
李金妹	黄 勇	郭锦火	卢秀英	沈治平	沈建峰
查琴英	沈建东	钟美珍	崔小军	朱琴英	蒋惠华
钱鑫忠	章蕊芳	李玲娟	潘雪华	刘金兰	朱雪萍
李金弟	李金云	杨桂明	尹 维	王国才	吴若贤
吴松梅	詹 磊	王祖明	黄友林	周凤英	盛翠英
孙正英	陈伟忠	赵国庆	陆鑫程	詹新华	沈其荣

董国明　濮忠楼　葛庆堂　张银林　赵彩芳　张　燕

［按］松江东岳庙位于松江区中山中路，始建无考，据府志载，北宋大观年间进行过首次扩建。2002年，经批准恢复重建。该碑在在庙内东侧墙地，黑色大理石质，正楷体书写。

屠杰先生功德记碑

(钦赐仰殿立·2008年)

中华文明,源远流长。三教互补,共创辉煌。道家肇始,犹龙太上。函谷圣笈,文化宝藏。道教脉承,千古流芳。雕塑大师屠杰先生,上海人士,生于一九六一,毕业同济大学,留学欧美,广汲滋养。负艺术之盛名,归腾飞之故里。任中国紫檀文化研究院院长、中国传统工艺雕塑研究会会长。非凡智慧,创建中华木雕艺术之伟业,历尽数载,成就太上玄元老君之巨像。丁亥之年,屠杰先生将万年紫檀木雕老君神像捐赠上海太清宫,供奉于老君堂。为感谢屠杰先生至上功德,特泐此碑,永传后世。太上玄元,栩栩如生。慈眉善目,沐化黎民。敦厚巍峨,指点古今。浑然飘逸,飞降太清。气势磅礴,神鬼伏迎。屠杰大师,艺夺神功。融会道德,合一天人。功德传世,万代永存。公元二○○八年十月吉日。上海太清宫管理委员会立碑。周玉恒书。

[按]该碑在浦东钦赐仰殿西庑廊中,碑文11行,行35字。记文从碑抄录。

屠傑先生功德碑

中華文明源遠流長三教互補共創輝煌道家肇始指龍太上為吾華啟發文化寶藏道教脈永千古流芳

雕塑大師屠傑先生上海人士生於一九六一畢業西南大學宗教學歐美藝術之後久歸騰飛之故里任中國統戰工藝雕塑研究會會長非凡智慧創建中華木雕藝術之偉業應盡敬感悟太上玄元老君之巨像丁亥之年

屠傑先生特萬年黃檀木雕老君神儀捐贈上海太清宮供奉竹老君堂為感謝屠傑先生

至上功德特勒此碑永傳後世

大上玄元棚櫚如生輕眉善目沐化黎民敦厚藏岷捂古今渾然肅遠飛降太清氣勢磅礴神冠伏迎屠傑大師藝存神功赫道德合一天人功德傳世萬代永存

上海太清宮管理委員會立碑
周玉桂書

公元二零零八年十月吉日

屠杰先生功德碑

重修上海太清宫记碑

（丁常云撰　2008年）

上海太清宫原名钦赐仰殿，又名东岳行宫。志载初建于唐，明永乐年间重修，清乾隆三十五年重建，占地三十余亩。系沪上主要道教宫观。清末渐衰，其后频遭侵吞，屡作他用。1982年，钦赐仰殿仅存东岳殿一处归还道教，修葺后于1983年东岳大帝圣诞之日重新开放。2001年起，在浦东新区人民政府领导下，得道教信众捐助支持，全观边开放边重建。2008年，全观重建竣工，金身陆续开光。2008年8月，更名为上海太清宫。今之上海太清宫神像庄严、殿宇辉煌。门楼、东岳殿、三清殿与藏经楼，三院三进气势轩昂，左右偏殿、上下楼厅、斋堂库房，林林总总，错落有致。宫之最高处有老君堂，供奉万年紫檀木雕太上老君神像，慈祥雍容，皓发霜须，指点天地，沐化众生，巍巍乎，总全宫之灵，为传世之宝。道之为物，惟恍惟惚。惚兮恍兮，其中有像。恍兮惚兮，其中有物。太上道祖，生于涡滨。函谷留笈，隐于西行。道德华章，五千春秋。清静无为，修身要诀。上善若水，人世精义。和光同尘，佑民权益。韬光养晦，护国飞腾。世代奉祀，无人不崇。太清名宫，为国为民。国富民强，千万斯年。作此碑记，以代弦歌。公元二〇〇八年十月吉日。上海太清宫住持丁常云撰文。上海太清宫管理委员会立碑。周玉恒书。

［按］该碑在钦赐仰殿东庑廊下，碑记由丁常云撰于2008年10月，周玉恒书。记文录自该碑。

重修上海太清宮碑記

上海太清宮原名欽賜仰殿又名東嶽行宮志載初建于唐明永樂年間重修清乾隆三十五年重建占地三十餘畝迄上主要道教宮觀清末漸衰其後頻遭侵吞屢作他用一九八二年欽賜仰殿僅存東嶽殿一處歸還道教俏菩後於一九八三年東嶽大帝聖誕之日重新開放二零零一年起在浦東新區人民政府領導下得道信報指助支持全觀過開放逸重建二零零八年全觀重建竣工金身陞續開光二零零八年八月更名為上海太清宮今之上海太清宮神像莊嚴殿宇輝煌樓閣東嶽殿三清殿興藏經樓三院三進氣勢軒昂左右偏殿上下樓廊齋堂庫房林總錯落有致宮之最高處有老君堂供奉萬歲檀木雕太上老君神像慈祥雍容皓發霜鬚指熙天地沐化眾生巍巍乎總手總全宮之靈為傳世之寶道之為物惟恍惟惚惚兮恍兮其中有象恍兮惚兮其中有物太上道祖生竹渴瀟函谷留笈隱竹西行道德華章五千春秋清靜無為修身要訣上善若水人世精藏和光同塵佑民權益超光養海護國飛陽世代奉祀無人不棠太清名宮為國為民國富民強千萬斯年作此碑記以代弦歌

公元二零零八年十月吉日

上海太清宮住持丁常雲撰文

上海太清宮管理委員會立碑周玉恒書

重修上海太清宮記碑

上海城隍庙二期修复工程记碑

(2012 年)

上海城隍庙在文革时期曾被关闭。一九九四年,随宗教信仰自由政策贯彻落实,恢复开放为道教正一派宫观。一九九四年至一九九六年城隍庙进行一期修复工程,修复霍光殿、甲子殿、城隍殿、娘娘殿、父母殿、关圣殿、文昌殿等。二零零五年至二零零六年,恢复大殿前厢房使用。继后,又进行二期修复工程,修复财神殿、慈航殿、戏台、山门和照壁等,二零一二年重修霍光殿。

[按]上海城隍庙二期工程碑于 2012 年立于上海城隍庙大殿南墙东侧,隶书竖书,15 行,满行 10 字。

道教宫观庙祠院坛名索引
（本索引按首字汉语拼音音序排列）

A

安亭御史林公生祠记碑（侯尧封撰　明万历六年·1578 年）…… 88

B

白沙庙记碑（宋苍霖撰　清代·1644—1911 年）………… 349
宝山县厉坛记碑（印光任撰　清乾隆十二年·1747 年）……… 213
表修敕封崇明县城隍护国威灵候神庙记碑（季德甫撰　明
　万历十年·1582 年）………………………………… 93
伯阳庵记碑（钱士贵撰　明天启二年·1622 年）…………… 129

C

曹湖庙记碑（明万历初年·1573—1580 年）………………… 91
漕河泾城隍庙源流记碑（唐锡瑞撰　清光绪三十四年·
　1908 年）……………………………………………… 346
漕河庙事略记碑（清道光二年·1822 年）…………………… 291
漕河庙义冢告示碑（清道光二年·1822 年）………………… 292
厂头里社捐田记碑（张为金撰　清乾隆五十四年·
　1789 年）……………………………………………… 249

陈王庙斋田记碑(王家玉撰　清嘉庆二十二年·1817年)…… 279
城枫泾仁济道院记碑(钱陈群撰　清乾隆七年·1742年)…… 210
崇福道院记碑(奚良辅撰　明嘉靖三十八年·1559年)……… 84
崇福道院赡田记碑(清康熙三十一年·1692年)……………… 185
崇明陈公祠记碑(张洁撰　明崇祯十五年·1642年)………… 144
崇明刘公祠记碑(吴楷撰　清康熙年间·1662—1722年)…… 198
崇明熊公祠记碑(陈仁锡撰　明崇祯元年·1628年)………… 136
崇真道院记碑(沈日富撰　清乾隆二十五年·1760年)……… 216
崇真道院玉皇殿记碑(梁化凤撰　清康熙二年·1663年)…… 160
储家庙记碑(储昱撰　1541年)………………………………… 72
川沙城隍庙额题跋(朱源绍题　清光绪十七年·1891年)…… 336
川沙城隍庙记碑(黄孙灿撰　清嘉庆元年·1796年)………… 255
纯阳道人自写像题记刻石(王晋刻　明天启四年·
　1624年)………………………………………………………… 133

D

大境关帝庙旗杆石刻(清同治七年·1868年)………………… 326
大团叶公祠去思记碑(陆树声撰　明万历三十年·
　1602年)………………………………………………………… 108
杜公祠记碑(杨瑄撰　清康熙年间·1662—1722年)………… 195

E

二黄先生祠记碑(赵俞撰　清康熙四十三年·1704年)……… 192
二陆祠记碑(屠隆撰　明万历八年·1580年)………………… 90

F

方正学先生祠记碑(陈继儒撰　明万历三十九年·
　1611年)………………………………………………………… 121
枫泾表贤祠重修记碑(崔维华撰　清康熙二十二年·
　1683年)………………………………………………………… 172

枫泾高王祠记碑(虞集撰　元代泰定至至正间·1324—
　　1348年) ……………………………………………………… 35
枫泾关帝庙记碑(莫大勋撰　清康熙八年至十四年·1669—
　　1676年) ……………………………………………………… 162
枫泾陆宣公祠记碑(萧世贤撰　明嘉靖三年·1524年) …… 68
枫泾许公祠记碑(顾光旭撰　清乾隆四十八年·1783年) … 239
枫泾玉虚观记碑(周鼎撰　明洪熙元年·1425年) ………… 37
奉贤蒨舍庙记碑(张昂之撰　明万历四十一年·1613年) … 123
奉贤先农坛记碑(黄之隽撰　清雍正七年·1729年) ……… 207
奉贤县城隍神庙碑(王艺孙撰　清嘉庆十四年·1809年) … 268
福顺贤德大王祠记碑(杨景范撰　明代·1368—1644年) … 154

G

改建丹凤楼记碑(秦嘉楫撰　明万历十五年·1587年) …… 102
谷水道院记碑(沈大成撰　清乾隆七年·1744年) ………… 211
关帝庙记碑(王圻撰　万历三十五年·1607年) …………… 117
关公庙记碑(唐时升撰　明万历十三年·1585年) ………… 98

H

航头文昌阁记碑(钦琏撰　清雍正六年·1728年) ………… 205
红衣二班快手重修改造班房记碑(张懋德书　清道光十三年·
　　1833年) ……………………………………………………… 299
沪渎通济龙王祠祭文碑(叶清臣撰　宋景祐五年·1038年) … 1
华亭县社稷坛记碑(钟必万撰　宋嘉泰元年·1201年) …… 7
黄渡沪渎龙王庙记碑(许约撰　元大德九年·1305年) …… 12
黄渡沪渎龙王庙重修记碑(范纯撰　明天顺四年·
　　1460年) ……………………………………………………… 42
黄渡九烈夫人祠记碑(沈琬撰　清康熙二十二年·
　　1683年) ……………………………………………………… 171
黄渡章雍王庙记碑(章树福撰　清道光二十六年·

1846年) ································· 312

J

集仙宫瑞竹图并题诗刻石(元皇庆元年·1312年) ········· 18
集仙宫上真殿记碑(章吉春撰　元延祐四年·1317年) ····· 19
集仙宫题刻三段(秦鉴撰　元天历二年·1329年) ········· 22
纪王庙碑(钱大昕撰　乾隆三十九年·1774年) ··········· 228
嘉定城隍庙修建记碑(缪彤撰　清康熙二十四年·
　1685年) ································· 181
嘉定火神庙记碑(许自俊撰　清康熙年间·1662—
　1722年) ································· 196
嘉定集仙宫三官祠记碑(张意撰　明嘉靖四十五年·
　1566年) ································· 87
嘉定集仙宫重建东岳行祠记碑(张与材撰　元皇庆元年·
　1312年) ································· 14
嘉定钱门塘城隍行宫记碑(王鸣盛撰　清乾隆三十一年·
　1766年) ································· 225
嘉定文昌阁记碑(徐学谟撰　明嘉靖二十八年·1549年) ··· 74
建川沙文昌宫记碑(周垣建撰　清嘉庆十八年·1813年) ··· 274
建奉贤文昌神祠记碑(王桂怀撰　清乾隆五十四年·
　1789年) ································· 250
江湾景德观立敕书之碑(宋建炎三年·1129年) ··········· 2
金山卫武圣宫记碑(曹勋撰　明崇祯九年·1636年) ······· 140
金粟道人小像石刻(倪瓒撰　元至正十八年·1358年) ····· 30
金泽东岳庙记碑(沈霁撰　明正德十二年·1517年) ······· 61
金泽改建文昌宫记碑(熊其英撰　清光绪三年·1877年) ··· 332

L

老子庙记碑(彭开祐撰　清康熙十五年·1676年) ········· 164
李黄二祠祀额记碑(马化蛟撰　清康熙四十三年·

1704年)………………………………………………… 194
练塘南栅武圣宫重建记碑(李维翰撰　民国二十六年·
　　1937年)…………………………………………… 364
六如庵火帝殿记碑(李凤昌撰　清嘉庆八年·1803年) 260
龙王庙祈雨灵验记碑(淡春台撰　清道光七年·1827年)…… 293
陆宣公祠记碑(明正德十五年·1520年)………………… 64

N

南汇东海神坛记碑(钦琏撰　清雍正六年·1728年)……… 203
南汇风云雷雨境内山川坛记碑(钦琏撰　清雍正六年·
　　1728年)……………………………………………… 202
南汇社稷坛记碑(钦琏撰　清雍正六年·1728年)………… 201
南汇所东岳庙记碑(徐阶撰　明嘉靖二十一年·1542年)…… 73
南汇文昌宫记碑(金福曾撰　清同治十三年·1874年)…… 331
南汇先农坛记碑(钦琏撰　清雍正六年·1728年)………… 204
南汇县城隍庙东屋记碑(于邕撰　清光绪三十二年·
　　1906年)……………………………………………… 344
南汇忠勇祠记碑(李自华撰　明嘉靖三十年·1551年)…… 77
南翔萧都监土地祠记碑(钱顾琛撰　清康熙二十二年·
　　1683年)……………………………………………… 174

P

蓬莱道院重修记碑(孙承恩撰　明嘉靖十一年·1532年)…… 69
平江路嘉定州集仙宫瑞竹记碑(孙应元撰　元皇庆元年·
　　1312年)……………………………………………… 16
平寇救民方公祠记碑(冯恩撰　明嘉靖三十五年·1556年)… 79
平寇救民胡公祠记碑(冯恩撰　明嘉靖三十六年·1557年)… 83
平寇救民吴公祠记碑(莫如忠撰　明万历十年·1582年)… 92
平寇救民周公祠记碑(冯恩撰　明嘉靖三十五年·1556年)… 80
浦东钦赐仰殿建碑廊记碑(王贵荣书　2003年)………… 377

Q

钱门塘城隍行宫记碑(童以谦撰　清同治八年·1869年)…… 328
乔大夫仰德祠记碑(陈所蕴撰　明万历年间·1573—
　1620年)…………………………………………………… 124
钦赐仰殿图及跋语刻石(陈星平题书　2003年)………… 378
秦公庙捐田记碑(严贻钟撰　清代·1644—1911年)…… 348
青浦城隍庙助义田记碑(明崇祯年间·1628—1644年)… 147
青浦淀山会灵祠记碑(居简撰　宋嘉定七年·1214年)…… 6
青浦淀山会灵仙祠降圣夫人记碑(何松年撰　宋嘉定元年·
　1208年)…………………………………………………… 4
青浦练塘朝真桥记碑(王会图撰　清康熙四十二年·
　1703年)…………………………………………………… 191
青浦县城隍庙诰命牌(徐日曦书　明崇祯三年·1630年)… 137
清浦洋泾庙记碑(明万历十八年·1590年)……………… 104

S

善信乐输鼓亭工食碑(清雍正十年·1732年)…………… 208
上海城隍庙二期修复工程记碑(2012年)………………… 389
上海城隍庙西园萃秀堂记碑(叶维庚撰　清嘉庆二十一年·
　1816年)…………………………………………………… 278
上海城隍庙西园记碑(乔钟吴撰　清乾隆四十九年·
　1784年)…………………………………………………… 241
上海城隍庙豫园记碑(潘允端撰　明万历年间·1573—
　1620年)…………………………………………………… 127
上海大境关帝庙记碑(2006年)…………………………… 379
上海李公祠记碑(唐锦撰　明嘉靖十六年·1537年)……… 71
上海顺济庙记碑(宋渤撰　元至元二十七年·1290年)…… 10
上海县城隍坊记碑(冯彬撰　明万历二十四年·1596年)… 105
上海县城隍庙通天永宝彝颂文铭刻(孙鹏撰　清顺治四年·

1647年)……156

上海县城隍庙重修记碑(秦锡田撰　民国十六年·
1927年)……363

上海县山川坛记碑(郑洛书撰　明嘉靖二年·1523年)……66

上海县社稷坛记碑(郑洛书撰　明嘉靖二年·1523年)……65

上海县为城隍庙庙园基地归各业公所各自承粮告示碑(清
同治七年·1868年)……324

上海县乡厉坛记碑(郑洛书撰　明嘉靖二年·1523年)……67

上海县新建黄婆专祠碑(清道光初年·1820—1829年)……294

上海县学文昌祠记碑(屠性撰　元至正七年·1347年)……27

上海县重修城隍庙记碑(明万历三十三年·1605年)……114

佘山玉宸道院记碑(卫荣武撰　元至元二十年·1283年)……8

松江长春道院记碑(杨载撰　元至治元年·1321年)……20

松江方塔园天妃宫记碑(2002年)……371

松江方塔园天妃宫简介碑(20世纪末)……370

松江方塔园天妃宫妈祖记碑(2002年)……372

松江府城隍庙遗址简介碑(20世纪末)……368

松江府城隍庙照壁简介碑(20世纪末)……369

松江府城隍制诰刻石(董其昌书　嘉庆二十年·1815年)……276

松江谷水道院记碑(沈大成撰　清乾隆三十一年·
1766年)……224

松江水次仓新建关帝庙记碑(陆应阳撰　明天启二年·
1622年)……131

松江西仓桥关帝庙卖田重修廊房记碑(王元瑞撰　明崇祯
十七年·1644年)……145

松江周文襄公祠记碑(钱溥撰　明成化十六年·1480年)……45

淞南文昌帝君庙记碑(李赓芸撰　清嘉庆十六年·
1811年)……272

T

太上感应篇刻石碑(清康熙十七年·1678年)……………… 166
唐玄宗老子像御赞刻石(清代·1644—1911年)………… 350
亭林钱郡王庙记碑(朱煦撰　明万历十一年·1583年)……… 95
屠杰先生功德记碑(钦赐仰殿立·2008年)………………… 385

W

万寿道院记碑(王原撰　清康熙二十六年·1687年)………… 183
乌泥泾庙迁移浦东缘始记碑(清道光二十五年·1845年)…… 311
乌泥泾庙重塑黄婆像碑(清道光二十五年·1845年)………… 309
吴辅国将军复庙记碑(秦裕伯撰　元至正十五年·1355年)… 28

X

喜雨亭记碑(唐瑜撰　明弘治三年·1490年)……………… 54
先棉黄道婆祠记碑(张之象撰　明嘉靖三十二年至万历
　五年·1553—1577年)……………………………… 155
新场晏公祠文昌阁记碑(程兆彪撰　清康熙后期·1700—
　1722年)…………………………………………… 200
新建川沙天后宫记碑(黄楷撰　清乾隆五十年·1785年)…… 245
新建嘉定关王庙记碑(朱廷益撰　明万历十二年·1584年)… 96
新建南汇八蜡庙记碑(叶凤毛撰　清乾隆四十一年·
　1776年)…………………………………………… 234
新建上海城隍庙西园湖心亭记碑(陆锡熊撰　清乾隆
　四十九年·1784年)………………………………… 243
新修纪王庙记碑(张叶炯撰　清代·1644—1911年)……… 353
修二陆祠记碑(刘子青撰　元至正年间·1341—1368年)… 31
修嘉定城隍庙记碑(张理撰　明嘉靖三十五年·1556年)… 81
修建浦左十泽庙记碑(民国三十七年·1948年)…………… 366

Y

杨行黄公祠记碑（李元奋撰　清乾隆二十年・1755年）……… 215
仰德祠记碑（陈继儒撰　明万历年间・1573—1620年）……… 126
移建丁公庙记碑（张潜撰　清顺治十一年・1654年）……… 159
移建南汇关帝庙记碑（成汝舟撰　清乾隆三十九年・
　1774年）………………………………………………… 230
移建南汇魁星阁记碑（吴省钦撰　清嘉庆八年・1803年）… 258
义勇武安王庙记碑（沈恺撰　明崇祯年间・1628—
　1644年）………………………………………………… 150
邑庙寝宫外新驳石堤记碑（钱东垣撰　嘉庆二十四年・
　1819年）………………………………………………… 283
永贞观记略碑（曹垂璨撰　清康熙二十年・1681年）……… 170
圆元道院购复铜钟记碑（汪炤撰　清乾隆三十一年・
　1766年）………………………………………………… 223

Z

增修灵顺宫记碑（任勉之撰　明景泰年间・1450—1456年）… 40
张大昶道长修复钦赐仰殿功德碑（丁常云撰　2003年）……… 375
张家浜分中庙记碑（王承基撰　清道光二十一年・
　1841年）………………………………………………… 306
张堰武帝庙记碑（沈若潜撰　清乾隆三十年・1765年）…… 222
张泽乡约所忠义庙恒产记碑（张惺撰　明万历二十七年・
　1599年）………………………………………………… 106
章练晏公庙记碑（万维乾撰　清乾隆十六年・1751年）…… 214
真如镇城隍庙义勇堪嘉记碑（张潜撰　清光绪十四年・
　1888年）………………………………………………… 335
忠烈昭应庙记碑（赵孟坚撰　宋末元初・1199—1264年）… 33
重建崇福道院大殿记碑（曹骧撰　清光绪二十二年・
　1896年）………………………………………………… 341

重建崇明县风云雷雨山川城隍神坛记碑(赵廷健撰　清乾隆二十五年·1760年) …… 218

重建崇明县山川坛记碑(朱衣点撰　清康熙十八年至二十三年间·1679—1684年) …… 176

重建崇明县社稷坛记碑(赵廷健撰　清乾隆二十五年·1760年) …… 219

重建崇明县社稷坛记碑(朱衣点撰　清康熙十八年至二十三年间·1679—1684年) …… 178

重建除虐庙记碑(荣机撰　清道光元年·1821年) …… 288

重建川沙东岳庙记碑(伍有庸撰　清嘉庆二十四年·1819年) …… 285

重建奉贤张翁庙记碑(张世雍撰　明崇祯年间·1628—1644年) …… 152

重建黄渡嘉邑城隍行祠记碑(章光旦撰　清同治六年·1867年) …… 322

重建火神庙记碑(陆诒谷撰·清同治十三年·1874年) …… 329

重建集仙宫玉皇殿记碑(钱大昕撰　清乾隆十九年至四十年间·1754—1775年) …… 351

重建纪王庙记碑(侯峒曾撰　明崇祯六年·1633年) …… 138

重建嘉定城隍庙大殿记碑(2003年) …… 374

重建嘉定城隍庙记碑(姚学甲撰　清乾隆五十六年·1791年) …… 252

重建金山卫城隍庙记碑(侯方撰　明弘治四年·1491年) …… 56

重建南汇城隍庙记碑(张大器撰　清乾隆四十九年·1784年) …… 244

重建南汇水火神庙记碑(徐本立撰　清同治五年·1866年) …… 320

重建钦赐仰殿记碑(清乾隆三十五年·1770年) …… 226

重建青浦练塘朝真桥记碑(吴潮撰　明嘉靖三十四年·1555年) …… 78

重建上海城隍庙得月楼绮藻堂记碑(王萃龢撰　清光绪
　二十年·1894年) ………………………………………… 339
重建上海城隍庙记碑(明万历三十年·1602年) ………… 109
重建上海城隍庙记碑(朱家法撰　明万历三十年·
　1602年) ………………………………………………… 111
重建上海县城隍神庙戏台征信纪略碑(清道光十七年·
　1837年) ………………………………………………… 304
重建上海县学魁星阁记碑(清乾隆四十四年·1779年) … 238
重建沈司徒土谷神祠记碑(刘佐撰　明正德八年·1513年) … 59
重建水仙庙正殿记碑(清咸丰年间·1851—1861年) …… 316
重建松江东岳庙功德记碑（2007年) ……………………… 381
重建唐宋忠良祠记碑(周佐撰　明正德十五年·1520年) … 62
重建文正公祠奉宪给帖记碑(清乾隆四十二年·1777年) … 236
重建乌泥泾庙记碑(陆受昌撰　民国十一年·1922年) … 360
重建仰德祠记碑(何士祁撰　清道光十四年·1834年) … 302
重建张堰真武庙记碑(唐志大撰　明嘉靖二十八年·
　1549年) …………………………………………………… 75
重建朱家角三元阁记碑(张其翰撰　明天启年间·1621—
　1627年) ………………………………………………… 135
重修白沙庙记碑(阮逢道撰　清道光十一年·1831年) … 298
重修漕河庙城隍行祠记碑(张惇训撰　清道光二年·
　1822年) ………………………………………………… 290
重修长寿里秦公墓祠记碑(沈秉成撰　清同治三年·
　1864年) ………………………………………………… 318
重修陈王庙记碑(曹湛恩撰　清嘉庆十二年·1807年) … 264
重修川沙长人乡庙记碑(张浤撰　清乾隆三十九年·
　1774年) ………………………………………………… 231
重修川沙魁星阁记碑(余绍宋撰　民国三十六年·
　1947年) ………………………………………………… 365
重修大境关帝庙记碑(诸锦涛立　咸丰三年·1853年) … 314

条目	页码
重修大境关帝庙正殿记碑(民国六年·1917年)	354
重修东岳庙记碑(沈霁撰 明正德六年·1511年)	58
重修凤仙道院碑(张悦撰 明成化二十一年·1485年)	50
重修奉贤武圣宫记碑(张敏求撰 清嘉庆十四年·1809年)	266
重修奉邑庙记碑(常辉撰 清乾隆三十九年·1774年)	232
重修府城隍行宫寝宫记碑(蔡重光撰 清康熙三十九年·1700年)	190
重修嘉定城隍庙记碑(许自俊撰 清康熙二十四年·1685年)	180
重修嘉定真武殿记碑(袁文炤撰 清嘉庆二十三年·1818年)	281
重修江湾文昌阁记碑(李赓芸撰 清嘉庆六年·1801年)	256
重修金山卫城隍庙记碑(杨瑄撰 清康熙三十六年·1697年)	188
重修景德观记碑(盛大镛撰 清道光九年·1829年)	296
重修景德观记碑(严锡三撰 清同治八年·1869年)	327
重修刘猛将军庙记碑(赵晓荣撰 清乾隆二十七年·1762年)	220
重修蓬莱道院记碑(钱溥撰 明正德三年·1508年)	57
重修青浦城隍庙曲水园并凿放生池记碑(熊祖诒撰 清光绪十八年·1892年)	337
重修三王庙记碑(张元珣撰 明万历三十一年·1603年)	113
重修上海城隍庙记碑(明天顺元年·1457年)	41
重修上海城隍庙内园记碑(况周颐撰 民国十年·1921年)	356
重修上海城隍庙神尺堂记碑(黄安涛撰 清道光二十三年·1843年)	307
重修上海太清宫记碑(丁常云撰 2008年)	387
重修上海邑庙记碑(乔炜撰 清顺治五年·1648年)	157

重修圣堂记碑（朱天梵撰　民国三十五年·1946年）……… 358
重修松江东岳行祠记碑（沈祥龙撰　清光绪二十三年·
　1897年）……………………………………………… 342
重修松江府城隍庙告成祭文刻石（黄平撰　明正统十年·
　1445年）……………………………………………… 39
重修松江府城隍庙记碑（吴瞰撰　元至正五年·1345年）… 26
重修松江府城隍庙记碑（张鏊撰　明弘治二年·1489年）… 52
重修松江府社稷坛记碑（陆居仁撰　元至元二年·1336年）… 24
重修松江龟蛇庙记碑（张璃撰　明天顺七年·1463年）……… 44
重修薛淀湖关帝祠置义田记碑（胡开文撰　明崇祯十三年·
　1640年）……………………………………………… 142
重修永寿道院记碑（曹蕃撰　明万历三十六年·1608年）…… 119
重修月浦土谷寺记碑（陈观圻撰　清同治五年·1866年）…… 321
重修镇西将军庙记碑（夏寅撰　明成化十六年·1480年）…… 48
重修正阳道院记碑（李林森撰　清嘉庆十六年·1811年）…… 270
周浦关帝庙记碑（胡志熊撰　清乾隆五十七年·1792年）…… 254
朱泾文帝宫记碑（侯人康撰　清嘉庆十年·1805年）……… 262
珠溪水仙庙放生会捐田碑（沈福荣撰　清光绪十一年·
　1885年）……………………………………………… 333
诸翟玄寿观记碑（侯尧封撰　明万历十四年·1586年）……… 100
祝吕绍宾道士六十寿贺诗刻石（罗鸿铨撰　民国十二年·
　1923年）……………………………………………… 361
梓潼阴骘文碑（钱大昕书　清乾隆五十三年·1788年）…… 247
祖师堂捐田记碑（李士荣立　清嘉庆后期·1815—
　1820年）……………………………………………… 287

后　　记

　　道教是中华民族传统文化的重要组成部分，对中华文化的繁荣和发展有着深远的影响。道教历史文献十分丰富，是中华民族传统文化典籍中的瑰宝。道教在上海地区流传十分广泛和历史久远，拥有众多的信奉者，在古老的道教宫观中曾有许多有记文碑刻，有的被记入地方志书，有的屹立至今。这些刻在石头上的文献，见证了道教在上海地区的发展历程，也从一个侧面反映了上海地区经济、政治、文化的发展过程。这些碑刻文献不仅是研究道教的重要史料，也是研究上海地区历史不可多得的资料。

　　2004年，我们曾在上海古籍出版社编辑出版了《上海佛教碑刻文献集》，各方面反响较好。随后，即开始上海地区道教碑刻文献的收集与整理工作，并对原佛教碑刻资料进行补充。经过十余年的努力，《上海道教碑刻资料集》终于编辑出版。上海道教碑刻文献的资料来源主要有三方面：一是上海地区历代地方志书，主要有府志、县志、厅志和乡镇志；二是石碑实体，包括碑文拓片；三是其他资料。在史料整理中，碑刻文献资料的整理是较难的一项工作，其一难是碑文不完整，许多地方志书对碑文的记载只录其大略，头尾大多不录，使得在碑文的撰者、书者、篆额者和时间的考证上有难度。其二难是石碑实体大多已不存在，碑体形制尺寸无法测得，碑文字体也无法知晓，虽查考了多种金石目录书籍，但也只查录到少部分碑刻文献。其三难是碑文断句标点不易，特别是对残碑记文的整理尤难，即便是地方志书中所收录的碑文，其遗漏现象也有所存在，另外不同版本的地方志书所录碑文也有差异。针对这些难点，编者作了一些初步校勘。限于编者能力，本书在标点断句上肯定还有不足之处存在，敬请方家予以指正。

上海地区的道教碑刻文献除道教宫观庙院有所收藏外，在博物馆、档案馆、方志馆中也有收藏。在本书编辑过程中，得到松江博物馆、嘉定博物馆等单位的大力支持，使编者有幸看到许多珍贵的碑文拓片。在此，对曾给予本书编辑工作帮助的单位和个人表示衷心的感谢。

本集中所收录的道教碑刻共246篇，时间下限为2012年，宋5篇，元17篇，明代76篇，清代125篇，民国时期9篇，上海解放后至2012年14篇。当然，从有关金石目录可知上海地区的道教碑刻文献远不止本书所收录的数量，由于种种历史原因，历史上有许多碑刻文献已消失于历史发展过程之中。我们已经作了最大的努力，虽不敢说上海的道教碑刻全数在内，尽量不漏少漏。最后我们据拼音顺序编制了索引，以便读者查阅。

各种上海地方志书都只记录了一部分著名或较大的道观中的道教碑刻文献，而道教碑刻实体能完整保留至今的则更少，今后或许还会有新发现，本书中有十几通碑文是从庙宇遗址的残碑上抄录而得，编者怀着一种抢救历史文献的情结，不分寒暑，奔走于寺院道观和各区博物馆，寻访于庙址遗迹，查阅于史册图书，每有所获，无不欣然。幽暗处剔苔抄碑，僻静地步行数里，以得碑录文而乐此不疲。今书已成，而有关上海地区宗教文化史料收集之事当不断深入，亦望有志者共襄此事，为中华文化之传承尽一份力。

感谢中国道教协会会长任法融道长为本书题写书名，道长特作大字题写横竖两幅，也足为墨宝珍藏。中国道教协会副会长兼秘书长张继禹道长热情为本丛书撰写序言，中国道教协会副会长丁常云道长也欣然题词。

感谢上海城隍庙主持、上海市道教协会会长吉宏忠道长的大力支持，吉道长还撰写了序言，不仅解除了我们的后顾之忧，同时也使我们有充分信心进行以后几本相关资料集的编辑和整理。

我们一无所求，我们两人互励互补，希望用我们的真诚为上海宗教事业的发展积累、保存一些有用的真实资料，留给历史。

编 者
2013 年 11 月 23 日

图书在版编目(CIP)数据

上海道教碑刻资料集/潘明权,柴志光编.—上海：复旦大学出版社,2014.9
ISBN 978-7-309-10234-5

Ⅰ.上… Ⅱ.①潘…②柴… Ⅲ.道教-碑刻-汇编-上海市 Ⅳ.K877.423

中国版本图书馆 CIP 数据核字(2013)第 301079 号

上海道教碑刻资料集
潘明权　柴志光　编
责任编辑/张旭辉

复旦大学出版社有限公司出版发行
上海市国权路 579 号　邮编：200433
网址：fupnet@ fudanpress.com　http://www.fudanpress.com
门市零售：86-21-65642857　　团体订购：86-21-65118853
外埠邮购：86-21-65109143
上海华教印务有限公司

开本 890×1240　1/32　印张 13.5　字数 345 千
2014 年 9 月第 1 版第 1 次印刷

ISBN 978-7-309-10234-5/K·462
定价：34.00 元

如有印装质量问题，请向复旦大学出版社有限公司发行部调换。
版权所有　　侵权必究